아우구스티누스와 덕 윤리

기독교적 재조명

아우구스티누스와 덕 윤리
- 기독교적 재조명

2014년 4월 25일 초판 인쇄
2014년 4월 30일 초판 발행

지은이 | 문시영
펴낸이 | 이찬규
펴낸곳 | 북코리아
등록번호 | 제03-01240호
주소 | 462-807 경기도 성남시 중원구 사기막골로 45길 14
　　　우림2차 A동 1007호
전화 | 02-704-7840
팩스 | 02-704-7848
이메일 | sunhaksa@korea.com
홈페이지 | www.북코리아.kr
ISBN | 978-89-6324-359-7 (93230)

값 17,000원

이 저서는 2010년 정부재원(교육과학기술부 학술연구조성사업비)으로 한국연구재단의 지원을 받아 연구되었음(NRF-2010-812-A00090).

아우구스티누스와 덕 윤리

— 기독교적 재조명 —

문시영 지음

북코리아

CONTENTS

CONTENTS

약어표

Conf., Confessiones.
De civ. Dei, De Civitate Dei.
De doct. Christ., De Doctrina Christiana.
De lib. arbi., De Libero Arbitrio.
De Trin., De Trinitate.
De vera rel., De Vera Religione.
Epist., Epistula.
Enar. in Ps., Enarratio in Psalmum.

I

왜, 지금,
아우구스티누스를?

왜, 아우구스티누스인가? 왜, 지금?[1] 이 질문은 아우구스티누스의 현대적 재론이라는 이 책의 문제의식을 함축적으로 대변해준다. 사실, 아우구스티누스의 윤리가 덕 윤리(virtue ethics)에 속한다는 주장은 새로운 것이 아니다. 현대적 의미의 덕 윤리에서도 아우구스티누스에 대한 이야기는 빠지지 않는다.[2]

그렇다면, 아우구스티누스에 관한 수많은 해석의 가능성 중에서, 아

---

1) 이 표현은 Jean B. Elshtain의 글 제목, 'Why Augustine? Why now?'을 응용한 것으로서, John D. Caputo and Michael J. Scanlon. ed., *Augustine and Postmodernism* (Indiana University Press, 2005)에 실려 있다. 아우구스티누스의 현대적 재론에 꼭 필요한 질문일 듯싶다. (*참고: '어거스틴'이라는 영어식 표기를 쓰지 않고, 라틴어를 사용한 학자라는 점에서, '아우구스티누스'로 표기함을 원칙으로 하였다.)

2) 덕 윤리에 관한 글을 발표할 때마다, 덕 윤리가 무엇인지를 먼저 설명해줄 필요가 있다는 질문과 요청을 받곤 한다. '덕 윤리'란 무엇인가? 논란거리이기는 하지만, 덕 윤리(ethic of virtue 혹은 virtue ethics, '덕의 윤리' 혹은 '덕론'으로 표현한다.)는 의무론(ethic of duty, 의무의 윤리)의 상대개념이다. 덕 윤리는 '의무론'의 대안임을 자처한다. 고전적으로, 목적론적 윤리(teleological ethics)와 의무론적 윤리(deontological ethics)를 나누어 왔지만, 덕 윤리와 의무의 윤리를 구분하는 것은 현대윤리학의 핫 이슈 중 하나라 할 수 있겠다. 단정 지을 수 없지만, 성품의 윤리와 가깝고 사회윤리학의 논쟁거리인 자유주의-공동체주의 논쟁에 깊숙이 연루되어 있으며 '공동체주의'가 덕 윤리의 배경이 된다. 다른 각도에서, 아리스토텔레스에게서 비롯된 덕의 전통에 대한 현대적 재해석이라 할 수 있다. 고대와 중세의 윤리는 의무의 윤리보다 덕 윤리적 특성을 지니고 있었지만, 근세와 현대에 들어와서 덕의 전통이 상실되고 의무의 윤리가 중심에 서게 된 정황에서, 상실된 덕의 전통을 회복하고 현대적으로 재론하자는 취지인 셈이다. 철학에서는 맥킨타이어(Alasdair MacIntyre), 신학에서는 하우어워스(Stanley Hauerwas)를 대표적인 학자로 꼽을 수 있으며, 맥킨타이어는 특히 중요하다. 그는 현대사회가 윤리의 위기를 겪고 있다고 진단하면서, 그 원인을 의무의 윤리를 기획했던 칸트에게서 찾는다. '계몽주의적 기획'이라고 불리는 칸트의 도덕적 기획은 '이야기하는 존재'이자 '공동체적 존재'로서의 인간의 모습을 소거한 채 보편타당한 의무만을 강조했지만, 결과적으로는 각자의 권리를 강조하는 와중에 공동체가 와해되고 윤리적 위기로 치닫게 되었다는 생각이다. 맥킨타이어를 위시한 덕 윤리학자들에 따르면, 윤리란 이야기와 맥락 일체를 소거한 보편적 행위규범으로만 설명할 수 없다. 행위(doing)에 대한 관심만으로는 윤리적 통전성에 이를 수 없다고 본 셈이다. 덕 윤리에서는 도덕의 초점을 존재(being)의 문제에 맞춘다. 인간의 내적 특질이라 할 '성품' 및 인격의 능력이라 해석되는 '덕'의 중요성을 강조하면서, 덕의 전통을 회복하고 재론해야 한다고 주장하는 이유가 이것이다. 이 책의 부제를 아우구스티누스의 덕 윤리에 대한 '기독교적 재조명'이라고 붙인 이유는 아우구스티누스의 윤리에 대한 재해석을 표방하고 있기 때문이다. 기존의 아우구스티누스 해석을 참고하면서 현대 덕 윤리의 흐름을 따라 재해석하고 아우구스티누스의 윤리는 기독교적 특성에 초점을 맞추어 재조명되어야 한다는 점을 강조하려는 취지이다.

우구스티누스를 덕 윤리와 연관 지어 재론하려는 이유는 무엇인가? 한 마디로 잘라 말하기는 쉽지 않으나, 아우구스티누스의 덕 윤리가 오늘의 윤리적 정황에 중요한 통찰과 대안이 되리라는 기대 때문이다.

이러한 뜻에서, 이 책의 목적은 '지금'을 윤리적 위기로 파악하는 '덕 윤리'의 문제의식을 수용하여 아우구스티누스의 덕 윤리를 중심으로 현대사회의 위기극복을 위한 대안을 모색하는 데 있다. 특히, 맥킨타이어(Alasdair MacIntyre)의 윤리적 위기에 대한 진단 및 현대기독교윤리학의 거장 하우어워스(Stanley Hauerwas)의 덕 윤리에 대한 기독교적 모색을 매개로 삼아, 아우구스티누스를 재조명하고 기독교적 덕 윤리의 독창성을 성찰하고자 한다.

이를 바탕으로, 아우구스티누스의 덕 윤리가 현대사회 및 현대의 교회에 전해주는 통찰을 재음미하고 그 의의를 성찰하고자 한다. 특히, 덕 윤리의 기독교적 변혁과 실천적 과제에 대한 성찰에서 덕에 관한 두 요소에 주목할 필요가 있다. 덕이란 성품화를 위한 개인의 도덕적 노력으로 성취되는 것이 아니라 은혜중심적인 것이어야 한다는 점, 그리고 덕의 기독교적 함양이 '교회'라고 하는 기독교공동체 안에서 훈련되고 함양되어야 한다는 점, 이러한 두 가지 요소가 집중적으로 조명되어야 할 듯싶다.

1. 왜, 지금?

아우구스티누스의 현대적 재론과 관련된 첫 질문은 'why now?'이다. 특히, '덕'(德)이 현대영미철학의 주요이슈로 급부상했고 여전히 관심의 대상이라는 점에 유의할 필요가 있다. 덕의 문제는 지나간 시대를 풍미했던 개념에 그치지 않는다. 현대의 덕 윤리학자들의 주장처럼, 덕이야말로 회복되어야 할 핵심적 가치이다.[3]

맥킨타이어가 진단한 것처럼, '덕의 상실'(after virtue),[4] 하우어워스가 사용한 '덕에의 복귀'(the return to virtue)[5] 등은 덕에 관한 현대적 관심들을 상징하는 표현들이다. 그 외에도 '덕의 회복'(revival)[6], '덕의 갱신'(renew) 등의 표현 역시 덕에 관한 현대적 동향을 담아내고 있다. 덕의 상실에 대한

---

3) 이 책이 '덕 윤리의 재론'을 다루기는 하지만, '맥킨타이어의 소개 혹은 덕 윤리의 재탕'에 지나지 않으리라는 선입견을 가질 필요는 없다. 하우어워스를 중심으로 하는 아우구스티누스와의 현대적 대화의 시도인 동시에, 이를 바탕으로 '덕스러움'에 관한 한국교회의 문제의식을 접맥시키는 시도이기 때문이다.

4) Stanley Hauerwas & Charles Pinches, *Christians among the Virtues : Theological Conversations with Ancient and Modern Ethics* (Notre Dame: University of Notre Dame Press, 1997) intro. ix.

5) Nina Rosenstand, *The Moral of the Story* (Boston; McGraw-Hill, 2003), 401.

6) Joseph J. Kotva, Jr., *The Christian Case for Virtue Ethics* (Washington, D.C.: Georgetown University Press, 1996). 문시영 역, 『덕 윤리의 신학적 기초』(서울:긍휼, 2012), 18-21.

안타까움을 바탕으로 덕의 회복을 강조하는 노력이 현대의 윤리적 관심사로 떠오르고 있다는 뜻이다.

아이러니하게도, 덕 윤리를 말하는 학자들에게서 공통된 논점이란 이런 것이라고 요약해주는 배려의 '덕'은 없는 듯싶다. 하우어워스가 말한 것처럼 덕에 관한 만족스럽고 분명한 규정을 찾아보기는 쉽지 않다.[7] 그럼에도 불구하고 덕에 대한 관심은 현재진행형이다. 불명료한 상태로 말이다.

이러한 탓에, 덕 윤리에 대한 비판에 '모호성' 혹은 '불확정성'이라는 항목은 단골메뉴가 되어 버렸다. 덕에 대한 사유가 치명적 결함을 안고 있다는 뜻은 아니다. 덕에 관한 현대적 논의 자체가 그리 간단하지 않만, 학자마다의 관점과 이론 모두가 상호보완적 하모니를 이루고 있다.

개괄적으로, 덕 윤리의 공통지향점은 현대사회의 도덕적 위기의 인식, 역사적 요소의 중요성, 그리고 계몽주의적 도덕의 실패에 대한 주목이다.[8] 특히, 도덕적 위기 혹은 서구사회의 도덕적 와해(moral bankruptcy)에 깊은 관심을 가진다.

예를 들어, '덕의 정치: 미국의 윤리적 쇠퇴에 항거하는 십자군'이라는 표제어와 함께 '덕'을 표지모델로 삼았던 어느 저널에 따르면,[9] 대다수 미국인은 미국사회를 도덕적 · 영적 쇠퇴기로 인식하고 있으며, 성품교육, 범죄처벌의 강화, TV폭력의 규제, 부모와 교사의 역할모델이 다시 세워져야 한다고 생각하는 것으로 나타났다.

이러한 흐름은 덕 윤리가 현대의 도덕적 무질서에 대한 매력적인 대

---

7) Stanley Hauerwas, *A Community of Character*, 문시영 譯, 『교회됨』(서울: 북 코리아, 2010), 217.

8) Joseph J. Kotva, Jr., 문시영 역, 『덕 윤리의 신학적 기초』(서울:궁휼, 2012), 18.

9) Howard Fineman, "The Virtuecrats", *Newsweek*, (June 13, 1994), 31-36. Kenneth L. Woodward, "What is Virtue?", *Newsweek*, (June 13, 1994), 38~39.

안이 될 수 있으리라 보았던 맥킨타이어의 생각과 통할 듯싶다. 더욱 의미가 있어 보이는 것은, 맥킨타이어의 논의에서 아우구스티누스가 매우 중요한 계기로 작용하고 있다는 점이다.

물론, 맥킨타이어의 초점은 아우구스티누스가 아닌 토마스 아퀴나스에게 맞춰져 있지만, 그가 '아우구스티누스 대안'(Augustinian Alternative)이라는 표현을 사용하면서까지 아우구스티누스를 성찰하였다는 점에 유의할 필요가 있다.

맥킨타이어에게서 아우구스티누스는 중세문화의 출입구에 제시된 독창적 대안으로 평가되고 있다. 이 점에서, 맥킨타이어의 아우구스티누스 해석을 단초로 삼아 현대의 윤리적 정황에 대한 진단과 해법을 얻을 수 있을 듯싶다. 좀 더 분명하게 말하자면, 맥킨타이어에게서 촉발된 관심을 토대로, 아우구스티누스의 본래적 지향점과 특성은 과연 무엇이었는가를 재조명하려는 노력이라 하겠다.

아우구스티누스의 덕 윤리가 지닌 특성을 그의 원전 연구를 통해 조명하는 과정에서 '맥킨타이어의 아우구스티누스 해석'을 단초로 삼아, 『고백록』(Confessiones)과 『삼위일체론』(De Trinitate), 그리고 『신국론』(De civitate Dei)을 중심으로 삼는 이유는 이러한 맥락에서 설명될 수 있겠다. 이는 덕에 관한 현대적 관심의 의의를 바르게 이해하려는 시도인 동시에, 아우구스티누스의 덕 윤리가 지닌 기독교적 정체성과 진의를 재조명함으로써 바른 이해와 실천을 지향하려는 취지를 담고 있다.

2. 왜, 아우구스티누스를?

둘째 질문은 이것이다. 과연, 아우구스티누스는 현대적 덕의 재론에서 어떤 의미일까? 이와 관련하여 유의할 것이 있다. 아우구스티누스에 대한 현대적 재론이 맥킨타이어의 관점에 함몰되어서는 안 된다는 것이다. 무엇보다도, 기독교적 관점에서 충분한 성찰과 검토가 필요하다.

덕의 재론에 기독교는 왜, 그리고 어떤 관심을 가지는가? 기독교와 덕 윤리는 친화적인가? 혹은 상호보완적인가? 덕을 말하는 과정에 공로주의가 득세할 수 있음에 대한 종교개혁자들의 우려와 경계는 과연 무의미한 것인가? 이러한 질문을 통해, 덕 윤리의 현대사회에 대한 진단을 재음미하고 아우구스티누스의 관점을 중심으로 기독교가 제시할 수 있는 해법과 대안을 모색하는 것이 이 책의 목적이다.

물론, 모든 기독교윤리가 덕 윤리인 것은 아니며, 반드시 그래야 할 필요도 없다. 덕 윤리에 대한 관심은 풍요롭고 다양한 윤리적 관점 중 하나에 불과한 것일지 모른다. 그럼에도 불구하고, 이 책에서 아우구스티누스 해석에 덕 윤리의 관점을 수용하는 데에는 나름의 이유가 있다. 덕 윤리가 추구하는 윤리적 위기극복을 위한 대안모색 및 공동체에 대한 관심을 통해, 기독교윤리가 이제껏 충분히 풀어내지 못했던 부분들을 재론할 새로운 가능성을 얻을 수 있으리라 기대되기 때문이다.

덕 윤리의 역사에서, 특히 기독교윤리 안에서, 아우구스티누스가 제대로 해석되어 왔는가 하는 점은 무척이나 중요하다. 아우구스티누스를 서양의 스승으로 말하여왔지만, 그의 덕 윤리에 대한 관심은 상대적으로 미미했다. 더구나 덕에 대해 인본주의 혹은 공로주의에 대한 종교개혁적 우려와 경계의 시선을 보내는 것은 고정관념 탓이 아닐까 싶을 정도이다. 과연 덕의 문제는 종교개혁 전통에서 우려의 대상이었을까? 이에 대한 바른 답을 주기 위해서는 아우구스티누스에 대한 바른 해석과 함께 그 의의에 대한 현대적 재조명이 반드시 필요하다.

특히, 현대 기독교의 콘스탄틴적 결탁에 대한 하우어워스의 문제의식에서 아우구스티누스의 관점을 중요한 대안으로 간주하는 부분,[10] 기독교적 덕 윤리를 해석하는 과정에서 교회공동체에 주목하는 부분[11] 등은 우리에게 중요한 시사점이 될 것으로 기대된다. 이러한 뜻에서, 제1부가 맥킨타이어의 해석에 대한 아우구스티누스의 핵심적 가치변혁의 요점을 간추리는 과정이라면, 제2부는 하우어워스의 기독교적 문제의식을 통해 아우구스티누스의 덕 윤리가 지닌 현대 기독교적 실천의 과제를 성찰하는 작업이라 할 수 있겠다.

주목할 것은, 아우구스티누스에 대한 개괄적 설명보다는 그의 문제의식을 원전에 기초하여 설명하려는 접근방식이다. 아우구스티누스의 원전을 나열식으로 연구하거나 요약하는 단계를 넘어서, 덕 윤리를 근간으로 아우구스티누스의 원전을 분석하고 재해석하는 데 각별한 관심을 기울이게 될 것이다. 이러한 맥락에서, I부에서 전개할 아우구스티누스의 원전에 대한 해석은 기존의 원전이해를 반복한 것이 아니라, '덕 윤리로 읽는『고백록』', '덕 윤리에서 본『삼위일체론』', 그리고 '『신국론』의

---

10) Stanley Hauerwas, *After Christendom?* (Nashville: Abingdon Press, 1991), 40-41.

11) Stanley Hauerwas, 『교회됨』, 177-215.

덕 윤리적 해석'으로 인식되어야 할 것이다.

아울러 아우구스티누스의 덕 윤리에 관한 해석상의 논란거리가 될 만한 개념들을 집중적으로 재조명하고 아우구스티누스가 말하고자 했던 본래의 취지를 재발견하고자 한다. 예를 들자면, 로마인들의 '지배욕'(libido dominandi) 혹은 이교도의 '화려한 악덕'(splendida vitia)의 문제 등을 현대적으로 재해석하되, 기독교적 해법을 모색하고자 한다. 이를 통해 덕 윤리와 공동체의 문제를 중심으로 현대사회에서 기독교적 덕 윤리의 실천을 위한 과제들을 도출할 수 있을 것이기 때문이다.

더욱이, 덕 윤리를 공동체주의와 연관 짓는 현대 영미철학의 관심사와 맞물린 현대 기독교적 해법을 성찰하는 데 주력하게 될 것이다. 기독교공동체의 중심으로서의 교회에 대한 주목은 기독교적 덕 윤리가 풀어야 할 과제들을 재조명하는 과정에서 결정적인 요소가 될 듯싶다. 이러한 뜻에서, 아우구스티누스의 현대적 해석에서 가장 유효하고도 특징적인 요소는 덕 윤리와 공동체주의에 대한 기독교적 접근을 통해 드러날 것으로 기대된다.

전체적으로, 이 책은 아우구스티누스의 덕 윤리에 대한 학술적인 연구를 심화시키고 아우구스티누스에 대한 현대적 이해를 추구하기 위하여, 각 장을 현대적 문제제기와 아우구스티누스의 원전에 대한 성찰로 풀어가는 구조를 채택하였다. 다른 말로 하자면, '현대적 문제제기 – 아우구스티누스의 응답'이라는 구도를 유지하고자 한다.

제I부의 1장에서는 맥킨타이어의 아우구스티누스 해석에 대해『고백록』을 성찰함으로써 아우구스티누스의 덕 윤리가 내러티브의 변혁이라는 중요한 요소를 지니고 있음을 살펴보고자 한다.『고백록』에 나타난 죄와 은혜의 내러티브가 고전적 덕 윤리와 중요한 차이를 보이고 있으며, 아우구스티누스의 덕 윤리가 내러티브의 변혁을 이루고 있다는 점을 살펴볼 것이다.

2장에서는 행복론의 기독교적 변혁을 살펴보게 된다. 특히, 니그렌 (Anders Nygren)의 카리타스에 대한 비판적 폄훼에 대해 『삼위일체론』을 성찰하여 바른 이해의 길을 제시하고자 한다. 니그렌이 아우구스티누스의 카리타스를 일종의 어설픈 혼합에 불과한 것이라고 폄훼한 것에 대해, 『삼위일체론』에 나타난 기독교적 행복론과 덕윤리의 맥락들을 찾아내는 과정을 통해 니그렌의 관점에 한계가 있었다는 사실을 지적하고자 한다.

3장에서는 덕 윤리의 공동체적 특성에 관한 논의를 위해, 『신국론』을 크게 두 부분으로 나누어 고찰하게 된다. 앞부분에서는 카리타스의 해석과 연관지어, 화려한 악덕의 문제에 대한 현대적 해석가들의 관점을 살펴볼 것이다. 이에 대한 아우구스티누스의 응답을 듣기 위하여 『신국론』의 전반부를 중심으로 논의를 구성하고자 한다.

이어서 밀뱅크의 문제제기를 중심으로, 『신국론』의 후반부를 성찰할 것이다. '『신국론』 다시 읽기'를 제안한 밀뱅크의 관점이 지닌 의의를 평가하고, 덕 윤리와 공동체의 문제를 아우구스티누스의 관점에서 재조명해야 한다는 점을 강조하고자 한다. 특히 화려한 악덕에 대한 논의와 공동체의 중요성이라는 두 주제를 다음 부분에서 다룰 하우어워스의 해법을 통해 현대적 논제로 재구성하고자 한다.

제II부에서는 아우구스티누스의 덕 윤리에 대한 현대 기독교윤리학적 해석을 시도할 것이다. 여기에서는 하우어워스를 중심으로 덕 윤리의 기독교적 수용의 문제를 다룬다. 현대 기독교 덕 윤리를 대표하는 하우어워스의 아우구스티누스 해석을 살펴보는 것은 아우구스티누스의 덕 윤리가 현대적 관심의 대상일 수 있음을 보여주는 중요한 상징성을 지닌다.

전체적으로, '문제제기 – 방향제시'라는 틀에서 수미쌍관(首尾雙關)의 구조를 유지하여 책 전체의 문제의식을 부각시키고자 한다. 앞부분에서는 윤리적 위기의 시대로 평가되는 현대사회에서, 아우구스티누스의 재발견이 윤리적 위기를 극복할 대안이 될 수 있으리라는 기대를 바탕으로 덕 윤리의 기독교적 변혁을 이룩한 아우구스티누스의 재발견이 필요하다는 점을 문제제기의 형식으로 다루고자 한다.

뒷부분에서는 서론의 문제제기에 대해 재음미하며, 특별히 아우구스티누스의 덕 윤리가 현대기독교 덕 윤리와의 대화를 통해 의미 있는 것으로 재론될 수 있음을 밝히고자 한다. 무엇보다도, 교회의 윤리적 성숙이 절실하다는 점을 말하고 싶다. 이를 위해 교회를 '순례자 공동체'로 인식한 아우구스티누스의 관점을 바르게 해석하고 현대적 의의를 재발견하는 노력의 필요성에 주목하여 서술하였다.

II

아우구스티누스와
덕 윤리의 기독교적 변혁

1. 맥킨타이어의 아우구스티누스 해석

1) 맥킨타이어와 'After Virtue'의 통찰

'After Virtue'는 맥킨타이어의 잘 알려진 저술의 이름이지만, 현대 사회의 윤리적 위기에 대한 진단과 그 해법을 모색하는 통찰이라는 점에서 하나의 아이콘으로 해석할 수 있다. 'After Virtue'를 말하는 것은 특정한 저서에 주목한다는 뜻이라기보다 맥킨타이어의 문제의식을 상징하는 표현이라 하겠다.

덕 윤리의 현대적 재론에서 가장 주도적이라 할 맥킨타이어의 관심은 그의 책, 『덕의 상실』(*After Virtue*)에 함축적으로 드러난다. 맥킨타이어는 현대사회를 윤리적 위기의 시대로 진단하고 계몽주의적 기획(the modern project)을 그 원인으로 상정한다.[12] 도덕의 보편화가능성(universalizibility)을 요구하는 칸트적 기획은 결과적으로 형식주의에 흘러 윤리를 개인의 자의적 선택에 맡겨버렸다는 것이다.

그 결과, 윤리적 통약불가능의 사태가 초래되었고 그것이 오늘날 윤리적 위기의 원인이 되었다는 진단을 토대로 맥킨타이어는 덕의 전통과 그 회복에 주목한다. 계몽주의적 기획은 역사적, 사회적 맥락과 무관한

---

12) Alasdair. MacIntyre. *After Virtue* (Notre Dame: University of Notre Dame Press, 1984), 1-13.

보편적 합리성 혹은 인간의 본성 및 목적에 대한 그 어떤 특정한 이해와
도 무관한 추상적 합리성을 추구하는 철학이 주도하고 있다고 보았던 셈
이다.[13]

　근대 도덕철학에 대한 맥킨타이어의 이러한 부정적 관점은 고대 그
리스윤리에 대한 연구로 이어졌다. 특히 아리스토텔레스의 목적론은 계
몽주의적 기획의 대안이 될 만한 단초로 여겨졌다.[14] 이것을 적극적으로
해석하자면, 의무론(ethic of duty)으로부터 덕 윤리(ethic of virtue)로 중심축의
전환을 추구한 것이라 할 수 있겠다.

　맥킨타이어를 비롯한 덕 윤리가 윤리의 중심을 전환시키려 했다는
점은 대부분 동의할 수 있을 듯싶다. 행위(act)와 규칙의 문제에서 행위자
(agent)와 맥락의 문제로 그 초점을 전환시켰다는 생각이다. '행위'에서 '존
재'로의 전환이라고도 할 수 있다. 의무와 행위지침을 준수할 것인가의
문제(what ought I to do?)가 아니라 어떠한 존재가 될 것인가의 문제(what ought I
to be)에 주목하는 윤리라는 뜻일 듯싶다.[15]

　말하자면, 의무의 문제를 넘어 성품, 삶의 스타일(life-style), 동기, 인
격의 질(quality of personhood)에 주목하고 있는 셈이다. 그렇다고 의무와 덕
혹은 행위와 존재를 도식적 상대개념으로 인식할 필요까지는 없다. 덕
윤리는 의무를 비롯한 다른 도덕개념들을 무력화를 의도하지 않는다. 덕
윤리는 도덕의 여러 요소들 중에서 '응답'으로서의 덕에 주목한 것일 수

---

13) John Horton and Susan Mendus, 'Alasdair MacIntyre: After Virtue and After', in John Horton
　　and Susan Mendus ed., *After MacIntyre : Critical Perspectives on the work of Alasdair MacIntyre*
　　(Oxford: Polity Press, 1994), 3.

14) David Fergusson, *Community, Liberalism and Christian Ethics* (Cambridge: Cambridge University
　　Press, 1998), 111.

15) E. LeRoy. Long, Jr. *A Survey of Recent Christian Ethics*. (Oxford: Oxford University Press, 1982),
　　103.

있고,[16] 배경 및 맥락에 대한 관심을 통해 윤리의 본질을 이해하고 현대 사회의 윤리적 위기 극복의 대안을 모색하려는 것으로 볼 수 있다.

덕 윤리가 보기에, 현대윤리학에는 크게 두 가지 문제가 있다. 그 하나는 우정, 정서 등의 가치들을 소홀히 함으로써 도덕의 구체성을 왜곡하거나 간과했다는 점, 다른 하나는 합리성 추구에 집착하여 인간의 삶을 구성하는 다양하고도 복합적인 요소들을 간과했다는 점이다. 이러한 윤리적 난제를 극복하기 위해 덕의 회복이 필요하다는 것이 덕 윤리의 문제의식이다. 이는 단지 과거에로의 회귀라기보다 도덕에 대한 종합적 접근의 필요성 혹은 도덕의 다차원적 이해(more multidimensional understanding)에 주목한 것이라 하겠다.[17]

---

16) Christine Swanton, *Virtue Ethics : a Pluralistic View* (Oxford: Oxford University Press, 2003), 5.

17) 덕의 본성에 대한 분명한 동의는 찾기 어렵지만, 대략 다음과 같이 요약할 수 있겠다. (1)덕이란 인간의 목적과 연관 지어 이해되어야 한다. (2)덕에는 자아의 지성적 혹은 이성적 측면과 함께 정서적 측면도 포함된다. 의지 역시 자아의 구성요소이며 선택과 행위에 관련된다. (3)덕에는 경향성, 성향, 행위능력 등이 포함된다. (4)덕이란 변덕스러운 것이 아니라 안정성을 지닌다. 오랜 시간에 걸쳐 형성되는 성품의 특성이 그런 것이다. (5)덕이란 행복에 이르는 수단이지만 그 자체의 목적으로 수행되어야 한다. 가령, 정의란 정의 그 자체를 목적으로 실천되어야 하고 이렇게 하는 것이 인간의 선에 해당한다. Joseph J. Kotva, Jr., 문시영 역, 『덕 윤리의 신학적 기초』, 35-79.

2) 덕 윤리로 읽는 아우구스티누스

아우구스티누스의 덕 윤리에 대한 기독교적 재조명에서 맥킨타이어를 살펴보는 데에는 이유가 있다. 현대사회에 대한 윤리적 진단과 그 처방의 모색에서 아우구스티누스를 주목하게 하는 단초가 마련될 것이라는 기대 때문이다. 물론, 맥킨타이어의 관심이 아우구스티누스보다 토마스 아퀴나스에게 집중되어 있는 것은 틀림없지만, 아우구스티누스를 간과하지 않았다는 점에 유의할 필요가 있다.

맥킨타이어는 『도덕탐구의 세 가지 경쟁적 관점들』(*Three Rival Versions of Moral Enquiry*)에서 '매우 중요하고도 만족스럽고 포괄적인 하나의 관점' 안에 아리스토텔레스의 철학과 아우구스티누스의 신학을 조합시키고자 했으며,[18] 토마스 아퀴나스의 관점에 호소하는 경향을 보인다.[19]

다행스러운 것은, 현대적 의미의 덕 윤리에서 주목을 받는 맥킨타이어가 덕의 전통에 관한 성찰에서 아우구스티누스를 간과하지 않았을 뿐 아니라 토론하기에 충분한 단초를 제공했다는 점이다. 현대적 거장이 언급했다는 이유만으로 반색하는 것은 물론 아니다. 그의 관심이 아우구스티누스의 현대적 이해를 위한 중요한 촉매가 되리라는 기대 때문이다.

맥킨타이어는 기포드 강연문을 펴낸 이 책에서, 4장에 'The Augustinian Conception of Moral Enquiry'라는 제목을 붙였을 정도로

---

18) Alasdair McIntyre, *Three Rival Versions of Moral Enquiry : Encyclopaedia, Genealogy, and Tradition* (Notre Dame: University of Notre Dame Press, 1990), 123.

19) John Haldane, MacIntyre's Thomist Revival: What Next? in John Horton and Susan Mendus ed., *After MacIntyre : Critical Perspectives on the work of Alasdair MacIntyre* (Oxford: Polity Press, 1994), 96. 맥킨타이어는 *Whose Justice? Which Rationality?* 와 *Three Rival Versions of Moral Enquiry* 에서 아리스토텔레스와 아우구스티누스의 '버전충돌'을 극복할 대안으로 토마스 아퀴나스에 주목한다. 다만, 필자의 관심은 덕의 전통과 관련하여 아우구스티누스의 자유의지 개념을 해석할 단초를 찾고자 하는 것임을 기억하기 바란다.

아우구스티누스에 주목한다.[20] 이어지는 5장 'Aristotle and/or/against Augustine: Rival Traditions of Enquiry' 및 6장 'Aquinas and the Rationality of Tradition'에서는, 토마스 아퀴나스를 집중적으로 다룬다.[21]

맥킨타이어가 보기에, 아리스토텔레스의 철학과 아우구스티누스의 신학은 양자 모두 상대방에 대한 평가와 설명에서 라이벌관계이며 양립할 수 없지만,[22] 아퀴나스는 두 전통 모두를 제대로 평가하고 통합시키는 변증법적 종합을 보여준다.[23]

이 과정에서 맥킨타이어가 아우구스티누스를 하나의 대안으로 간주했다는 점은 주목할 만하다. 맥킨타이어가 자신의 논지를 풀어내면서 아우구스티누스를 상당한 비중을 두어 주목했고 아우구스티누스주의에 대한 관심도 놓치지 않고 있다는 점을 고려해 본다면, 아우구스티누스는 중세문화의 출입구에 제시된 대안으로 평가되고 있는 셈이다. 아우구스티누스는 그리 간단하게 생략할 사상가는 분명 아닐뿐더러, 그가 현대사회에 던져주는 통찰과 함의는 과연 무엇이었는가를 균형 잡힌 시각에서 다시 읽어낼 필요는 충분하다.[24]

맥킨타이어가 정의의 문제를 중심으로 덕의 전통을 조망하는 과정에서 제안한 이른바 '아우구스티누스 대안'(Augustinian Alternative)이라는 대

---

20) Alasdair McIntyre, *Three Rival Versions of Moral Enquiry : Encyclopaedia, Genealogy, and Tradition*, 82-104.

21) 같은 책, 127-148.

22) 같은 책, 111.

23) 같은 책, 124-125.

24) Alasdair MacIntyre, *Whose Justice, Which Rationality?* (Notre Dame: University of Notre Dame Press, 1988), 162-163. 맥킨타이어가 아우구스티누스의 이름만 명시한 것은 아니다. 그는 신명기, 산상수훈, 바울, 아우구스티누스, 그레고리로 이어지는 전통을 언급한다. 필자가 보기에, '하나님의 도성'이라는 개념이 그 중심에 있다는 점에서, 그리고 이 책의 이 챕터 제목 자체가 아우구스티누스 대안이라는 점에서 아우구스티누스의 이름만 언급한다고 해서 단순화의 오류에 해당하지는 않을 듯싶다.

목에도 관심을 가질 필요가 있다. 그의 책, 『누구의 정의? 어떤 합리성?』 (Whose Justice? Which Rationality?)에서 맥킨타이어는 별도의 챕터를 할애하여 그 제목을 '아우구스티누스 대안'으로 정하고, 아리스토텔레스와의 비교를 통해 아우구스티누스의 덕 윤리에 나타난 주요 특징들을 네 가지로 정리한다.

첫째, 아우구스티누스의 관점은 '하나님의 도성' 개념을 중심으로 하는 포괄성을 특징으로 한다. 아리스토텔레스의 관심사가 폴리스의 평등한 자유민을 대상으로 삼았기에 야만인 등을 배제하는 특성을 지닌 것이었다면, 아우구스티누스와 기독교전통이 소개한 하나님의 도성에서는 누구도 배제되지 않는 특징이 나타난다는 것이다.

둘째, 아우구스티누스의 관점에 나타난 덕의 목록과 내용상의 차이를 들 수 있다. 맥킨타이어가 보기에, 아리스토텔레스와 일종의 카운터파트너 관계에 있는 아우구스티누스 전통에서는 하나님의 도성이 요구하는 겸손과 사랑의 덕을 강조했으며, 이는 중요한 차이점이다. '관대한 인간'(magnanimous man)을 이상적 인간상으로 추구했던 아리스토텔레스와 달리 아우구스티누스에게는 '거룩한 존재'(the saint)가 그 자리를 대신한다는 점에 차이가 있다는 해석이다.

셋째, 덕의 요체에 대한 관점의 차이 즉 의지의 중요성을 인식했다는 점이다. 아리스토텔레스의 윤리가 이성, 정념, 욕구에 관심을 가진 것이었다면, 아우구스티누스의 관심은 의지, 특히 악한 의지(mala voluntas)에 있었다. 맥킨타이어가 주목한 것은 아우구스티누스의 윤리에서 의지의 바른 방향설정을 중요시했다는 점일 듯싶다.

그리고 넷째, 아우구스티누스가 인간과 하나님의 관계를 성경적 해석을 중심으로 설명한다는 점이다. 아리스토텔레스에게는 인간의 사후에 도달할 텔로스를 위한 여지가 없었다. 하지만, 아우구스티누스의 관

점은 성경적 이해(biblical understanding)를 바탕으로 삼는 것으로서, 아리스토
텔레스의 그것과는 중요한 차이를 보인다는 것이다.

이와 관련하여, 퍼거슨(David Fergusson)은 맥킨타이어가 제시한 아우구
스티누스 대안의 네 가지 특징이 아우구스티누스의 기독교윤리와 아리
스토텔레스의 이교도윤리의 결정적 차이를 식별해 낸 것이라고 해석한
다. 퍼거슨의 요약을 참고하면, 앞에 소개한 각각의 특징은 다음의 짧은
문장들로 환원될 수 있다.

첫째, 도덕의 영역을 폴리스에 속한 선택적 그룹을 넘어 모든 인간
을 포함하는 것으로 확장시켰다. 둘째, 죄와 은혜에 대한 아우구스티누
스의 관점은 인간 행위의 결정적 요소로서의 의지의 문제에 주목하게 했
다. 이는 플라톤과 아리스토텔레스에게서 드러나지 않았던 부분이었다.
셋째, 덕의 분류법이 달랐다. 가장 근본적인 죄는 교만이며 겸손이 그에
상응하는 덕목이 된다. 넷째, 인간의 텔로스가 폴리스 안에서의 생활에
관한 것을 넘어 신학적 지평에서 설명된다. 영원한 삶을 통해서만 삶의
목적이 완성되며 도덕적 삶이 종교를 통해 완성된다는 주장이 여기에서
나왔다.[25]

맥킨타이어의 아우구스티누스 해석을 덕의 전통에 있어서 전환 혹
은 차이의 관점으로 보는 것도 나쁘지는 않지만, 그것보다는 '대안'이라
는 점에 관심을 가질 필요가 있다. 맥킨타이어가 말한 네 가지 특징들은
내용상 크게 두 측면으로 나눌 수 있겠다.

한 측면은 아우구스티누스의 덕 윤리가 지닌 특성 즉 기독교적 배경
에 대한 이해의 필요성이며, 다른 한 측면은 아우구스티누스의 덕 윤리
가 배경으로 삼는 공동체의 특성에 대한 인식의 필요성이다. 이것을 '윤
리적 대안의 모색' 및 '공동체에 대한 주목'이라는 점과 연관 지어 해석하

25) David Fergusson, *Community, Liberalism and Christian Ethics*, 115-116.

면, 맥킨타이어가 말한 아우구스티누스 대안의 의의를 재평가할 단초를 찾을 수 있을 듯싶다.

앞서 제기한 질문을 되새김질 해보자. 왜, 아우구스티누스인가? 이 질문에 대한 첫 답은 아우구스티누스의 윤리가 지닌 '대안'으로서의 가능성에 있다. 맥킨타이어의 아우구스티누스 해석이 어느 정도나 타당한 것인지 여부는 좀 더 살펴보아야 하겠지만, 그가 아우구스티누스의 덕 윤리를 기독교적 혹은 중세적 특성을 반영하는 하나의 '대안'(alternative)으로 해석한 대목은 상당한 설득력이 있어 보인다. 맥킨타이어의 맥락으로는 토마스 아퀴나스 해석과정에서 아우구스티누스가 지닌 독창성을 부각시켜 준 셈이다.

특히, 아리스토텔레스의 덕 윤리에게서는 이성이 중요했으나 아우구스티누스가 '의지'(voluntas)에 주목했다고 해석한 부분은 맥킨타이어의 중요한 발견이다. 이성, 정념, 욕구 등을 중시한 아리스토텔레스에 비교해 볼 때, 아리스토텔레스의 관점 이외의 다른 요소를 강조했다는 것 자체부터가 매우 큰 차별성이다.

무엇보다도 윤리에 있어서 의지의 중요성을 인식하였다는 점, 특히 의지가 어떤 상태에 있으며 무엇을 향해야 하는가를 윤리의 본격적인 대상으로 삼았다는 점에 주목할 필요가 있다. 의지 개념은 단순한 개념상의 발명이라기보다 윤리적 탐구의 전환을 제시한 것이라 할 수 있기 때문이다.

이와 관련하여, 맥킨타이어가 아우구스티누스의 윤리를 희랍의 전통과 달리 성경적 이해를 가진 것으로 파악했다는 점을 놓치지 말아야 할 듯싶다. 인간의 의지에 대한 아우구스티누스의 이해는 자신의 실존적 체험을 바탕으로 하면서,[26] 전체적인 틀은 성경을 바탕으로 삼는 것으로

---

26) 문시영, 『아우구스티누스와 행복의 윤리학』(서울: 서광사, 1996)을 참고하기 바란다.

서, 기독교윤리의 특성을 반영하고 있다.

물론 성경이 의지에 대한 학술적 논의를 전개한 것도 아니고, 아우구스티누스의 윤리개념들이 정확하게 맞아떨어지는 것은 아니다. 하지만, 죄인으로서의 인간 본성에 대한 이해와 구원을 통해 행복에 이르는 통찰은 성경에서 나온 것임에 틀림없으며, 아우구스티누스에게서 의지 개념은 그 해석의 통로이자 요체였다.

특히, 맥킨타이어는 아우구스티누스의 도덕탐구의 특성을 텍스트에 대한 주해적 해석을 단초로 삼아 설명한다. 증거를 제시하기보다 사도들의 권위에 복종해야 하며 'tolle lege, tolle lege'에 대한 응답이 필요하다는 점을 일깨워 준 셈이다.[27] 아우구스티누스의 주요 텍스트는 성경이며, 성경읽기를 성경 안에서 자신의 모습을 발견하는 가장 대표적인 패러다임은 『고백록』에서 볼 수 있다.

아우구스티누스가 성경 외에 키케로를 비롯한 이른바 세속 텍스트를 읽었고 그 과정에 읽기와 해석의 전통이 작용했다는 점 또한 간과해서는 안 되는 요소이다.[28] 예를 들어, 아우구스티누스의 인식론은 플라톤적인 것으로서, 플로티누스를 매개한 것이었다. 하지만 결정적 차이도 있다. 의지에 대한 강조가 그것이다. 인간의 의지는 왜곡되어 있으며 그 방향을 재조정해야 할 필요가 있다는 것이다. 의지를 이끌어 가기 위해서는 가장 먼저 겸손의 덕이 요구된다.

아우구스티누스의 관점으로 보자면, 지성을 바른 방향으로 이끌어 가기 위해서는 의지를 교만의 상태에서 겸손의 상태로 변혁시켜야 한다. 지성보다 의지가 더 근본적이며, 겸손한 의지에 의해 이끌려지지 않으면

---

27) Alasdair McIntyre, *Three Rival Versions of Moral Enquiry : Encyclopaedia, Genealogy, and Tradition*, 92.

28) 같은 책, 83.

인간의 사유는 길을 잃고 만다.[29] 이러한 뜻에서, 의지에 대한 주목은 덕 윤리의 변혁을 뜻한다. 지성에서 의지로 관심의 방향을 전환한 것은 중요한 의의가 있다.

덕의 목록이 달라지는 것은 당연하다. 아우구스티누스가 겸손과 사랑의 덕을 강조한 것은 아리스토텔레스의 덕목들과는 다르며, 어떤 경우에는 정반대의 관점에 해당하는 것일 수도 있다. 덕에 관한 생각과 그 사유의 틀은 공유되고 있지만, 추구하는 가치는 사뭇 다르게 나타나고 있는 셈이다. 이점에서 아우구스티누스 덕 윤리의 독특성, 즉 덕에 관한 기독교적 조망의 특징을 짐작해 볼 수 있겠다.

한 가지 고려할 것은, 아우구스티누스의 덕 윤리에 나타난 기독교적 흔적 중에서 의무론적 요소의 처리법이다. 예를 들어 토라(Torah)와 십계명이 반영되고 있다는 점이 그렇다. 히브리 민족의 선민사상을 바탕으로 이방인을 배제하는 특성이 스며있는 셈이다. 그러나 바울(St. Paul)에게서 볼 수 있듯이, 신약의 기독교가 이방인의 한계를 벗어나 모든 인간을 그 대상으로 삼는다는 점에서 아우구스티누스의 덕 윤리를 어떻게 해석할 것인가를 진지하게 고민할 필요가 있다. 긍정적으로, 이른바 '덕-의무 논쟁'(the virtue-obligation controversy)에 연관된 논제해결의 실마리를 아우구스티누스에게서 찾을 수 있겠다는 기대를 가져봄직 하다.

또한, 아우구스티누스의 덕 윤리를 해석하는 과정에서, 은혜에 대한 강조를 결코 빠뜨려서는 안 될 것이다. 아우구스티누스에게서만 아니라 기독교의 덕 윤리에 관한 현대적 논의에서 필수불가결의 요소라는 점에서, 덕과 은혜의 연관성 문제는 집중적인 조명을 필요로 한다. 이 과정에서 덕 윤리에 관한 기독교적 조망과 실천에 대한 성찰이 더욱 풍요로워지고 심화될 수 있을 것으로 기대된다.

---

29) 같은 책, 91.

이러한 요소들을 충분히 고려하면서, 맥칸타이어의 아우구스티누스 해석에 나타난 요소들을 다음의 세 가지로 재정리하여 살펴보고자 한다. 물론, 덕 윤리를 규정하는 명쾌한 기준이 있는 것은 아니다. 하지만, 덕 윤리 일반에서 가장 두드러진 요소라 할 수 있는 내러티브, 덕성, 그리고 공동체에 관해 성찰할 필요가 있다.[30] 특히 아우구스티누스의 덕 윤리에 나타난 기독교적 요소들을 집중적으로 성찰하고자 한다. 이 요소들은 덕 윤리 일반에 나타난 관점들을 기독교적으로 재해석하고 변혁시킨 것이라는 점에서 중요한 의의가 있다. 특히 주목해야 할 부분들은 다음과 같다.

첫째, 내러티브의 변혁이다. 덕 윤리를 말할 때, 내러티브에 대한 관심은 결코 간과할 수 없는 핵심 중의 핵심이다. 아우구스티누스의 덕 윤리에서도 내러티브의 중요성이 분명하게 나타난다. 이러한 뜻에서, 아우구스티누스의 『고백록』을 덕 윤리와 연관짓는 것도 의미가 있어 보인다. 맥킨타이어와 『고백록』 사이의 대화를 통해 아우구스티누스의 덕 윤리가 지닌 특성들과 기독교적 변혁의 면모가 효과적으로 드러날 수 있으리라 기대해 본다.

둘째, 행복론과 덕의 변혁이다. 아우구티누스의 기독교 행복론과 덕 윤리를 연관지어 성찰한다는 뜻이다. 이 과정에서 덕에 관한 기독교적 논의의 특성도 드러날 수 있을 것이다. 덕목들(virtues)과 덕성(the virtue)은 같지 않다.[31] 덕목들을 통해 덕성이 훈련되고 덕스러운 인격으로 함양된다. 아우구스티누스의 경우, 덕목들을 통한 덕성의 함양은 기독교적 변혁에서 중요한 의의를 지닌다. 특히, 고전적 4주덕을 카리타스로 환원시킨 부분에서 가장 분명하게 드러난다. 이 부분은 카리타스가 과연 기독교적인 것인가를 문제 삼았던 니그렌(A. Nygren)과 『삼위일체론』 사이의 대화를 통

---

30) Joseph J. Kotva, Jr., 문시영 역, 『덕 윤리의 신학적 기초』, 특히 2장을 참고하기 바란다.

31) Stanley Hauerwas, 『교회됨』, 219.

해 확인할 수 있을 듯싶다.

셋째, 공동체의 변혁이다. 밀뱅크(John Milbank)와 『신국론』 사이의 대화를 통해 덕 윤리가 배경으로 삼는 공동체주의의 다른 측면을 엿볼 수 있다. 밀뱅크의 논의를 통해 아우구스티누스가 이룩한 덕 윤리의 기독교적 변혁의 공동체적 측면이 무엇이었는지를 분명하게 파악할 수 있는 단초가 확보될 수 있을 것으로 기대된다. 주목할 것은 아우구스티누스의 공동체적 배경에 관한 논의가 밀뱅크의 논의에 함몰되는 것이 아니라, 하우어워스의 아우구스티누스 해석을 요청하는 단계로 나아간다는 점이다.

이 세 가지 지평 즉 내러티브, 행복론, 그리고 공동체의 변혁은 덕 윤리가 지닌 핵심요소들을 반영하는 것으로서, 이 책의 문제의식을 대변해준다. '아우구스티누스의 덕 윤리'(virtue ethics of Augustine)를 차근히 소개하는 차원에 머물기보다 '아우구스티누스와 덕 윤리'(Augustine and virtue ethics)를 다루고 있다는 점에서 말이다. 특히 의무론의 대안으로 제안된 덕 윤리에 대한 현대적 논의에서 아우구스티누스의 기독교적 관점을 기초로 삼고 있는 셈이다.

2. 아우구스티누스와
   덕 윤리의 기독교적 변혁

1) 내러티브의 변혁: 『고백록』의 '은혜'

(1) '의지'(voluntas)에 주목하다

맥킨타이어가 제대로 평가했던 것처럼, 아우구스티누스의 덕 윤리는 '의지'(voluntas)를 단초로 삼는다. 물론 행위에 있어서 의지의 중요성에 대한 암시는 아리스토텔레스에게서도 발견되지만, 아우구스티누스는 의지의 문제를 윤리학의 근간에 두고 의지의 본질과 한계 및 과제를 본격적으로 다루었다는 점에 큰 의의가 있다. 특히, 의지에 '악한'이라는 수식어를 붙여, 악한 의지(mala voluntas)의 문제에 집중했다. 인간의 행위에 '의지'가 작용한다는 사실에 주목했으며, 인간의 의지가 자유를 남용함으로써 '악한' 상태에 놓여있다는 점을 보여준 것이기 때문이다. 의지의 본질과 현실, 그리고 과제를 가늠하게 하는 대목이다.

먼저, 아우구스티누스가 의지의 문제에 주목했던 맥락에 대해 살펴보자. 밀라노에서 아프리카로 돌아가는 길에 로마에 체류하는 동안 악

(惡)의 유래에 대한 토론으로 시작된 초기저술, 『자유의지론』(De libero arbitrio)
은 그가 히포의 사제로 서품되기까지 상당한 시간에 걸쳐 집필한 책으로
서,[32] 악에 관한 문제의식을 반영해주고 있다. 그 핵심질문은 이렇다. '악
을 피하고 행복에 이르는 길은 무엇인가?' 아우구스티누스를 마니교에
심취하게 했던[33] 이 문제는 아우구스티누스 윤리의 근본적인 문제의식에
속한다.

대화편 형식을 따른 『자유의지론』의 첫 질문은 악의 원인 즉 악행을
유발하는 존재(ductor)에 관한 것이었다. 마니교가 주장하듯, 하나님이라
고 해야 하는가? 상식에 비추어 볼 때, 하나님은 선한 존재이시므로 악의
원인이라고 할 수 없다.[34] 심지어 마니교에서도 신을 선한 신과 악한 신
을 구분하고 있지 않은가?

아우구스티누스를 응용하자면, 악한 신이라는 것 자체가 논리적 무
리가 따르는 표현일 뿐만 아니라, 선 그 자체이신 하나님을 행악자로 상
정하는 것은 어리석은 일이다. 만일, 인간보다 존재론적으로 상위에 속
하는 존재에 의해 악이 강요된다면, 그 존재는 인간보다 도덕적으로 상
위의 존재일 수 없을 것이다. 역으로, 하위의 존재는 인간에게 악을 행하
도록 영향을 끼치는 것 자체가 불가능하다.

인간을 악의 원인이라고 말하는 것은 악의 원인을 인간의 내부에서
찾는다는 뜻이다. 예를 들어, 인간의 정욕(libido)이 악을 행하게 하는 원
인일 수 있다.[35] 모든 욕망이 문제가 된다는 뜻이 아니다. 아우구스티누
스가 특히 문제 삼은 것은 질책 받을 욕망(cupiditas culpanda) 또는 악한 욕망

---

32) 이 글에서는 성염 역, 『자유의지론』(분도출판사, 1998) 및 성염의 해제를 참고하였음을 밝혀둔
   다. 저술의 배경과 동기에 대한 기록은 *Ret. I.IX: De libero arbitrio* libri tres 1.에서 볼 수 있다.
33) *De lib. arbit.* I.2.4.
34) *De lib. arbit.* I.1.1.
35) *De lib. arbit.* I.3.8.

(mala cupiditas)이다.

　내용적으로는, 행위자가 영원한 것을 대신하여 상실되어버릴 것들에 집착하는 왜곡된 사랑 즉 무질서한 사랑을 말한다.[36] 여기에서, 질서의 개념에 유의할 필요가 있다. 인간에게 있어서, 지성이 인간의 여러 구성요소들을 지배하고 통제하는 것이 질서이지만,[37] 지성이 정욕에 놀아나면 그 질서가 왜곡되어버리고 만다.

　'정욕'은 악에 관한 탐구에서 그 원인을 외부에서 찾지 않고 인간 내부에서 찾되 '의지'의 문제에 주목하게 하는 논리적 접점이된다. 제I권 말미에 영원법에 대한 설명과 함께 제안한 것처럼, 지성의 지배라는 질서를 무너뜨리는 원인은 인간 외부에 있는 것이 아니라, 질서자체의 왜곡을 초래하는 인간의 '의지'에 있다. 누군가 사물을 악용한다고 해서 사물이 비난을 받아야 할 것이 아니라, 악용하는 사람이 비난을 받아야 한다고 했던 이유가 여기 있다.[38]

　얼핏 보기에, 악의 원인에 대한 모든 논의가 종결된 듯싶다. 하지만, 문제는 그리 간단하지 않다. 인간의 의지는 하나님께서 주신 것 아닌가? 그렇다면, 하나님을 간접적인 원인으로 상정해야 한다는 말인가? 이 문제에 대한 아우구스티누스의 답은 하나님을 간접적으로라도 악에 개입시키는 모든 시도를 차단한다. 모든 선은 최고선인 하나님으로부터 유래한다는 점에서, 인간 내부의 의지 역시 하나님이 주신 것이므로 선한 것이라 할 수 있다.

　문제는 의지를 사용하는 인간에게 있다.[39] 의지는 행복과 악을 선택

---

36)　*De lib. arbit.* I.4.10.

37)　*De lib. arbit.* II.8.18.

38)　*De lib. arbit.* I.16.34.

39)　*De lib. arbit.* II.18.48.

할 수 있다는 점에서, 이른바 중간선(bonum medium)이다. 특히 의지가 가변적인 선에 집착할 때 죄가 발생한다. 영원법에 비추어 볼 때, 악이란 영속하는 존재로부터 등을 돌려 가변적이고 불확실한 사물들을 향하는 것을 뜻한다.[40] 의지의 배향(aversio) 또는 잘못된 전향(conversio)이 문제라는 것이다. 악이란 의지의 남용 또는 왜곡인 셈이다.[41]

여기서 한 가지 짚어보아야 할 점이 있다. 인간에게 자유의지가 있다는 것은 자명한 것인가? 인간은 의지를 지닌 존재인가?(Do we have a will?)[42] 해리슨(Simon Harrison)에 따르면, 이 문제는 자유의지의 자명성에 관한 논의라 할 수 있으며, '코기토 논증'의 아우구스티누스 버전(Augustine's cogito-like argument)이라 부를 수 있다.[43] 마치 데카르트의 코기토 원리와 같이, 의지를 지닌 존재로서의 자의식이 아우구스티누스에게서 윤리의 명증적 토대라는 주장이다. 인간이 의지를 지니고 있음이 명증적일 수 없다면, 영원한 것을 지향했다고 해서 도덕적으로 칭찬을 받거나, 한시적인 것에 집착한다고 해서 도덕적으로 비난을 받는 것은 무의미해지고 만다. 의지의 자명성은 인간의 악행 혹은 선행의 원인이 외부에 있는 것이 아니라 행위자의 선택에 있다는 점을 확증해준다.

아우구스티누스의 『자유의지론』은 의지의 자명성을 논증하기 위한 것은 아니었다. 아우구스티누스에게서 의지의 자명성은 중요한 논제이기는 하지만, 그것은 또 다른 논의를 위한 토대이다. 아우구스티누스의 질문은 하나님께서 왜 인간에게 자유의지를 부여했는지를 묻는다. 이 질문을 통해 아우구스티누스는 자유의지의 소극적 현실과 적극적 해법을

---

40) *De lib. arbit.* I.16.35.

41) *De lib. arbit.* II.19.53.

42) Simon Harrison, 'Do we have a will?': Augustine's Way in to the Will' in Garet B. Matthews, ed., *The Augustinian Tradition* (Los Angeles: University of California Press, 1999), 195-205.

43) 같은 책, 195.

제시하는 데로 나아간다.

아우구스티누스는 의지가 하나님으로부터 유래한 것이라는 명제는 자명한 것이지만, 이는 자칫 하나님을 죄에 간접적으로 연루시킬 단초가 되기 쉽다는 점에 주목한다. 이 문제에 대한 아우구스티누스의 해법은 하나님의 예지와 인간의 자유에 관한 변증법적 논변으로 정리된다. 그 핵심은 인간의 죄에 하나님을 연루시키려는 마니교의 설명법을 극복하는 데 있다.

하나님께서 의지의 자유를 예지하지만 그것이 곧 의지의 무력화 혹은 박탈을 뜻하는 것은 아니다. 아우구스티누스에 따르면, 하나님께서 인간이 의지의 자유를 남용할 수 있음을 예지한다는 것은 결과적으로 의지의 자유가 인간의 본질에 해당한다는 점을 확증하는 근거가 된다.[44] 다시 말해, 인간 행위에 있어서 선과 악은 의지에 달려 있으며, 인간이 의지의 자유를 남용한 것이야말로 죄의 원인이다. 마니교가 주장하는 것처럼 죄와 악행이 악신의 강요 혹은 타고난 별자리에 의해 운명적으로 결정되는 것이 아니라는 뜻이다.[45]

인간이 의지의 자유를 지니고 있음이 자명하다면, 도덕적 책임의 귀속은 인간에게 해당하는 것일 뿐, 굳이 하나님을 연루시킬 필요가 없다. 다시 말해, 악이란 외적 원인에 의해 강요되는 것이 아니라, 인간 자신이 행악의 원인이다. 더구나 하나님께서 의지의 자유를 부여하신 것이라는 이유로 하나님을 죄의 원인으로 몰아세워서는 안 된다. 하나님은 인간에게 선한 목적을 위해 의지의 자유를 부여하였으나, 그 자유를 남용하여 죄를 선택한 것은 인간 자신이기 때문이다.

아우구스티누스가 악에 대한 설명에서 하나님을 간접적으로라도 연

---

44) *De lib. arbit.* III.3.8.
45) *De lib. arbit.* III.17.49.

루시키려는 모든 시도를 차단하고 인간을 자유의지의 존재로 이해한 것은 인간이 도덕적 책임의 존재임을 분명하게 보여준다. 악에 대한 설명에서 마니교 혹은 형이상학적 접근을 벗어나 윤리학적 접근을 시도한 것이다.[46] 아우구스티누스가 의지의 문제에 주목한 것은 단지 개념적 변혁 혹은 개념의 발명에 그치는 것이 아니라, 더 큰 변혁을 보여준다. 인간과 행위에 관한 내러티브가 변혁되고 있는 셈이다.

한 가지 기억할 것은 의지에 관한 아우구스티누스의 관심이 여러 저술들에 깊이 삼투해있다는 점이다. 『자유의지론』이 의지의 자유에 대한 아우구스티누스의 성찰을 보여준 중요한 저서인 것은 분명하지만, 의지의 자유는 그것으로 종결되는 주제가 아니라는 뜻이다. 의지의 본질로서의 자유, 그 현실로서의 악한 의지, 그리고 과제로서의 의지의 정화에 관한 성찰은 주요 저술들에서 연속되는 주제이다.

더구나, 의지를 '사랑'의 문제로 재해석하고 있음을 각별히 유의해야 한다. 카리타스의 문제 즉 사랑에 관한 아우구스티누스의 관심이 거의 모든 저술에 삼투해 있다. 이러한 뜻에서, 의지와 사랑의 문제는 단편적 주제일 수 없다. 아우구스티누스가 제시하는 기독교적 덕 윤리의 근본이며, 덕 윤리의 기독교적 변혁에서 결코 간과해서는 안 될 핵심적 단초이다. 맥킨타이어가 아우구스티누스를 해석할 때, 이 대목에 유의한 것은 매우 적절한 관심이었다고 하겠다. 의지의 문제는 아우구스티누스의 덕 윤리를 풀어갈 주요개념 중 하나라는 점에서 더욱 그렇다.

---

46) William. S. Babcock. *The Ethics of St. Augustine*, 문시영 역, 『아우구스티누스의 윤리학』(서광사, 1998), 187.

(2) '주께서 돌이키게 하셨습니다.' (Convertisti enim me ad te)[47]

①『고백록』의 내러티브와 'voluntas'

『고백록』(Confessiones)을 통한 덕 윤리의 모색은 중요한 의의를 지닌다. 아우구스티누스 연구에서 첫 자리에 오는 저술이자 아우구스티누스 사상의 저수지이기 때문이다. 문제는,『고백록』이 '윤리'의 문제와는 그다지 연관성을 찾을 수 없을 것이라는 고정관념에 있다. 솔직히, 제목부터가 내면의 신앙고백에 집중한 것으로 보이기까지 한다.

분명,『고백록』은 윤리적 교훈을 주된 목적으로 삼은 것은 아니다. 하지만,『고백록』에서 아우구스티누스가 윤리를 실천적인 방식으로 전개하고 있다는 사실을 간과해서는 안 된다.[48]『고백록』이 현대적 의미의 윤리, 특히 분석윤리(meta-ethics)의 관점과 접근법을 적용할 대상이 아닌, 도덕(moral)에 대한 단초들을 충분히 담아내고 있기 때문이다.

특히,『고백록』이 '내러티브'에 속한다는 점에 주목해야 한다. 현대 덕 윤리에서 내러티브를 강조하고 있다는 점에서, 중요한 대목이다. 실제로 아우구스티누스는『고백록』을 통해 자신의 실존적 체험을 토대로 삶의 여러 일들을 말한 후, 윤리적 교훈을 도출해내거나 좀 더 광범위한 의미에서 도덕의 원칙들을 다루고 있다. 이러한 뜻에서, '내러티브 윤리로서의『고백록』'의 해석가능성에 주목할 필요가 있다.

'악한 의지'의 문제와 그 해법에 주목하는 아우구스티누스의 관점을 파악할 중요한 토대가『고백록』에 있다는 점에 유의하는 것이 좋겠다. 전

---

47) *Conf.* VIII. 12, 30.

48) John F. Harvey, *Moral Theology of the Confessions of Saint Augustine*, 문시영 역,『고백록, 윤리를 말하다』(서울: 북코리아, 2009), 12.

체적인 흐름으로 볼 때, 죄와 은혜, 그리고 구원이라는 기독교의 고유한 관점이 '의지' 혹은 '사랑'이라는 용어를 중심으로『고백록』전체를 관통하고 있다. 그것은 아우구스티누스라는 특정인물의 개인적인 고백에 그치는 것이 아니라, 인류의 보편적 내러티브이다.

구조상으로,『고백록』은 전체 XIII권으로 구성되어 있으나 처음 아홉 권은 아우구스티누스 자신의 과거에 대한 회고와 하나님의 은혜에 대한 감사의 고백으로 가득 차 있으며, X권부터 XIII권은 창세기 주해에 해당한다.[49] 어떤 경우에는 창세기 주해를『고백록』의 전체 흐름과 어울리지 않는다는 이유로 IX권까지만 다루는 경우도 있지만, 옳지 않다. 창세기 주해 부분은 하나님의 은혜에 대한 찬양이며,『고백록』전체의 주제와 어긋나지 않는다. 말하자면,『고백록』의 전제이자 근거로 읽어야 할 내러티브이다.

특히, X권부터는『고백록』의 근간이 된다. 아우구스티누스는 이 부분에서, 자신의 사적 경험에 지나지 않았을 죄에 대한 고백을 모든 사람들의 고백으로 승화시킬 근거를 마련한다. 톰슨(Christopher J. Thompson)은 『고백록』을 내러티브 윤리(narrative ethics)와 연관 지어 설명하면서, 일반적인 논의 순서를 변경하여 X권에서 XIII권에 대해 먼저 논하고 이를 바탕으로, I권에서 IX권까지의 내용을 재해석한다.[50]『고백록』은 크게 두 개

---

49)『고백록』은 현대적 의미의 단행본으로 계획된 것이 아니었다. 5년간 조금씩 써내려간 글을 모아서 <인간영혼에 안식을 주시는 하나님의 영광>이라는 주제를 담아 총13권 273장으로 구성하여 집필된『고백록』은 386년 32세에 체험한 회심을 정점으로, 히포의 주교가 된 현재의 시점에서 지나간 어리석음과 현재의 행복과 긴장 및 은혜에 대한 찬양을 담아낸 하나의 '내러티브'라 할 수 있다. 이 책의 구조를 2분법 또는 3분법으로 구분하기도 한다. 물론, 문헌의 구조를 분석하는 것이 주된 목적은 아니지만, 전체 13권으로 구성된 책을 일목요연하게 정리하는 것이 그다지 나쁘지는 않아 보인다. 이러한 구조 속에 담긴 삶의 여정에 관한 고백은 아우구스티누스의 실존적 문제의식을 엿볼 수 있게 한다.

50) Christopher J. Thompson, *Christian Doctrine, Christian Identity* (Lanham: University Press of America, 1999), 특히 76-92를 참고할 것.

의 내러티브로 해석되어야 하며, 앞의 아홉 권은 아우구스티누스 개인의 내러티브로, 뒤의 네 권은 이보다 더 큰 내러티브로 인식해야 한다는 것이다.

톰슨의 요점은 뒤의 네 권이 없이는 앞의 아홉 권에 나타난 내러티브가 정당성을 얻을 수 없다는 것이다. 『고백록』이 창조주이며 구세주인 하나님에 관한 창조신학에 기초한 도덕적 인간관을 보여준다는 점에서, 앞의 아홉 권보다 뒤의 네 권이 더 큰 의의를 지닌다고 보는 셈이다.[51]

『고백록』은 전체로서 하나의 내러티브로 읽어야 한다. 특히, 『고백록』을 통해 관심을 가져야 할 부분은 아우구스티누스의 사적 내러티브가 아니라, 그의 삶에 역사하신 하나님의 은혜에 관한 내러티브이다. 이점에서, 창세기 주해는 마니교의 세계관과 도덕을 상쇄시킬 대안이자 기독교의 윤리적 정체성을 인식할 근거이다.

X권에서 XIII권까지는 아우구스티누스의 개인적인 체험에 대한 근거가 되는 것으로서, 독자들로 하여금 그리스도인의 정체성에 대한 체계적 성찰에 주목하게 해준다. 아우구스티누스는 독자들의 관심을 인간과 하나님의 관계에 대한 성찰로 이끌어간 셈이다. 다시 말해, 내러티브의 지평이 수평적이고 확장적인 성찰로부터 수직적이고 집약적인 성찰로 변혁되고 있는 셈이다.[52]

내러티브로서의 『고백록』의 중요성에 대한 해석에서 각별히 중요한 것은 하우어워스의 관점이다. 부렐(David Burrell)과의 공저에서, 하우어워스는 현대윤리학이 추구하는 '도덕에 관한 표준설명'(standard account of morality)에 반론을 제기하고 『고백록』을 대표적인 대조모델로 상정한다.[53]

---

51) 같은 책, 71.
52) 같은 책, 78.
53) 같은 책, 37-38.

여기에서 말하는 표준설명이란 도덕을 엄격한 과학의 문제로 환원하여 기계적이고 인과론적인 방식으로 '설명'하려는 것으로서, 하우어워스는 이것이 도덕에 대한 마니교의 물질주의적 관점과 유사하다고 해석한다. 하우어워스에 따르면, 『고백록』에 나타난 아우구스티누스의 접근법은 마니교의 '설명'을 대신하여 기독교적 '내러티브'를 사용함으로써 도덕의 근간을 변혁시켜주었다.

특히, 『고백록』은 기독교 윤리가 근거해야 할 내러티브와 중심가치를 분명하게 대변해준다. 하우어워스는 아우구스티누스가 '죄'와 '회개', 그리고 '은혜'의 내러티브를 통해 마니교를 벗어나고 그 오류들을 논박했던 점에 주목한다.[54] 무엇보다도, 아우구스티누스가 복음서의 이야기(gospel story)에 다가섬으로써 복음을 자신의 이야기로 받아들이고 성품을 형성시키려 했다는 하우어워스의 해석은 아우구스티누스의 내러티브에 대한 바른 이해에서 매우 큰 의의를 지닌다.[55]

사실, 『고백록』을 집필할 때 아우구스티누스에게는 몇 가지 목적이 있었다. 무엇보다도, 자신을 깊은 죄악으로부터 건져내신 하나님의 은혜를 찬양하며 감사드리고자 했다. 나아가, 하나님 은혜가 자신의 삶을 어떻게 변화시켰는지 보여주고 싶었다. 말하자면, 자신의 내러티브를 통해 독자들로 하여금 아우구스티누스 자신에게 엄청난 선을 베풀어주신 하나님을 묵상하게 함으로써 그들의 마음을 고양시키고 싶었던 셈이다. 특별히, 자신의 이야기가 과거의 자신과 같은 처지에 있는 자들에게 습관화된 죄악의 사슬을 끊어내도록 격려해주는 메시지가 되기를 기대하는 마음으로 집필했다.[56]

---

54) Stanley Hauerwas, David Burrell, & Richard Bondi, ed., *Truthfulness and Tragedy: Further Investigations into Christian Ethics* (Notre Dame: University of Notre Dame Press, 1977), 32.

55) 같은 책, 34.

56) *Conf.*, 2,3,5, 10,3-4, 4-6.

『고백록』을 읽을 때 놓치지 말아야 할 것은 내러티브 윤리로서의 해석가능성뿐만 아니라, 아우구스티누스가 내러티브의 중심축을 변혁시켰다는 사실이다. 무엇보다도 그의 내러티브에는 '죄인'으로서의 인간과 '은혜'의 내러티브가 담겨 있다.

『고백록』의 내러티브를 유심히 읽어 가노라면, 아우구스티누스가 아주 사소한 일에 대해서조차 인간의 행위가 '죄'를 근본동기로 삼는다는 점을 깨우쳐주고 있음을 읽어낼 수 있다. 이러한 뜻에서, 『고백록』의 내러티브가 죄악의 문제를 다루고 있다는 하비(John F. Harvey)의 관점은 아우구스티누스 해석의 중요한 단초일 수 있다.[57]

아우구스티누스의 『고백록』에 대한 관심에 비례하는 수많은 해석들이 있지만, 덕 윤리와의 연관성 즉 내러티브로서의 『고백록』을 크게 두 부분으로 나누어 살펴볼 수 있다. 죄인의 내러티브와 은혜의 내러티브가 그것이다. 다만, 『고백록』 전체의 구조상 아우구스티누스의 내러티브가 연대기적 순서에 입각한 흐름이 아니라는 점, 두 가지 내러티브가 긴밀하게 연관되어 있으며 명쾌하게 분리되어 드러나는 것은 아니라는 점 등은 충분히 고려해야 할 듯싶다.

I권부터 IX권까지, 아우구스티누스의 내러티브는 죄인의 내러티브와 은혜의 내러티브를 넘나든다. X권의 기억에 대한 회상과 XI권부터 XIII권까지의 창세기 주해는 구원의 은혜를 주신 하나님의 위대하심에 대한 찬양의 근거가 창조주 하나님의 권능과 은혜에 있음을 보여준다. 이러한 뜻에서, 『고백록』의 내러티브를 연대기적으로 재구성하거나 주제 중심의 흐름으로 추출해내기보다 『고백록』 자체의 흐름에 맞추어 아우구스티누스의 내러티브를 읽어낼 필요가 있다.

---

57) John F. Harvey, 문시영 역, 『고백록, 윤리를 말하다』, 204-234.

② 죄와 구원의 내러티브(I~IX)

『고백록』I권은 아우구스티누스의 내러티브가 일종의 기도문이라는 점을 암시해준다. 주께서 가르치신 기도의 순서를 따르자면, 기도의 대상인 하나님을 향한 찬양을 가장 앞자리에 두고 감사와 영광을 돌린 후 자신의 죄에 대한 깊은 참회를 이어가는 방법으로 기도하는 것이 옳다는 점을 기억할 필요가 있다. 아우구스티누스의 고백이 영원하신 하나님을 향하여 찬양과 감사로 시작되는 이유가 여기에 있다.

아우구스티누스가 고백의 끝자락에 창세기 주해를 넣은 이유 또한 다르지 않다. 다작(多作)의 성향에 비추어 보면, 아우구스티누스가 별도의 책을 쓰기가 궁색해서 창세기 주해를『고백록』뒤에 부록처럼 넣은 것은 분명 아니다. 하나님을 향한 찬양으로 시작하여 하나님의 창조에 대한 영광의 찬양과 고백으로 마감하려는 수미쌍관(首尾雙關)의 문법이 적용된 『고백록』은 전체로 하나의 기도문이다.

이러한 뜻에서, I권의 시작은 하나님을 향한 영광과 찬양의 고백이다. 첫 문장에서 아우구스티누스가 연이어 두 번이나 반복한 문구에는 그의 신앙적 내러티브의 근거들이 충분히 녹아들어가 있는 것으로 볼 수 있다.

이는 XI권부터 XIII권까지의 창세기 주해와 긴밀하게 연관되는 대목이다. 창조신앙의 고백은 아우구스티누스가 일평생 추적해온 문제 즉 죄와 그에 따른 악에 대한 고민들이 사라지는 진정한 쉼 혹은 안식에 대한 간절함으로 가득하다.

당신께서 우리를 지으실 때, 당신을 향해 살도록 창조하셨으므로 당신

안에서 쉴 때까지는 우리 마음이 쉴 수 없습니다.[58]

아우구스티누스는 고백의 첫머리에서, 창조주 하나님을 향한 찬양의 기도를 통해 하나님을 향한 지식의 실마리를 풀어낸다. 교리로서의 지식이라기보다, 자신의 삶에서 체험한 실존적 앎의 차원에서 하나님을 죄인에게 은혜 주시는 분으로 설명하려는 의도이다. 이는 자신의 고백이 죄와 은혜의 내러티브라는 점을 암시해준다. 이러한 뜻에서, 『고백록』은 아우구스티누스로 대표되는 죄인으로서의 인간에게 베푸신 하나님의 은혜에 대한 기록이라 할 수 있다.

하나님에 대한 앎은 자신의 정체성에 대한 인식으로 이어진다. 아우구스티누스가 실존적 체험들을 통해 알고 있는 하나님은 전능하시고 어디에도 계신 분이시다.[59] 아우구스티누스가 전지전능하신 하나님을 찬양하면서, 감히 그 앞에 나아갈 수 없는 자신의 모습을 고백한 것[60]은 절대자에 대한 경외감의 표현이겠지만, 실존적 의의 또한 담겨있다. 모든 것을 알고 계신 하나님에 대한 실존적 지식이 아우구스티누스 개인의 정체성 즉 죄인으로서의 자기인식에 영향을 주었다.

죄인으로서의 정체성에 대한 고백은 아우구스티누스의 유아기 기억으로까지 거슬러 올라간다. 이는 아우구스티누스의 비범한 기억력을 과시한 것이라기보다는 자신의 모든 것이 죄로 뒤범벅되어 있는 존재라는 사실에 대한 철저한 고백이다.

자신의 유아기를 말한 것은 아마도 교구의 어린이들을 바라보는 과

---

58) *Conf.* I.1.1. quia fecisti nos ad te et inquietum est cor nostrum, donec requiescat in te. *한글표현은 주로 선한용 역을 기준으로 삼았음을 밝혀둔다.

59) *Conf.* I.2.2.

60) *Conf.* I.5.6.

정에서 떠오른 것일 듯싶다. 어린이라는 이유로 면책되거나 순진무구해 보인다는 이유로 죄를 짓지 않으리라는 선입견을 버려야 한다는 철저한 죄의 고백이라는 점에 핵심이 있다.[61] 이 대목에서, 아우구스티누스는 성경을 인용하면서 죄에 대해 강조한다. 자신의 죄에 대해서만 아니라, 『고백록』을 읽고 있는 독자 모두에게 죄인으로서의 인간의 모습을 깨닫도록 촉구하고 있다.

주여, 주의 종인 내가 어디에서 언제 죄 없었던 때가 있었겠습니까?[62]

유아기조차도 죄에서 면제되는 것은 아니라는 아우구스티누스의 고백은 어린 시절 학교생활에서 경험했던 기억으로 이어진다. 자신을 '죄 덩어리'로 보는 아우구스티누스로서는 어느 한 순간인들 죄에 오염되지 않았던 때가 없었음을 고백한다. 이러한 언급은 부정적 의미의 자기과시에서 나온 것 같기도 하고, 죄 문제를 지나치게 강조한 것 같기도 하다. 어쨌든 어린 시절에 대한 부분은 죄에 대한 철저한 자기성찰의 관점에서 읽는 것이 좋겠다.

흥미롭게도, 어린 시절의 죄에 대한 고백을 이어가는 과정에 세례 받을 기회가 있었지만 이내 그 시기를 연기하고 말았던 에피소드가 있다. 어머니 모니카는 어린 아우구스티누스가 복통으로 죽을 지경에 이르렀을 때, 아들의 세례를 정성껏 준비했으나 이내 병이 나았고 세례는 연기되고 말았다.[63] 아우구스티누스가 어린 시절부터 기독교에 익숙해 있었고 자신의 삶이 은혜의 내러티브와 긴밀히 연관되고 있음을 암시해주

---

61) *Conf.* I.7.11.

62) *Conf.* I.7.12. Deus meus, ubi, Domine, ego, servus tuus, ubi aut quando innocens fui?

63) *Conf.* I.11.17.

는 대목일 듯싶다.

아우구스티누스는 학교에서 교사들의 징벌을 받았던 기억을 떠올리면서, 죄와 은혜의 내러티브 구조에 징벌과 두려움이라는 요소를 추가시킨다.[64] 그는 어린 시절 학교에서 경험한 교사들의 무심함과 위선을 다룬다. 예를 들어, 음탕한 이야기로 가득한 신화를 가르치던 당시 학교 교육의 내용을 포함한 인간의 문화라는 것 자체가 죄짓기 쉬운 유혹들로 오염되어 있음을 고발한다.[65]

아우구스티누스는 당시의 학교 교육이 발음이나 문법상 오류에만 격하게 반응할 뿐, 정작 죄의 문제에 대해서는 민감하지 못했던 점을 지적했으며, 동시에 하나님을 향한 관심이 전무한 인간의 문화에 대해 안타까움을 표현한다. 아우구스티누스에 따르면, 특히 하나님의 은혜를 입은 시점에서 회상해 볼 때, 정말 중요한 것은 문화와 교육을 통한 지식 그 이상의 지식 즉 내면의 진실에 대한 인식이다.[66]

어린 시절로부터 자신의 삶이 죄로 점철되어 있었음을 고백하면서, 아우구스티누스는 자신을 포함함 독자들 모두가 하나님 앞에서 죄인일 수밖에 없다는 '죄'의 내러티브를 강조한다. '죄'의 내러티브야말로 아우구스티누스의 관점을 독창적으로 보게 할 단초이다.

더욱 중요한 것은 아우구스티누스에게서, '죄인'으로 규정된 인간의 성장과 더불어 죄 역시 장성한다는 점이다. 어른의 죄는 어린 시절의 죄와 본질적으로 다르지 않으며, 오히려 더 심각한 요소들과 결탁되어 더욱 큰 문제로 이어진다. 어린 시절에 대한 아우구스티누스의 회상은 죄란 어린 시절의 실수 혹은 철없는 시절의 후회가 아니라, 인간의 근본문

---

64) *Conf.* I.14.23.
65) *Conf.* I.16,25.
66) *Conf.* I.18,29.

제라는 사실을 보여주고 있는 셈이다.[67]

I권 말미에, 아우구스티누스는 어린 시절에 대한 회상을 죄의 고백으로 마감하면서, 어린 시절로부터 변함없이 은혜를 주신 하나님을 찬양하고 죄인으로서의 자신의 모습을 겸허하게 고백한다. 이미 죄인으로서의 자신의 모습을 인식하고 은혜에 의해 구원받아 히포의 주교가 되어있는 아우구스티누스의 입장에서 볼 때, I권의 회상들은 결코 유년기의 아련한 추억거리가 아니라, 죄인으로서의 자신의 모습에 대한 철저한 고발이자 하나님의 은혜를 향한 노력의 흔적이라는 사실을 간과해서는 안될 것이다.

II권의 청소년기에 대한 고백을 시작하는 부분에서도, 아우구스티누스는 죄인으로서의 자신의 모습을 겸허하게 고백하면서 은혜를 구하는 자세를 이어간다. 이는 단순한 문학적 수사법으로 치부되어서는 곤란하다. 과거를 회상하면서 『고백록』을 쓰고 있는 현재 자신의 모습에 대한 겸허한 성찰의 표현으로 읽어야 한다. 아우구스티누스의 고백에 이러한 실존적 고민의 흔적을 상징하는 문장이 있다.

> 나는 하나이신 당신을 떠나 여러 조각으로 갈라져 헛것이 되어버렸습니다. 나를 거두어 하나로 모아 주소서.[68]

청소년기를 회상하면서, 아우구스티누스는 어린 시절의 죄가 새로운 형태로 대체되고 더욱 격렬해진다는 점을 강조한다. 청소년기에 아우구스티누스는 '세상적인 것'에 만족하고픈 욕망에 불타올랐고 '그림자 같

---

67) *Conf.* I.19.30.

68) *Conf.* II.1.1. et colligens me a dispersione, in qua frustatim discissus sum, dum ab uno te aversus in multa evanui.

은' 여러 가지 대상들에 탐닉하고 있었다.[69] 죄는 이미 자신의 삶에서 쉽게 떨쳐버리기 어려운 문젯거리로 고착된 상태였으며, 심지어 죄를 죄로 인정하지 않으려는 어리석음에 잠겨 있었다.

아우구스티누스는 이 시기의 자신을 순수한 사랑과 추잡한 정욕에 대한 구분조차 못한 때였다고 회상한다. 죄에 대해 어떤 징벌을 받게 될지조차 의식하지 못하고, 혼란과 격정으로 치달았던 모습으로 묘사하고 있다. 아우구스티누스의 문장마다 당시 자신의 모습 즉 죄에 대한 인식조차 없었던 자신의 모습에 대한 진솔한 고백과 은혜의 간구가 담겨있다.

청소년기의 방종과 격정이 결탁되었던 여러 모습들을 회상하면서, 아우구스티누스는 자신의 과거에 대한 깊은 회한과 함께 죄에 대한 영적 근심과 탄식을 이어간다. 자신의 청소년기가 한계를 벗어나 도무지 회생할 가망이 없어 보일 정도였음을 고백한다. 고백의 시점에서 볼 때, 청소년기 격정의 시기에 하나님께서 아우구스티누스를 버리지 않으셨음에도 불구하고 정작 아우구스티누스 자신은 그 은혜의 내러티브를 발견하지 못한 채 진리로부터 멀어지고 있었던 셈이다.

아우구스티누스가 16세 때 저지른 일, 즉 청소년기를 상징하는 유명한 '배서리' 대목은 많은 것을 생각하게 해준다. '서리'라는 말 자체가 그렇듯, 동서양을 막론하고 성장기의 여러 추억이거나 성장통의 하나로 넘겨버리기 쉽다. 하지만, 아우구스티누스는 철저한 고백을 통해 독자들로 하여금 인간과 죄의 문제에 대한 심각성을 성찰하도록 이끌어간다.[70]

이 사건을 중심으로, 아우구스티누스는 청소년기의 격정과 혼란 그리고 영적 맹목과 무지의 모습들을 떠올리면서 과연 무엇이 그토록 깊은 죄의 동기였는지를 분석해낸다. 이른바 내성법(introspection)을 사용한 아우

---

69) *Conf.* II.1.1.

70) *Conf.* II.4.9.

구스티누스의 고백에 현대적 의미의 행동분석 혹은 행태연구로서는 규정하기 어려운 차원이 담겨있다.

아우구스티누스는 도둑질 그 자체를 즐겼던 자신의 모습에서 죄의 흔적을 또 다시 발견한다.[71] 공범(共犯)의 문제에 대한 분석도 배서리 사건에 연계되어 있다. 죄인들이 죄 짓는 일에 너무도 쉽게 합의하여 흥미를 느끼며 가담한다는 점에서, 죄의 사회성에 대한 고발과 함께 인간이란 죄인이라는 사실에 대한 강력한 증거인 셈이다.[72] 인간이 선을 행하기란 쉽지 않으나, 죄짓고 악을 행하는 것 자체를 즐기는 모습을 공유하고 있음을 고발한 것이다.

죄에 대한 아우구스티누스의 회상과 분석은 교만을 원죄의 원인으로 상정하는 단초가 된다. 아우구스티누스는 교만을 극히 경계하면서, 유아기이건 혹은 청소년기이건 간에 모든 죄의 밑바탕에 교만이 깔려있음을 깨우쳐준다.[73] 아우구스티누스가 보기에, 하나님께만 해당하는 영광을 흉내 내는 모든 일이 교만의 표현이며, 교만이란 우리에게 은혜를 주시는 하나님을 향한 추악한 도전이다.

아우구스티누스는 청소년기에 대한 회고를 통해 자신에게는 하나님께 내세울 것이라고는 없으며, 오히려 더 죄가 깊어지고 있었음을 고백하면서 II권을 마감한다.[74] 말하자면, 인생의 어느 한 시기라도 죄에 연루되지 않았던 시기가 없었다는 사실에 주목한 것이다.

카르타고에서 공부하던 시절을 회상하면서, 아우구스티누스는 무엇보다도 자신에게 깊이 뿌리박힌 정욕 특히 성욕으로 인해 방탕했던 모

---

71) *Conf.* II.6.12.
72) *Conf.* II.9.17.
73) *Conf.* II.6.13.
74) *Conf.* II.10.18.

습을 진솔하게 드러내면서 하나님의 은혜를 간구하며 고백한다. 그는 이 시기의 자신의 모습을 사랑할 대상을 찾고 있었지만, 사랑 자체를 사랑할 뿐이었다고 회상한다.[75] 아마도 이 시기의 사랑이란 쾌락에의 집착 내지는 탐닉에 해당하는 것이었을 듯싶다.

아우구스티누스는 자유분방한 도시 카르타고에서 욕정에 사로잡혀 있었다. 사실, 성욕(혹은 libido)의 문제는 그의 일생을 집요하게 따라다닌 문제인 동시에 절제의 중요성을 대변해준다. 사실, 리비도의 문제는 은혜로 구원받아 히포의 주교가 되어 있던 시절조차도 여전히 고민거리였다. 하물며, 질풍노도의 시기를 지내는 동안에, 얼마나 그 정도가 지나쳤을지 짐작이 가는 대목이 있다.

> 사랑하고 사랑받는 것 모두가 내게는 달콤한 기쁨이었습니다. 연인의 육체를 즐길 때는 더욱 격해졌습니다.[76]

이러한 성욕에의 집착은 성적 방탕으로 이어져 아우구스티누스를 외설적이고 자극적인 연극관람에 빠지게 했다. 카르타고에서의 그의 삶은 방탕으로 치달았다. 그 와중에, 카르타고의 학교에서 공부하는 일 만큼은 열심이었으나 그의 마음에는 출세와 명성을 얻기 위한 교만으로 타오르고 있었다.[77]

아버지가 2년 전에 별세했던 탓에 어머니가 보내주는 학비로 공부했다는 기록을 미루어 볼 때, 유학생 아우구스티누스의 형편은 그리 넉넉하지는 않았을 듯싶다. 이 시기에 읽었던 키케로의 책, 『호르텐시우스』

---

75) *Conf.* III.1.1.

76) *Conf.* III.1.1. amare et amari dulce mihi erat, magis si et amantis corpore fruerer.

77) *Conf.* III.2.6.

(Hortensius)는 철학에 대한 어렴풋한 권유의 초청이었다는 점에서 다행스러운 일이다. 이는 결과적으로, 아우구스티누스를 향한 하나님의 은혜의 한 방편이었다.[78] 아우구스티누스가 철학에 관심을 가지게 된 것 자체가 은혜의 방편이었으며, 그의 내적 관심을 자극해주었다.[79]

하지만, 아직은 아니었다. 철학에 대한 관심을 갖는 것 자체는 다행이었지만, 아직 기독교신앙을 향하여 나아가기에는 부족했다. 아우구스티누스는 어린 시절 어머니에게 들었던 성경의 내러티브를 마음속에 간직하고 있었고, 키케로의 책은 아우구스티누스를 철학에 초대하기에는 적절했지만, 그리스도인이 되게 하지는 못했다.

마침내 아우구스티누스는 빗나가 버린다. 마니교를 선택한 것이다. 이 부분에서, 아무 대책도 없는 허랑방탕한 사람이거나 정욕만을 목적으로 삼았던 탕자로서의 아우구스티누스와는 다른 모습을 엿볼 수 있다. 그는 이제껏 마음 깊은 곳에 중요한 질문을 붙잡고 있었다. 그를 사로잡고 있던 문제는 '악은 어디에서 오는가?' 하는 것이었다. 이 질문에 대한 해답들 중에서 마니교의 대답은 아우구스티누스에게 그럴싸해보였다. 하지만,

> 이것을 잘 알지 못하여 몹시 혼란스러웠습니다. 진리로부터 멀리 떨어져 나가고 있으면서도 마치 진리에 다가서고 있는 것처럼 느끼고 있었습니다. 악이란 선의 결여라는 사실을 몰랐고, 악이란 전혀 존재가 아니라는 점을 모르고 있었기 때문입니다.[80]

---

78) *Conf.* III.4.7.

79) *Conf.* III.4.8.

80) *Conf.* III.7.12. Quibus rerum ignarus perturbabar et recedens a veritate ire in eam mihi videbar, quia non noveram malum non esse nisi privationem boni usque ad quod omnino non est.

마니교 시절, 아우구스티누스가 범하고 있던 오류들 중에는 하나님을 물체로 생각했던 부분과 하나님의 정의가 논리적이지 못하고 일관성도 없다는 생각들이 포함된다. 예를 들어, 마니교의 설명법을 따라 하나님을 물체적 존재 즉 연장과 부피를 지닌 존재로 생각하고 있었다.[81]

또한 하나님의 정의가 이치에 맞지 않는다고 오해하기도 했다. 아우구스티누스는 마니교의 교설을 따라 족장들의 일부다처주의, 모세의 살인행위 등을 빗대어 구약의 인물들을 비난하면서 하나님의 정의가 변덕스러운 것이라고 몰아세우는 일에 가담하고 있었다. 자신이 9년 동안 몸담았던 마니교의 오류와 허위를 깨닫고 난 이후에, 마침내 아우구스티누스는 당시의 자신을 포함하여 마니교가 주장하는 어리석음을 폭로하면서 III권을 마감한다.[82]

아우구스티누스의 나이 19세에서 28세에 이르는 기간에, 그는 거짓 종교에 놀아나면서 그들과 어울려 명예를 추구하며 그들의 도움을 받아 공직에 올라 칭송을 받는 일을 즐겼다. 심지어 자신의 친구들까지 마니교에 끌어들여 그들과 함께 마니교의 어리석음에 빠져있었다.[83] 아우구스티누스가 회상하기로, 이 시기의 자신의 모습에서 볼 수 있는 것처럼 아무리 박수갈채를 받고 잘난 사람일지라도 하나님의 도우심을 받지 못한다면 구원에 이를 수 없다.

아우구스티누스는 마니교 시절의 어리석음에 대한 회상을 단지 진리에 대한 오류의 문제로만 설명하지 않고, 삶의 잘못들에 대한 성찰로 이어간다. 여기에는 마니교의 영향 하에 있는 동안에는 윤리적으로도 진보를 기대할 수 없으며, 오히려 더 무감각하게 죄를 더해갈 뿐이었다. 수

---

81) *Conf.* III.7.12.
82) *Conf.* III.8.16.
83) *Conf.* IV.1.1.

사학교수로 명성을 날리던 때, 그의 동거생활에 대한 고백이 대표적인
예가 되겠다.

> 그때, 내게 한 여자가 있었습니다. 그 여자는 결혼으로 맺어진 사이가 아
> 니고 깊은 생각 없이 방황하던 허술한 내 정욕이 찾아낸 여자였습니다.[84]

이 여인과의 관계는 무려 14년이나 이어졌고 둘 사이에 아데오다투
스라는 아들까지 낳았지만, 여러 이유에 의해 합법적인 결혼에는 이르지
못했다. 주목할 것은 이 여인과의 동거가 지닌 상징성이다.

아우구스티누스의 삶에 결정적인 변화가 아직은 너무도 멀었다. 마
니교가 제시하는 교설 즉 죄란 악신의 강요에 의한 것이라는 생각까지
겹쳐져 리비도에 대한 아우구스티누스의 관점은 탐닉의 대상 그 자체였
던 듯싶다.

더구나, 아우구스티누스가 점성술에 깊이 빠졌던 일을 생각해 본다
면,[85] 마니교시절의 아우구스티누스는 마니교와 함께 교리상의 오류 뿐
아니라, 윤리적으로도 심각한 오류에 빠져있었던 것으로 추정해 볼 수 있
겠다. 아우구스티누스의 회심을 두고 진리의 회심(영적 회심)과 윤리의 회심
으로 구분하는 이유도 이와 무관하지 않다. 마니교 시절 아우구스티누스
가 저지른 진리의 오류와 윤리의 실패가 실로 심각했다.

이 와중에, 아우구스티누스는 여러 사정상 잠시 고향에 돌아와 수사
학을 교습하는 과정에서 중요한 사건을 체험한다. 또래의 친구를 사귀고
그를 마니교에 데리고 갔었으나, 그 친구는 중병에 걸려 다시 교회를 찾

---

84) *Conf.* IV.2.2. In illis annis unam habebam non eo quod legitimum vocatur coniugio cognitam,
   sed quam indagaverat vagus ardor inops prudentiae,

85) *Conf.* IV.3.4.

아가 세례를 받은 이후 건강을 되찾았고 아우구스티누스에게 마니교를 떠나라고 권한 후 얼마 되지 않아 별세했다.[86]

이 일을 아우구스티누스는 중요한 영적 경고로 받아들였어야 마땅했지만, 그렇게 하지 않았다. 한 가지, 절친했던 친구의 별세를 두고 우정을 포함하여 사람을 사귀는 것의 어려움과 함께 본질적으로 인간이란 비참한 존재라는 사실을 깨달았다는 것은 큰 의의가 있다.[87]

이후, 카르타고로 돌아가 그곳 친구들과의 우정을 통해 마음의 상처를 위로받으면서 아우구스티누스는 우정이라는 이름으로 집착했던 자신의 모습을 반추하며 중요한 깨달음을 얻었다. 아우구스티누스가 우정의 문제를 중심으로, 고향에서 절친했던 친구의 별세와 카르타고에서 친구들의 위로라는 경험을 통해 얻은 것은 '죽음'의 실재와 그로 인한 인간의 비참함에 대한 깨달음이었다. 참된 우정의 조건에 대해서, 인간의 진정한 행복에 대해서 중요한 실마리를 찾아낸 셈이다.

이러한 깨달음은 아우구스티누스로 하여금 우정을 포함하는 진정한 사랑의 본질과 가치에 대한 생각을 더욱 깊게 만들었다. 아우구스티누스가 깨달은 사랑의 참된 모습은 하나님을 중심으로 하는 사랑의 질서를 따르는 것이었다. 『고백록』 안에 포함된 '독백'을 통해 아우구스티누스는 그 자신과 독자들에게 이렇게 말한다.

사물들이 너를 즐겁게 하거든 그것으로 인해 하나님을 찬양하라. 그것들에게 사랑을 쏟아 붓지 그것들을 지으신 창조주를 사랑하라. 사물들에 대한 사랑으로 인해 하나님을 노엽게 하지 말라. 사람들이 너를 즐겁게 하거든 그들을 하나님 안에서 사랑하라. 사람도 가변적인 존재이기에, 그들

---

86) *Conf.* IV.4.8.
87) *Conf.* IV.6.11.

이 하나님 안에 있을 때에만 확실한 사랑의 대상일 것이다. 그렇지 않으면, 그들도 사라져버리고 말 것이다. [88]

아우구스티누스의 깨달음은 존재와 진리에 대한 생각에 중요한 통찰을 준다. 존재론적으로, 인식론적으로, 하나님은 모든 것의 중심이시며 절대불변의 존재이며, 절대불변의 진리이다. 또한 진리의 인식은 하나님을 떠난 외부에 있는 것이 아니라 우리의 내면에 있다. 아우구스티누스는 이 깨달음을 통해 그 자신과 독자들에게 다음과 같이 말한다.

> 죄인들아, 너희 마음으로 돌아가서 너희를 지으신 그분을 굳게 붙들어라. 그러면 굳건해질 것이다. 그분 안에서 쉬어라, 그러면 쉼을 얻을 것이다.[89]

아우구스티누스는 이 사건을 회고하면서, 진정한 행복과 쉼이 하나님께 있음을 절감하였다. 아우구스티누스는 회심 이전에 『아름다움과 알맞음』(De Pulchro et apto)이라는 저술을 집필했던 일을 떠올리면서, 그때 자신은 친구의 별세와 우정의 소중함에 관한 깨달음을 바탕으로 삶의 변화를 이루기보다 그 책이 유명해지기를 바라는 속물이었음을 고백하기도 한다.[90]

그의 나이 20세쯤 되었을 때로 거슬러 올라가, 아리스토텔레스의 『범주론』을 읽었던 때를 회상하면서, 아우구스티누스는 그 당시 자신은

---

88) *Conf.* IV.12.18. Si placent corpora, Deum ex illis lauda et in artificem eorum retorque amorem, ne in his, quae tibi placent, tu displiceas. Si placent animae, in Deo amentur, quia et ipsae mutabiles sunt et in illo fixae stabiliuntur: alioquin irent et perirent.

89) *Conf.* IV.12.18. Redite, praevaricatores, ad cor et inhaerete illi, qui fecit vos. State cum eo et stabitis, requiescite in eo et quieti eritis.

90) *Conf.* IV.14.23.

당대의 어려운 축에 속하는 책을 읽었다고 하는 지적 교만에 빠져있었다고 고백한다. 많은 책들을 읽었음에도 불구하고 여전히 어리석음에 사로잡혀있던 그 시절을 회상하면서, 아우구스티누스는 빛을 등지고 살던 시절이라고 고백한다.[91]

무엇보다도, 그의 신관(神觀)은 진리의 빛을 등지고 살았던 가장 심각한 오류였다. 그는 마니교의 물질주의적 오류에 깊이 오염되어 있었다. 하나님을 거대하고 광채가 나는 물체로 상상하던 자신의 모습을 떠올리면서, 진리의 길에서 멀어져 있던 자신의 어리석음을 회고한다.[92]

자신의 모습을 되돌아보면서, 아우구스티누스가 하나님께 드릴 수 있었던 기도는 오직 하나님의 은혜를 구하는 것뿐이었다. 『고백록』을 집필하고 있는 시점, 이미 은혜의 수혜자가 되어 있는 히포 교구의 감독으로서, 아우구스티누스는 진리의 발견과 구원에 대한 은혜를 하나님께 간구하는 마음으로 IV권을 마친다.

다시 고향을 떠나 카르타고에 온 아우구스티누스에게 하나님은 중요한 두 만남을 예비하셨다. 그 하나는 마니교의 감독 파우스투스(Faustus)와의 만남을 통해 마니교와 결별할 결심을 갖게 하신 것이고, 다른 하나는 교회의 감독 암브로시우스(Ambrosius)와의 만남을 통해 교회를 향하도록 이끌어주신 것이었다. 이 만남들은 아우구스티누스의 진리를 향한 여정에 결정적 전환점이 되었다.

29세가 된 아우구스티누스는 파우스투스의 카르타고 방문에 잔뜩 기대를 갖고 그동안 자신이 지녀온 문제들이 그를 통해 일거에 해소될 수 있기를 바랐다. 결과를 요약하자면, 파우스투스와의 만남은 아우구스티누스로 하여금 마니교의 허위를 깨닫게 하며, 마니교 생활을 청산하게

---

91) *Conf.* IV.16.30.
92) *Conf.* IV.16.31.

하는 결정적인 계기가 되었다.

파우스투스의 명성과 학식이 부풀려진 것이었음을 알게 되었을 때, 아우구스티누스에게는 그에게 크게 실망한다. 이 과정을 구체적으로 풀이하여 말하는 부분도 있기는 하다.[93] 아우구스티누스가 이미 길게 술회하였으므로, 결론을 미리 알고 있는 우리의 입장에서는 그 자체로 허구이자 이치에 맞지 않는 마니교의 모습을 군이 조목조목 되새김할 필요까지는 없어 보인다.

큰 그림으로 볼 때, 이는 하나님께서 지적 토론을 즐겨하던 아우구스티누스에게 지적 토론을 통해 결정적인 실망을 안겨주신 사건이었다. 이를 통해 아우구스티누스로 하여금 중요한 깨달음을 얻게 하신 섭리의 일환이라 할 수 있다.

이후, 아우구스티누스는 로마로 떠난다. 청산, 변화, 그리고 새로운 모색의 길이었다. 하지만, 그곳이라고 다를 것은 없었다. 특히 수강생들의 무례함과 부도덕한 관행들은 실망스럽기 짝이 없었다. 동행하려던 어머니 모니카를 속여 가면서까지 감행한 로마행은 결과적으로 행복하지 못했다. 오히려 로마에서 열병을 얻어 죽음의 문턱을 경험했으나, 어머니 모니카의 기도 덕에 살아났다고 회고하는 것을 보면,[94] 로마는 아우구스티누스에게 이상향일 수 없었다.

사실, 로마 뿐 아니라 어느 곳에서도 아우구스티누스는 쉬지 못했다. 타가스테에서, 마다우라에서, 그리고 카르타고에서, 그는 여전히 방황하고 있었다. 고향마을이지만 그에게는 마음의 쉼이 없는 곳이었다. 이를 두고 피터 브라운(Peter Brown)이 말한 '순례자'(peregrina)의 이미지를 떠

---

93) *Conf.* IV.16.29.

94) *Conf.* V.9.16.

올리는 것도 무리는 아닐 듯싶다.[95]

　더욱 유의해야 할 것은 그의 처소가 행복한 안식의 자리가 못되었다는 점뿐만 아니라, 로마에서 은혜로 질병을 치유받은 이후에도 여전히 영적 질서를 찾지 못해 방황하고 있었던 점이다. 그는 마니교에 대해 회의하면서도 기독교의 진리를 향하여 과감하게 나아가지 못한 채, 여전히 마니교의 잔재에 놀아나고 있었다.

　이때, 그에게 큰 위로가 된 것이 암브로시우스와의 만남이었다. 아우구스티누스는 밀라노에 수사학 강습을 위한 교육자로 선발되어 파견되었고, 그곳의 주교 암브로시우스와 만나게 된다. 교회에 출석하던 초기에, 아우구스티누스는 암브로시우스의 설교가 지닌 웅변의 기술적 요소에 감탄했지만, 마침내 그 설교의 내용에 감화를 받아 교회와 성경에 대한 인식을 새롭게 하고 세례자 예비교육을 받기로 하였다. 아우구스티누스의 오랜 방황의 끝에, 모니카의 오랜 기도가 응답되는 순간이었다. 이 극적인 장면이 V권의 마감이다.

　아우구스티누스에 따르면, 자신의 옛 모습은 방향을 제대로 잡지 못해 방황하는 시간들이었다.[96] 아우구스티누스는 어리석었던 지난날의 모습들에 근본적인 결함이 있었던 것을 고백하면서 하나님을 향하여 나아간다. 독자들로 하여금 바른 방향을 잡는 것이 얼마나 중요한 것인지를 깨닫게 하는 의도를 담아낸 것이기도 하다.

　우여곡절 끝에 밀라노에 합류한 모니카의 기쁨은 더할 나위 없는 것이었으나, 아우구스티누스에게는 순교자 기념관에 음식물을 바치는 등 낡은 신앙의 관습을 따르던 모니카의 모습이 안타깝게 회상된다. 그러나 모니카의 놀라운 결단 즉 암브로시우스가 모니카의 낡은 신앙 관습을

---

95)　Peter Brown, *Augustine of Hippo* (Los Angeles: University of California Press, 1969), 313.

96)　*Conf.* IV.1.1.

버리라고 권면했을 때 그 즉시 순종하는 모습을 보면서,[97] 아우구스티누스는 자신의 우유부단함에 부끄러움을 느낀다. 그리고 그의 고민은 더욱 깊어졌다.

마침내, 그가 문자와 그 뜻 사이의 신비한 관계를 깨닫기까지, 암브로시우스의 역할은 아우구스티누스를 변화시키는 데 중요한 계기였다. 이것을 은유적 성경해석의 발견이라고 할 수 있지만, 이를 두고 왈가왈부하는 것보다 더 중요한 것은 아우구스티누스가 성경의 권위를 인정하고 기독교신앙을 따르기로 결심하여 밀라노의 정원에서의 회심에 이를 수 있었다는 점이다.

사실, 아우구스티누스는 어려서부터 들어온 교회와 성경에 대해 확신이 없었기에 마니교에 심취하는 오류를 범하기도 했지만, 마음속으로는 하나님의 존재에 대해 인식하고 있었으며 진리이신 하나님께 돌아가야 한다는 사실을 잘 알고 있었다.[98] 성경의 권위를 인정하게 되었다는 것은 그 자체로 중요하다. 기독교 내러티브의 출발점이자 종착점이요 확실한 근거가 되는 성경을 통해 새로운 삶을 준비했다는 점에서 말이다.

문제는, 아우구스티누스의 삶이 여전히 돈과 명예와 결혼으로 상징되는 '세상적' 가치에 매몰되어 있었다는 점이다. 마니교의 오류를 벗어나 교리의 회심에 바짝 다가서기는 했지만, 정작 교리의 회심과 윤리의 회심 사이에 가야할 길이 아직은 멀었다.

자신의 모습을 회상하면서, 아우구스티누스가 하나님께 고백하고 그의 독자들에게 일깨워주려는 것이 있었다. 습관의 문제 혹은 집착과 중독의 문제가 그것이다. 이는 아우구스티누스가 히포의 주교가 된 이후에도 여전히 극복해야 할 과제로 상정하는 집요한 장애요인으로서, 행복

---

97) *Conf.* IV.2.2.

98) *Conf.* IV.5.8.

한 삶을 위해서는 반드시 결단해야 할 문제였다.

더 큰 문제는 아우구스티누스 자신이 이러한 진단과 해법 모두를 알고 있으면서도 여전히 행복을 향하여 나아가지 못하고 있었다는 사실이다. 행복한 삶을 향한 결정적 변혁의 기로에서, 아우구스티누스는 습관이라는 집요한 방해요소를 발견한다. 아우구스티누스와 밀라노까지 동행한 알리피우스(Alypius)와 네브리디우스(Nebridius)가 갑자기 등장하는 이유는 습관의 문제를 집중적으로 다루기 위한 예화였다.

아우구스티누스는 하나님 앞에서 자신의 모습을 고백하면서, 자신의 독자들에게는 습관이란 폭력적인 것이어서 인간을 결코 쉽게 놓아주지 않으며, 쉽게 끊어낼 수 없는 강력한 유혹이므로 습관보다 더 강한 결단력이 필요하다는 점을 말한다. 그 핵심은 습관의 극복이 인간의 결단으로 완결되는 것이 아니라, 하나님의 은혜를 통해 힘을 얻어야만 비로소 가능하다는 사실이다.

아우구스티누스가 언급한 알리피우스의 경우, 습관에 대한 여러 예화를 말해준다. 검투사 경기관람에 휩쓸려 극도의 흥분상태를 보일 정도로 습관화되고 탐닉하던 중, 오랜 시간 후에 하나님의 은혜로 그 습관을 끊어낼 수 있었던 일,[99] 그가 암기학습의 효과를 높이기 위해 광장에서 암기하곤 했던 습관 때문에, 광장에서 살인범으로 오해를 받아 체포되었다가 그의 습관을 알고 있는 어느 건축사의 도움으로 누명을 벗게 된 일[100] 등은 습관의 부정적 측면을 일깨워주는 예화들이다. 그런가하면, 그가 평소의 정직한 습관을 바탕으로 뇌물을 물리친 일은 습관의 긍정적 측면을 보여주는 예가 된다.

말하자면, 습관에는 양면성이 있다. 그것은 아리스토텔레스를 비롯

---

99) *Conf.* IV.8.13.

100) *Conf.* IV.9.14-15.

한 고대철학자들이 습관을 덕의 형성에 긍정적인 기여를 한다고 보았던 것에서 훨씬 더 확장된 깨달음이다. 악이 습관화되면, 선을 추구하는 길에 장애로 작용할 것이며, 선을 습관화하는 것은 덕을 형성하는 데 도움이 된다는 점에서, 습관은 양면성을 지닌다.

물론, 아우구스티누스는 습관에 대한 부정적 혹은 소극적 관점을 더 강하게 지니고 있었다. 그의 삶이 악의 습관으로 인해 선의 추구에서 겪는 우유부단함과 난관들을 잘 보여주고 있다. 특히 성적 욕구의 문제는 가장 대표적인 부분이다.

아우구스티누스는 옛 습관에 젖어 사는 자신의 모습을 부끄럽게 여기면서 스스로를 변명하는 궁색함에 대해 진술하게 고백한다. 자신의 우유부단함에 대한 고백과 함께, 죽음에 대한 두려움이 묻어나는 표현들은 아우구스티누스의 처지가 어떤 것이었는지를 잘 보여준다.

아우구스티누스는 여러 이유로 동거녀와 합법적인 결혼에 이르지 못한 채, 아들을 남겨둔 상태로 여인을 떠나보내야 하는 생이별을 겪었다. 더구나 로마의 문화적 인정을 받는 결혼을 통해 신분을 상승시키고 유지하려는 욕구가 작용하고 그 과정에서 또 하나의 윤리적 실패를 저지른 아우구스티누스의 모습은 실망스럽기까지 하다.

로마의 관습을 따라, 약혼이 진행되었고 평균 정혼연령 12세에서 두 살 부족한 여인과의 약혼이었던 탓에 2년을 기다려야 했다. 그 기간을 참지 못하여 또 다른 여인을 만난 아우구스티누스에게서 성욕의 집요함과 악한 습관의 심각성을 뼈저리게 느낄 수 있다.[101] 아우구스티누스도 자신의 모습에 절망하면서 하나님 은혜를 간구하며 IV권을 마감한다.

그렇다면, 악한 습관은 어디에서 유래한 것이며 어떻게 극복해야 하는가? 악에 대한 아우구스티누스의 설명은 플라톤 철학에 대한 반향을

---

101) *Conf.* IV.15.25.

포함하여 윤리적 회심에 이르는 다소간 긴 여정을 예고한다. 의지와 습관의 문제가 다시 다루어지는 이유가 여기에 있다.

31세 때의 일을 회상하면서, 아우구스티누스는 너무 늦게서야 하나님의 본성에 대한 바른 이해에 도달했다고 고백한다. 마니교가 말하는 것과는 다른 차원에서, 하나님은 물체적 존재가 아니라 영적 존재임을 깨닫게 되었으며, 하나님을 진리 그 자체로 인식하기에 이른 것이다. 이 부분을 아우구스티누스의 지적 회심이라고 한다. 하나님께 대한 바른 인식은 아우구스티누스의 진리를 향한 오랜 방황을 매듭짓는 중요한 전환점이다.

마니교의 오류를 비판하는 과정에서, 자유의지와 악의 문제에 대한 바른 해법을 발견한 것은 매우 중요한 전환이다. 아우구스티누스는 인간에게 의지가 주어져 있다는 점, 그리고 의지가 죄의 원인이라는 점을 깨달았다.[102]

말하자면, 그의 일생을 지배해온 문제 즉 '악이란 어디에서 오는 것인가?' 하는 문제에 대한 기독교적 해답을 찾은 셈이다. 죄란 악신의 강요에 의한 것이 아니라, 인간 스스로의 문제라는 것이다. 아우구스티누스가 하나님은 선한 분이시며 최고선임을 말하면서 악의 원인이 아니라고 단언한 것은[103] 마니교의 그늘에서 벗어나 지적 회심에 이르고 있음을 보여준다.

나아가, 간접적으로라도 하나님을 죄에 연루시키려는 시도들을 극복한 것은,[104] 지적 회심의 극치를 보여준다. 인간이 자유의지에 의해 타락했다면, 자유의지를 창조하신 하나님에게도 책임이 있다는 식의 모든

---

102) *Conf.* VII.3.5.
103) *Conf.* VII.4.6.
104) *Conf.* VII.3.5.

반론까지도 극복한다.

아우구스티누스는 이 시기의 자신의 모습을 회상하면서, 악이란 어디에서 유래한 것인지 그 원인을 찾고 있었지만 그것을 찾는 방법이 그릇되어서 악의 문제를 제대로 볼 수 없었던 시절이었다고 말한다.[105] 이 모든 문제들에 대한 해답이 기독교 안에 있음을 깨닫게 되면서, 아우구스티누스의 지적 방황은 기독교의 내러티브 즉 죄와 은혜의 내러티브 안에서 비로소 해소되었다.

아우구스티누스의 지적 회심의 과정에서 가장 눈여겨 볼 부분은 플라톤 철학으로부터 성경의 진리를 향하여 나아가는 대목이다. 아우구스티누스와 플라톤 철학은 변증법적 관계로 설명하는 것이 좋겠다. 마니교의 물질주의적 세계관에 놀아나던 아우구스티누스에게 영적 세계에 대한 안목을 갖게 한 것은 플라톤 철학이지만, 플라톤 철학이 성경의 내러티브와 다른 것임을 깨달은 아우구스티누스는 궁극적으로 성경에 주목함으로써 기독교의 진리에 이를 수 있었다.

돌이켜 보면, 아우구스티누스에게서 철학은 진리를 향한 여정에 긍정적으로 작용했다. 특히 플라톤 철학과의 만남은 아우구스티누스에게 중요한 전환점이었다. 아우구스티누스에 따르면, 플라톤 철학의 책을 읽은 이후 중요한 변화가 생겼다.

이 책을 통해 나는 안으로 들어가라는 교훈을 받았고 당신께서 주신 은혜를 힘입어 영혼 안에 깊이 들어갈 수 있었습니다. 당신께서 주신 은혜가 있었기에 가능한 일이었습니다. 영혼 안으로 들어가는 순간, 비록 내 영혼의 눈은 희미했지만, 내 영혼의 눈보다 더 높은 곳에, 내 영혼 위에서 빛나

---

105) *Conf.* VII.5.7.

고 있는 불변의 빛을 볼 수 있었습니다. [106)

　플라톤 철학에 대한 아우구스티누스의 평가는 양면성을 지닌다. 한동안 아우구스티누스는 플라톤 철학이 성경의 내용을 다른 표현으로 소개한 것이라고 생각했다. 플라톤 철학의 도움을 받아, 아우구스티누스는 인간의 내면성에 대한 관심을 깊게 할 수 있었고 존재하는 모든 것은 선하다는 진리를 깨달았다.
　결정적으로 악에 대한 인식을 새롭게 할 수 있었다는 점에서 의의가 크다. 아우구스티누스에 따르면, 선한 존재이신 하나님께서 창조하신 모든 것은 그것들이 존재하는 한, 선한 것이며 창조된 모든 것의 총화는 심히 좋다. 따라서 악이란 하나님의 피조물일 수 없으며, '실체'일 수 없다.

　　존재하는 모든 것은 선합니다. 내가 이제껏 그 원인에 대해 궁금해 했던 악이란, 실재가 아니었습니다. 악이 실재한다면 선한 것이라 해야 하기 때문입니다.[107)

　말하자면, 악이란 선한 하나님의 창조물이 아니라 인간이 저지른 것이다. 이제까지 악에 대해 고민하기는 했지만, 악을 인간 외부의 존재 즉 악한 신의 강요에 의한 것으로 설명하려던 것과는 현격한 차이가 드러나는 부분이다. 악에 대한 아우구스티누스의 성찰이 그의 사상에서 빛나는 부분으로 자리 잡게 된 데에는 이러한 실존적 방황과 은혜에 의한 진

---

106) *Conf.* VII.10.16. Et inde admonitus redire ad memet ipsum intravi in intima mea duce te et potui, quoniam factus es adiutor meus. Intravi et vidi qualicumque oculo animae meae supra eumdem oculum animae meae, supra mentem meam lucem incommutabilem,

107) *Conf.* VII.12.18. Ergo quaecumque sunt, bona sunt, malumque illud, quod quaerebam unde esset, non est substantia, quia, si substantia esset, bonum esset.

리의 발견이 중요한 역할을 하고 있다. 아래 인용문은 아우구스티누스의 문제의식을 함축적으로 보여주는 문장이다.

> 나는 악이란 무엇인지 알고 싶었습니다. 악이란 실체가 아니라 의지의 왜곡 또는 최고의 실체이신 당신에게서 방향을 돌림으로써 자신의 내면에 담긴 보배를 버리고 저급한 것들을 향하는 것이며, 잔뜩 부풀어 오른 교만이라는 것을 깨달았습니다.[108]

그렇다면, 이러한 악에 대한 해법은 무엇인가? 악의 유래에 대한 질문이 인간의 문제 즉 의지의 왜곡에 의한 것임이 드러난 이상, 남은 것은 악의 해법에 관한 질문이다. 바로 이 대목에서 플라톤 철학에 대한 아우구스티누스의 관점에 큰 변화가 나타난다. 아우구스티누스는 플라톤 철학을 극복해야 할 대상으로 인식하게 된다. 아우구스티누스에 따르면, 플라톤의 책에 분명한 한계가 있다.

> 그 책에는 경건의 고백, 참회의 눈물, 당신의 희생, 애통하는 죄책감, 상하고 통회하는 마음, 겸손, 당신의 백성들의 구원, 당신의 신부인 도성, 성령의 보증, 우리의 구원의 잔이 없었습니다.[109]

말하자면, 아우구스티누스는 성경의 내러티브를 통해 플라톤 철학

---

108) *Conf.* VII.16.22. Et quaesivi, quid esset iniquitas, et non inveni substantiam, sed a summa substantia, te Deo, detortae in infima voluntatis perversitatem proicientis intima sua et tumescentis foras.

109) *Conf.* VII.21.27. Non habent illae paginae vultum pietatis huius, lacrimas confessionis, sacrificium tuum, spiritum contribulatum, cor contritum et humiliatum, populi salutem, sponsam civitatem, arram Spiritus Sancti, poculum pretii nostri.

을 극복한다. 철학을 통해 마니교를 극복한 단계로부터, 성경을 통해 철학을 극복하는 단계로 나아가고 있는 셈이다. 악의 유래에 대한 질문에서 악의 해법에 대한 질문으로 전환시킨 문제의식에서 기독교의 내러티브에 주목하게 된다. 이 해법은 아우구스티누스가 플라톤의 책에서 성경으로 그 관심을 전환하여 비로소 찾아낸 것으로서, 아우구스티누스의 지적 회심의 본질과 핵심이 무엇인지를 분명하게 보여준다.

여기에서 놓치지 말아야 할 것이 있다. 아우구스티누스에게 회심은 크게 두 단계가 구분된다. 그 하나는 마니교의 오류와 자신의 편견에 사로잡혀 있던 단계로부터 진리에 대한 인식으로 나아간 회심 즉 지적 회심이다. 다른 하나는 영적 혹은 윤리적인 회심이다. 아우구스티누스의 경우, 지적 회심을 바탕으로 영적 회심을 향하여 나아간다.

아우구스티누스는 영적 고민을 품고 심플리키아누스(Simplicianus)를 찾아간다. 그에게서 로마의 유명한 수사학자로서 기독교로 회심한 빅토리누스(Victorinus)에 관한 이야기를 전해 듣는다. 빅토리누스가 공개적인 신앙고백을 요구받은 것은 아니었음에도, 자신의 모든 체면을 내려놓고 회중 앞에서 공개적으로 신앙을 고백함으로써 교회의 모든 사람들에게 큰 기쁨을 주었다는 소식이었다.[110]

심플리키아누스의 이야기를 들은 후, 아우구스티누스에게는 더 큰 고민이 밀려왔다. 자신은 여전히 우유부단하고 결단을 내리지 못하고 있었기에 조바심이 커진 셈이다. 이 과정에서, 아우구스티누스는 '정욕' 및 '습관'이라는 개념을 도입하여 인간과 악한 습관 사이의 집요한 연관성을 문제 삼는다. 인간은 영원하신 하나님을 사랑하는 존재로 살아야 마땅하지만, 육체의 정욕과 그에 따른 습관에 짓눌려 죄를 짓기에 능숙하다는 점이 아우구스티누스의 문제였다.

110) *Conf.* VIII.2.5.

내 자신의 무게 때문에 당신에게서 떨어져 나와 애통하면서 열등한 것들을 향하고 있습니다. 그 무게는 육체의 습관이었습니다. [111]

이것을 아우구스티누스는 쇠사슬의 비유를 통해 의지의 노예화 문제로 설명한다. 이 부분은 그 의미상, 훗날 종교개혁자들에 의해 '의지의 노예상태'를 말하게 하는 단초가 될 수 있는 대목일 듯싶다.

중요한 것은 아우구스티누스가 죄의 심각성과 습관의 집요함을 자신의 실존적 체험으로부터 풀어내고 있다는 점이다. 쇠사슬의 비유는 이론을 위한 개념적 도구가 아니라, 실존적 고백에서 우러난 것임을 유의해야 한다는 뜻이다.

나는 다른 누구의 쇠사슬에 의한 것이 아니라, 내 의지의 쇠사슬에 묶여 있었습니다. 마귀가 내 의지를 지배하여 의지로부터 쇠사슬을 만들고 그 쇠사슬로 나를 묶어 놓았습니다. 왜곡된 의지에서 욕심이 생겼고 욕심을 반복함으로써 습관화되고 그것을 거슬러 끊어내지 못하여, 결국 필연적인 것이 되고 말았습니다. [112]

또한 아우구스티누스가 정욕 및 습관의 문제에서 '의지'에 주목하고, 그 원인을 의지의 분열에서 찾고 있다는 점을 놓쳐서는 안 된다. 흔히 이러한 현상을 두고 '육'과 '영'의 싸움일 것이라고 단정 짓기 쉽지만,

---

111) *Conf.* VII.17.23. sed rapiebar ad te decore tuo moxque diripiebar abs te pondere meo et ruebam in ista cum gemitu; et pondus hoc consuetudo carnalis.

112) *Conf.* VIII.5.10. Cui rei ego suspirabam ligatus non ferro alieno, sed mea ferrea voluntate. Velle meum tenebat inimicus et inde mihi catenam fecerat et constrinxerat me. Quippe ex voluntate perversa facta est libido, et dum servitur libidini, facta est consuetudo, et dum consuetudini non resistitur, facta est necessitas.

이는 자칫 인간이 육과 영을 지니고 있기에 어쩔 수 없는 갈등으로 치부하게 될 위험이 있다는 점에서 죄에 관한 아우구스티누스의 설명법을 심층적으로 이해하지 못한 것일 수 있다. 아우구스티누스가 주목하는 것은 습관이라는 것이 죄를 지속하게 하는 별도의 혹은 외재적 원인이 아니라, 습관 그 자체가 의지의 왜곡에 의해 비롯되었다는 사실이다.

비유로 설명하자면, 아우구스티누스는 영적 회심 직전의 단계에서 심각한 내적 갈등에 휘말려 있으며, 떼어내기 어려운 옛 생활 즉 '땅에 매어' 있었다.[113] 아우구스티누스의 설명처럼, 마치 잠에서 깨어나기 힘겨워하는 사람의 경우처럼, 습관의 집요함에 짓눌려 단숨에 깨어나지 못하는 상태라 할 수 있다. 잠을 이기지 못해 다시 잠들어 버린 사람처럼 말이다.

> 나는 그 진리를 확신하면서도, 잠에 취하여 '조금 더, 조금만 더, 좀 더 자도록 놔두소서.' 하며 말할 뿐이었습니다.[114]

그러나 이 갈등은 아우구스티누스에게 건설적으로 작용했다. 자신의 영적 나태함에 대한 심각한 고민을 통해 하나님을 향한 영적 회심으로 나아가게 하는 동기가 되었기 때문이다. 그 와중에, 아우구스티누스에게 결단을 통해 옛 삶을 청산하고 그리스도에게 나아간 사람들의 이야기들이 들려왔고, 아우구스티누스의 조바심은 더욱 커졌다.

황제의 수행원이었던 폰티키아누스는 그가 동료들과 함께 황제를 수행하던 중 일어난 놀라운 영적 결단의 이야기를 전해 주었다. 폰티키

---

113) *Conf.* VIII.5.11.
114) *Conf.* VIII.5.12. quid responderem veritate convictus, nisi tantum verba lenta et somnolenta: "Modo", "Ecce modo", "Sine paululum".

아누스가 전해준 이야기를 들은 후, 아우구스티누스는 지성인을 자처하는 자신이 영적 진리를 위한 결단을 미루고 우유부단한 모습을 지니고 있음을 수치스럽게 생각하며, 더 이상 미루어서는 안 된다고 자책한다. 하지만, 여전히 떨쳐내기 어려운 유혹은 아우구스티누스를 놓아주지 않았다. 성적 욕망의 문제가 그것이다. 아우구스티누스의 기도는 아이러니하기까지 하다.

> 불쌍한 젊은 나는 지독했던 청년기 초반부터 당신께 성적 절제를 구하곤 했습니다. '내게 순결을 주소서. 절제를 주소서. 그러나 아직은 마소서.'하고 있었습니다. 당신께서 너무 빨리 내 소원을 들어주시면 절제하기보다는 만끽하고 싶었던 정욕의 병이 너무 빨리 치유받게 될까 싶어 두려워했습니다.[115]

아우구스티누스가 보기에, 내적 갈등에서 정말 중요한 것은 습관의 문제였다. 주목할 것은 습관이란 별도의 실체가 아니라, 자신의 의지에서 비롯된 것이라는 점이다. 습관의 문제를 다시 다루는 것은 새로운 결단을 향한 의지와 옛 생활에 머물고자 습관화된 의지 사이의 갈등이라는 점을 강조하고 있는 셈이다.[116]

그는 자신이 깨달은 진리를 향하여 나아가야 함을 잘 알고 있었으며, 그렇게 하고 싶은 의지가 있는 것도 분명했지만, 습관에 짓눌린 탓에 결단을 내리지 못하는 자신의 모습에 답답해하고 있었다. 말하자면, 아

---

115) *Conf.* VIII.7.17. At ego adulescens miser valde, miser in exordio ipsius adulescentiae, etiam petieram a te castitatem et dixeram: "Da mihi castitatem et continentiam, sed noli modo". Timebam enim, ne me cito exaudires et cito sanares a morbo concupiscentiae, quem malebam expleri quam extingui.

116) *Conf.* VIII.8.21.

리스토텔레스의 덕 윤리에서 중요한 위치를 차지하는 '습관'이 아우구스티누스에게서는 소극적 의미로 다루어지고 있다. 덕 윤리의 기독교적 변혁에서 눈여겨보아야 할 부분이다.

이와 관련하여, 아우구스티누스는 자신이 9년간 몸담았던 마니교의 중대한 오류를 지적하는 것을 잊지 않는다. 죄를 범하는 것은 외적 요인 즉 선한 신과 악한 신의 갈등에서 비롯된 강요가 아니라, 자기 자신의 문제 즉 옛 생활을 이어가려는 의지와 진리를 향해 결단하려는 의지 사이의 갈등이며, 따라서 죄에 대한 징벌은 죄 지은 자의 몫이 되는 것이 지극히 마땅하다는 것이다.

이를 토대로, 아우구스티누스는 인간 내면의 의지와 의지 사이의 갈등이 해소되는 길은 분명한 목적을 따라 한 가지 의지를 선택하는 것이라고 단언한다. 아우구스티누스의 처지를 두고 해석하자면, 습관의 집요함을 끊어내고 진리를 따라 살기로 결단해야 한다는 뜻이다. 영적 절정의 순간을 두고, 아우구스티누스가 자신이 직면했던 갈등을 설명하기 위해 두 의지를 의인화하여 한다. 앞으로 나아가려는 아우구스티누스를 향하여 '습관'이 비아냥거리며 말한다.

'그것들 없이도 살 수 있을 것 같아?'[117]

하지만 습관의 비아냥에도 불구하고, 아우구스티누스가 나아갈 길목 앞에서는 '절제'가 아우구스티누스를 향하여 진리를 향하여 나아오라고 초청하고 있다. 절제를 향한 결단의 필요성을 재확인하고 있는 셈이다.[118] 마치 사도 바울이 로마서에서 두 사이에 끼어있는 자신의 처지를 안타까

---

117) *Conf.* VIII.11.26. "Putasne sine istis poteris?".
118) *Conf.* VIII.11.27.

위했던 대목과 흡사해 보인다. 이 문제의 해법 역시 사도 바울의 그것과 다르지 않다.[119] 아우구스티누스는 성경의 내러티브를 통해 자신의 처지를 재해석하고 그 출구 또한 성경 내러티브에서 찾고 있었다.

마침내, 하나님의 은혜는 내면의 갈등에 휩싸인 아우구스티누스를 변화시켰다. 아우구스티누스의 영적 클라이맥스는 밀라노에서 세를 얻어 살던 곳 정원에서 일어났다. 그는 복받쳐 오르는 마음을 가누지 못해 정원으로 뛰쳐나갔다.

아우구스티누스는 정원의 무화과나무 밑에 들어가 하나님을 향하여 간청한다. 진리를 깨달았지만, 그 진리를 따라 살기로 결단하지 못하는 자신에 대한 실망과 함께 분명한 결단을 위한 도우심을 간구한다. 이 결정적 순간에, 간절한 눈물 속에 하나님을 향하여 청원한 아우구스티누스의 기도는 이런 것이었다.

'오, 주여, 어느 때까지입니까? 오, 주여, 어느 때까지입니까? 영원히 분노하시려 하십니까? 내 이전의 죄악을 기억하지 마소서.' 나는 그 죄악에 여전히 묶여 있었습니다. 그래서 간절히 당신에게 부르짖었습니다. '어느 때까지입니까? 어느 때까지입니까? 내일 또 내일입니까? 왜 지금은 아닌가요? 왜 당장 내 불결함이 끝나지 않는 것인가요?'[120]

---

119) '그러므로 내가 한 법을 깨달았노니, 곧 선을 행하기 원하는 나에게 악이 함께 있는 것이로다. 내 속사람으로는 하나님의 법을 즐거워하되 내 지체 속에서 한 다른 법이 내 마음의 법과 싸워 내 지체 속에 있는 죄의 법으로 나를 사로잡는 것을 보는도다. 오호라 나는 곤고한 사람이로다. 이 사망의 몸에서 누가 나를 건져내랴? 우리 주 예수 그리스도로 말미암아 하나님께 감사하리로다. 그런즉 내 자신이 마음으로는 하나님의 법을 육신으로는 죄의 법을 섬기노라.'(롬7:21-25)

120) *Conf.* VIII.12.28. Et tu, Domine, usquequo? Usquequo, Domine, irasceris in finem? Ne memor fueris iniquitatum nostrarum antiquarum. Sentiebam enim eis me teneri. Iactabam voces miserabiles: "Quamdiu, quamdiu: "cras et cras"? Quare non modo? Quare non hac hora finis turpitudinis meae?".

그때, 하나님은 아우구스티누스에게 은혜를 주셨다. 드디어 영적 회심에 이른 것이다. 이웃집 어린이들의 동요 속에 들려온 소리는 역사상 가장 많이 알려진 회심의 핵심적인 메시지로 들렸다.

'집어 들고 읽어라. 집어 들고 읽어라.'[121]

아우구스티누스의 영적 회심은 이 소리를 은혜의 초청으로 듣고 즉시 결단하여 성경말씀을 읽는 순간 확실해졌다. 여기에서 중요한 것은 아우구스티누스의 마음에 있던 우유부단함과 어두운 그림자를 몰아낸 것이 성경말씀이었다는 점이다. 아우구스티누스를 회심하게 한 결정적인 성경구절로 VIII권이 마감된다.

그 책을 집어 들고 가장 먼저 펼쳐지는 말씀을 읽었습니다. 거기에는 '방탕과 술 취하지 말며 음란과 호색하지 말며 쟁투와 시기하지 말고 오직 주 예수 그리스도로 옷 입고 정욕을 위하여 육신의 일을 도모하지 말라'는 말씀(롬13:13-14)이 기록되어 있었습니다. 더 이상 읽고 싶지도 않았습니다. 더 이상 읽을 필요도 없었습니다. 그 구절을 읽는 즉시 확실성의 빛이 내 마음에 들어와 의심의 어두운 그림자를 모두 몰아냈습니다.[122]

영적 회심 이후, 아우구스티누스의 삶은 결정적으로 변화되었다. 하

---

121) *Conf.* VIII.12.29. "Tolle lege, tolle lege".

122) *Conf.* VIII.12.29. quo primum coniecti sunt oculi mei: Non in comessationibus et ebrietatibus, non in cubilibus et impudicitiis, non in contentione et aemulatione, sed induite Dominum Iesum Christum et carnis providentiam ne feceritis in concupiscentiis. Nec ultra volui legere nec opus erat. Statim quippe cum fine huiusce sententiae quasi luce securitatis infusa cordi meo omnes dubitationis tenebrae diffugerunt.

나님을 향한 새로운 출발이었다. 그는 수사학 교수직을 내려놓고 어머니 모니카와 자신의 절친한 친구들과 함께 카시치아쿰에서 조용한 묵상과 성경읽기를 통해 세례 받을 준비를 한다.

이 기간에, 아우구스티누스는 시편 묵상을 통해 영적 성숙을 이룬다. 아우구스티누스의 관점은 자신의 죄에 대한 회개와 하나님의 은혜에 초점을 맞춘 것이었다. 묵상의 기간을 통해 아우구스티누스의 행복에 대한 관점 역시 새롭게 정리되었다. 아우구스티누스는 이제 행복에 대해서도 확실하게 내적 진리의 중요성을 강조한다.

> 행복이란 나의 외부에 있는 것이 아니요, 해 아래서 내 육신의 눈으로 볼 수 있는 것들에서는 결코 찾을 수 없음을 깨달았습니다. 외부의 것들에서 행복을 찾으려고 하면 쉽게 허전해지고, 보이는 것들과 한시적인 것들에게 자신을 허비해 버리고 맙니다.[123]

암브로시우스에게 세례를 받으러 간 아우구스티누스의 모습에서, 우리는 그가 이전에 육체적 쾌락에 따라 살았을 때 얻은 아들에 대한 애틋한 마음을 읽을 수 있다. 이 부분 또한 아우구스티누스의 삶과 그 가치관이 새롭게 변혁된 흔적이라 할 수 있다. 그의 표현에 따르면,

> 내가 아들에게 물려준 것이라고는 죄 뿐입니다.[124]

아우구스티누스가 세례를 받은 지 얼마 지나지 않아 그의 평생의 영

---

123) *Conf.* IX.4.10. Nec iam bona mea foris erant nec oculis carneis in isto sole quaerebantur. Volentes enim gaudere forinsecus facile vanescunt et effunduntur in ea, quae videntur et temporalia sunt,

124) *Conf.* IX.6.14. nam ego in illo puero praeter delictum non habebam.

적 후원자였던 어머니 모니카가 별세한다. 아우구스티누스 일행이 고향으로 돌아가는 길에 사정상 오스티아 항구에 머물던 때였다. 아우구스티누스와 모니카는 신비한 체험을 했고 얼마 지나지 않아 모니카는 별세한다. 일생동안 아들의 회심을 위해 간구하던 어머니의 모습을 기억하면서 아우구스티누스가 간구한 기도로 IX권이 마무리 된다.

사실, 아우구스티누스의 이러한 회심의 모든 과정은 전적으로 은혜에 의한 것이었다. 아우구스티누스의 고백에서 볼 수 있듯이, 그는 이제 회심을 포함한 삶의 주어는 아우구스티누스 자신이 아니라 하나님이셨던 것을 분명하게 깨달았다. 이것이 아우구스티누스 자신의 정체성이요, 윤리의 출발점이자 결론이다. 아우구스티누스의 깨달음을 함축적으로 표현한 문장이 있다.

주께서 나를 주께로 돌이키게 하셨나이다.[125]

③ 내러티브의 내러티브(X~XIII)

일반적으로, 『고백록』 X권부터의 내용을 아우구스티누스의 '구원받은 현재'와 '창세기 주해'로 분류한다. 덕 윤리의 관점에서 본다면, 이 부분은 아우구스티누스의 윤리적 정체성과 내러티브의 근간에 대한 해설이라 할 수 있다.

IX권까지의 내용은 아우구스티누스의 덕 윤리가 지닌 기독교적 배경 즉 죄와 은혜의 내러티브를 구체적으로 풀어낸 것에 해당한다. 다른 말로 하자면, 덕 윤리의 근간이 되는 고전적 내러티브에서 기독교 내러티브로 변혁되는 과정을 아우구스티누스라는 개인의 실존적 체험을 통

---

125) *Conf.* VIII.12.30. Convertisti enim me ad te,

해 보여준 것이다.

X권부터는 이러한 기독교 내러티브의 근간에 대한 성찰이다. 말하자면, 네러티브를 다루는 지평이 구체적이고 실존적인 체험으로부터 긍정적 의미의 거대담론으로 확장되고 있는 셈이다. 기억과 시간에 대한 성찰로부터 창조세계의 질서에 대한 이야기들을 단순한 '창세기 주해'로 몰아세우기보다 아우구스티누스 내러티브의 근거와 배경에 대한 성찰로 해석해야 한다는 뜻이다. 창조주 하나님의 주권적 은혜에 대한 메타-내러티브가 전개되고 있기 때문이다.

아우구스티누스는 자신의 고백이 하나님의 내적 조명이 있었기에 가능했음을 강조한다. 이 대목에서 우리는 진리의 조명설 즉 'veritas lux mea'의 진면목을 엿볼 수 있다. 진리의 인식은 인간의 능력으로 가능한 것이 아니라 하나님의 은혜가 있어야 한다는 뜻이다.[126)]

그러나 이것을 플라톤 인식론의 기독교적 응용쯤으로 가볍게 여겨서는 곤란하다. 플라톤의 인식론을 충분히 알고 있었겠지만, 아우구스티누스가 말하고자 했던 것은 인식의 문제를 포함한 모든 것이 성경의 내러티브와 하나님의 은혜를 통해 설명되어야 한다는 점이다.

무엇보다도, 아우구스티누스의 덕 윤리에서 핵심에 해당하는 카리타스의 개념이 성경 내러티브에 뿌리를 두고 있음을 유의해야 한다. 아우구스티누스가 말하는 하나님을 향한 카리타스의 윤리는 플라톤적 에로스의 응용이라기보다, 성경의 내러티브에 기초한 것으로서, 카리타스 자체가 성경의 용어이다. 라틴역 성경에서, 사랑의 번역어 '카리타스'(caritas)가 아우구스티누스의 덕 윤리의 핵심으로 재해석되고 있다는 점은 그의 윤리가 성경 내러티브를 근간으로 삼고 있음을 보여준다.[127)]

---

126) *Conf.* X.5.7.

127) 요일4:16 '하나님은 사랑이시라'의 번역 'Deus caritas est'와 '믿음 소망 사랑 이 세 가지는 항

이러한 뜻에서, 『고백록』의 윤리적 지평은 아우구스티누스 개인의 회심에 관한 죄와 구원의 내러티브에서 진리 그 자체이며 사랑 그 자체인 하나님께 대한 내러티브로 확장되고 있는 셈이다. 이러한 지평의 확장에서 주목할 것은, 아우구스티누스의 현재 모습이다.

하나님의 카리타스로 구원받아 하나님을 향한 카리타스의 덕을 실천하고자 애쓰고 있지만, 여전히 숱한 유혹들이 스며들고 있었다. 이러한 유혹들과의 내적 싸움을 이기고 하나님을 향한 카리타스의 존재(being of caritas)가 되어야 한다는 것이 아우구스티누스가 그의 독자들에게 권하는 덕 윤리의 기독교 버전이다.

이것을 좀 더 풀어서 설명해보자. 아우구스티누스가 말하는 카리타스의 진정한 대상은 외적 사물이 아니라, 내적 인간 즉 인간내면에서 발견하는 영원한 진리이신 하나님이다. 앞서 말한 진리의 조명설과 일맥상통하는 대목이다. 내면의 진실을 담아 하나님을 향한 카리타스를 실천해야 함을 강조하고 싶었던 것이다. 이것을 두고 하나님을 향한 사랑의 내면성이라고 부를 수 있겠다.[128]

이는 하나님에 대한 인식과 사랑이 감각만을 통해서는 도달할 수 없음을 보여준다. 감각을 넘어 내면의 세계로 들어가야 한다고 할 때, 아우구스티누스가 주목한 것은 '기억'이다. 기억에 대한 이야기는 다시 기억 그 자체를 초월하는 영역으로 나아가게 한다.

이 과정에서 기억의 문제를 놓치지 말아야 한다. 이러한 논의가 결국 고대로부터 이어온 진리의 인식에 대한 성찰 및 윤리적 주제로서의 행복에 대한 이야기를 풀어가는 아우구스티누스 고유의 실마리이기 때

상 있을 것인데 그 중의 제일은 사랑이라'는 번역 'nunc autem manet fides spes caritas tria haec maior autem his est caritas'등이 카리타스 윤리의 가장 두드러진 출처일 듯싶다.

128) *Conf.* X.6.8.

문이다. 아우구스티누스를 응용하자면, 모두가 원하는 텔로스 즉 고전윤
리학의 핵심이라 할 수 있는 행복의 문제는 감각적 세계를 통해 설명될
수 없다. 아우구스티누스는 이 점을 풀어내는 단초로 기억을 상정한다.

아우구스티누스는 기억 자체에 대해 성찰한다. 자신의 삶을 회상하
는 것도 기억의 일이요, 하나님의 은혜를 찬송하는 일 역시 기억을 바탕
으로 솟아난 것이라는 점에서, 기억은 중요한 계기이다. 인간 내면의 능
력으로서의 기억에 대한 논의는 기억의 능력을 주신 하나님을 향하여 나
아가게 한다. 기억의 위대함을 깨닫는 것으로 족한 것이 아니라, 기억을
매개로 펼쳐지는 기억 그 이상의 가치에 주목해야 한다. 아우구스티누스
의 표현대로 하자면, 기억을 초월하여 하나님을 향해야 한다.[129]

기억을 통하여 하나님께 나아가는 것은 결국 인간 내면의 진리의 교
사이신 하나님의 인도하심을 따르겠다는 고백이다. 동시에 인간 내면에
간직해두신 하나님을 향한 사랑의 흔적을 찾고자 하는 소망의 표현이다.

아우구스티누스는 이것을 행복의 문제와 연관 짓는다. 인간의 행복
은 하나님을 통해서만 가능하며, 그것은 결국 인간 내면에 남아있는 행복
의 기억으로부터 입증된다는 것이다.

> 행복이란 모두가 원하는 것 아니겠습니까? 행복을 원하지 않는 사람이
> 있겠습니까?[130]

아우구스티누스는 하나님을 향한 여정에서 하나님을 최고선으로 인
식하고 그 안에서 행복을 누리는 것이야말로 진정한 쉼이요 안식이라는
사실에 주목한다. 이는 『고백록』의 첫 권에서 제기한 문제, 즉 쉼과 안식

---

129) *Conf.* X.17.26.

130) *Conf.* X.20.29. Nonne ipsa est beata vita, quam omnes volunt et omnino qui nolit nemo est?

의 문제와 직결된다. 행복의 문제는 본질적으로 쉼 혹은 안식의 문제이며, 이는 감각의 세계를 넘어 진리 그 자체이신 하나님을 통해서만 구현될 수 있다.

> 내 주님, 내가 당신을 찾는 것은 곧 행복한 삶을 찾는 것입니다.[131]

행복에 대한 논의는 결국 하나님 안에서의 쉼을 향한 문제의식의 반영이다. 하나님 안에서만 진정한 행복에 이를 수 있다는 뜻이다. 이 주제에 관한 아우구스티누스의 관점을 요약하면 아래와 같다.

> 행복한 삶이란, 당신께 나아가기 위해 당신을 즐거워하고 당신을 위해 당신을 기뻐하는 것, 그 길 외에는 없습니다.[132]

아우구스티누스에게서 행복과 진리는 일맥상통하는 개념으로서, 기독교의 내러티브야말로 진리에 기초한 것임을 재삼 강조해주고 싶었던 셈이다. 아우구스티누스에게서 하나님을 만나는 것이야말로 진리에 이르는 것이요, 진정한 행복에 이르는 것임을 분명하게 보여주는 것이야말로 『고백록』을 집필한 가장 중요한 동기이자 내러티브의 핵심이었다.

문제는, 인간의 마음이 어둡고 병들었으며, 악하고 추하기 때문에 진리 안에서 기뻐하지 않는다는 것이다. 아우구스티누스 자신의 지나간 삶이 진리 아닌 것들을 통해 추구하는 행복은 진정한 행복일 수 없었음을 잘 보여준다. 아우구스티누스는 독자들에게 참된 행복을 위한 타산지

---

131) *Conf.* X.20.29. Cum enim te, Deum meum, quaero, vitam beatam quaero.

132) *Conf.* X.22.32. Et ipsa est beata vita, gaudere ad te, de te, propter te; ipsa est et non est altera.

석의 반면교사(反面教師) 역할을 자임하는 듯싶다.[133]

이 점에서, 하나님을 향한 카리타스의 중요성이 부각된다. 카리타스는 진리의 원천이자 행복 자체인 하나님에게 초점을 맞추는 사랑이기 때문이다. 이 부분은 하나님에 대한 성찰에서 선(bonum)과 진리(verum)가 동일시되는 중세적 논법의 선구적 흔적을 보여주는 대목이지만, 주목해야 할 것은 덕 윤리와의 연관성이다.

덕 윤리에서 볼 때, 카리타스는 진정한 행복에 이르게 하는 덕이자 덕목들의 통합이다. 이에 관한 세부적인 논의는 다음 장에서 별도로 이어지겠지만, 여기에서는 카리타스가 성경의 내러티브를 근간으로 하고 있다는 사실에 초점을 맞출 필요가 있다.

X권에서, 아우구스티누스는 하나님을 향한 카리타스의 한 예를 설명하면서 회심 이후의 자신의 모습을 진정성을 가지고 고백한다. 여전히 유혹에 시달리고 있으며, 카리타스에 이르지 못하고 있으나 카리타스를 통해 행복을 향하여 나아가려는 마음은 분명하게 표현되고 있다.

카리타스는 결코 쉽지도 않고 단순한 것도 아니다. X권에서 소개된 카리타스의 특성은 절제와 개념과 연관된다. 카리타스는 자연적 본성에 따른 사랑이 아니라, 절제의 덕목(a virtue)을 통해 구현되는 덕(the virtue)이다. 아래는 카리타스의 덕과 그 구현을 위한 절제의 덕목 사이의 연관성을 요약해주는 문장이다.

> 당신을 사랑하기 위한 수단으로서가 아니라 당신과 겸하여 다른 것을 사랑하는 자는 당신을 덜 사랑하는 것입니다.[134]

---

133) *Conf.* X.27.38.

134) *Conf.* X.29.40. Minus enim te amat qui tecum aliquid amat, quod non propter te amat.

행복 자체이신 하나님을 향한 카리타스를 위해서는 하나님과 다른 것을 겸하여 사랑하지 않고 하나님만 사랑하기 위한 절제가 요청된다. 사랑의 목적을 하나로 통합하고 그 순도를 높여야 한다는 뜻이다.

문제는 인간의 현실이 그렇게 녹록하지 않다는 점이다. 흥미롭게도, 아우구스티누스는 과거 자신의 죄와 하나님의 은혜에 대해서만 고백한 것이 아니라, 현재의 모습에 대해서도 진솔하게 고백하고 있다. 히포 교구의 목회자로서, 아우구스티누스는 여전히 하나님을 향한 사랑에 걸림돌이 될 수 있는 여러 요소들에 의해 유혹 받고 있었으며 이 부분에 대해 무척이나 민감했다.

여기에서 유의해야 할 것이 있다. 절제가 카리타스의 덕(德)을 위해 중요한 덕목(德目)인 것은 사실이지만, 아우구스티누스가 말하는 절제는 고전적 4주덕의 하나로서의 절제가 아니라, 기독교 내러티브를 배경으로 한다. 특히, 아우구스티누스가 하나님께 절제의 능력을 간구한 것은 중요한 의의가 있다. 의지만으로는 절제가 실천될 수 없음을 고백하는 동시에 하나님의 은혜가 필요함을 강조한다는 점에서 기독교 내러티브를 반영하고 있다.

> 항상 타오르고 계시며 결코 꺼지지 않는 사랑이시여, 나의 사랑, 나의 하나님이여. 간구하오니 당신의 사랑으로 나를 불태워주소서. 당신은 내게 절제하라고 명하십니다. 당신이 명하시는 것을 행할 수 있도록 하시고 당신이 원하시는 것을 명하소서.[135]

더구나 절제의 덕을 성경으로부터 권고받은 것이라는 점이 중요하

---

135) *Conf.* X.29.40. O amor, qui semper ardes et numquam exstingueris, caritas, Deus meus, accende me! Continentiam iubes: da quod iubes et iube quod vis.

다. '육신의 정욕과 안목의 정욕과 이생의 자랑'(요일 2:16)을 절제하라는 교훈이 그것이다.[136] 아우구스티누스가 생각한 현재적 유혹들에는 건강 유지에 필요한 것 이상의 식탐을 포함하여 삶의 구체적인 여러 요소들이 해당된다. 이것을 아우구스티누스는 과거의 나쁜 습관과의 연속선상에서 설명한다.

예를 들어, 식탐이란 건강을 위한 필요가 되는 부분과 유혹이 되는 부분 사이의 경계를 정하기 어려운 맹점을 파고든다. 또한 식탐과 건강의 문제가 일상적인 것이어서 죄 혹은 유혹의 통로가 된다는 점에 대해 민감성이 떨어질 수 있다.

과연 절제의 경계선은 어디인가? 지나치게 예민한 반응이라고 해석할 수 있는 이 대목은 변화된 아우구스티누스의 결단이 얼마나 심각한 것인지를 보여준다.[137] 이제껏 죄 때문에 고민해왔었고 복음에 의해 변화된 삶을 체험했음에도 불구하고, 여전히 자신에게 죄의 유혹이 상존하고 있다는 점에 경계심을 더욱 강화한 셈이다.

아우구스티누스의 윤리적 민감성은 일상적인 것에 대해 촉각을 곤두세우는 단계를 넘어, 호기심의 문제까지도 경계하는 단계로 나아간다. 또한, 찬송의 내용보다 찬송을 음악으로 간주하여 그 감미로움에 탐닉하는 경우까지도 문제일 수 있다고 생각한 것이다.

그렇지만, 찬송 가사의 뜻보다 찬송하는 노랫소리 그 자체에 감동될 경우, 나는 애통해야 할 죄를 지었다고 고백해야 할 듯합니다. 그런 경우에는 차라리 찬송의 노랫소리를 안 듣는 것이 더 나을 것 같습니다.[138]

---

136) *Conf.* X.30.41.

137) *Conf.* X.31.44.

138) *Conf.* X.33.50. Tamen cum mihi accidit, ut me amplius cantus quam res, quae canitur, moveat,

스스로의 자제력이나 덕성으로 행복에 이를 수 있다는 생각들은 한계가 있다. 기독교 내러티브에 따르자면, 절제 그 자체도 인간의 노력에 의한 것이라기보다 하나님의 은혜를 통해서만 가능한 것이기 때문이다. 이러한 뜻에서, 아우구스티누스는 카리타스에 있어서 은혜의 중요성을 다음과 같이 표현한다.

> 당신께서 명하시는 것을 행하게 하시고 당신께서 원하시는 것을 명하여 주소서.[139]

동일한 문장이 얼마 지나지 않아 반복되는 것을 보면, 아우구스티누스에게서 이 명제가 매우 중요한 윤리적 원칙임을 추정해 볼 수 있다. 절제 없이 정욕을 따라 살아온 자신의 삶에 대한 반성적 성찰인 동시에, 변화된 삶에서 추구되어야 할 가치란 옛 자아의 모습이 아닌 성경 내러티브에 충실한 것이어야 함을 보여주는 대목이다.

> 당신께서 명하시는 것을 행하게 하시고 당신께서 원하시는 것을 명하여 주소서.[140]

예를 들어, 식탐에 대한 절제에서 인간의 의지가 중요한 것은 사실이지만, 근본적으로 성경의 내러티브 즉 하나님의 은혜가 없으면 성취될 수 없다. 일상의 본능에 대해서 이렇게까지 민감할 필요가 있을까 생각할 수 있지만, 이 부분의 핵심은 기독교윤리가 은혜에 의해서만 가능하

---

poenaliter me peccare confiteor et tunc mallem non audire cantantem.
139) *Conf.* X.29.40. Da quod iubes et iube quod vis.
140) *Conf.* X.31.45. Da quod iubes et iube quod vis.

다는 점을 보여준데 있다.[141]

　이러한 유혹들을 굳이 거론하는 의도는 과연 무엇일까? 아우구스티누스는 하나님에 대한 카리타스를 흔들리게 하는 모든 욕심에 대한 절제를 통하여 하나님을 향한 카리타스를 실천하고 싶었다. 하나님을 향한 카리타스의 중요성을 그토록 강조하는 것은 과거에 대한 회상에서만 아니라, 인간이 처한 존재론적 한계에서 볼 때 행복에 이르는 길은 카리타스 이외에 없다고 생각했기 때문이다.

　이러한 뜻에서, 『고백록』 XI권에 나타난 시간에 대한 성찰은 불쑥 끼어든 불청객이 아니다. 형이상학적 혹은 존재론적 의의가 담겨있다. 덕 윤리의 관점에서 보자면, 카리타스의 중요성을 설득적으로 보완해주는 논변이다.

　또한 시간에 대한 아우구스티누스의 논의는 이제까지의 고백들과 전혀 무관한 부분이 아니라, 그의 고백이 배경으로 삼고 있는 기독교 내러티브의 특성을 효과적으로 보완해준다. 아우구스티누스에게서 시간에 대한 논의는 운동량의 객관적 계량의 차원에 머물던 고대철학자들의 관점을 넘어 인간 내면성의 문제로 이어진다. 시간은 내면성의 상징이자 신비로운 수수께끼이다.

　시간이란 무엇입니까? 질문을 받기 전에는 시간이 무엇인지 알고 있는 것 같습니다. 하지만, 질문을 받아 시간에 대해 막상 설명하려 하면 나는 잘 모르고 있습니다.[142]

---

141) *Conf.* X.31.45.
142) *Conf.* XI.14.17. Quid est ergo tempus? Si nemo ex me quaerat, scio; si quaerenti explicare velim, nescio;

시간의 문제는 앞서 다루었던 기억에 대한 성찰과 긴밀히 연관되어 있다. 과거를 기억한다는 것은 창조주께서 인간내면에 허락하신 능력을 발휘한 것이지만, 기억의 문제는 본질적으로 시간의 문제에 맞닿아 있다. 과거를 기억하는 것은 현재와 미래에 접속되어 있기 때문이다. 이러한 뜻에서, 아우구스티누스는 과거 일의 현재는 기억이요, 현재 일의 현재는 직관이며, 미래 일의 현재는 기대라고 말한다.[143] 과거, 현재, 그리고 미래로 이어지는 시간에 대한 성찰은 기억, 직관, 그리고 기대라고 하는 내면성과 밀접히 연관된다.

시간이란 물체의 운동에 국한되지 않는다.[144] 고대철학자들은 시간의 본질을 제대로 성찰할 수 없었으며, 특히 시간을 내면성의 차원에서 다루지 못했다. 아우구스티누스가 보기에, 시간은 일종의 의식 즉 시간의식과 연계된다. 과거와 현재와 미래를 말하는 것은 근본적으로 기억의 능력 즉 마음 혹은 영혼의 능력에서 기인한다.

내가 보기에, 시간이란 일종의 연장인 것 같습니다. 하지만 무엇의 연장인지는 모릅니다. 아마도 마음의 연장이 아닐까 싶습니다.[145]

기억에서 시간으로, 그리고 마음의 문제로 넘어오는 과정을 통해 아우구스티누스는 시간이란 인간을 내면성의 존재로 인식하고 그 실존적 의의를 찾아가는 과정을 보여주는 계기라고 생각했다.

---

143) *Conf.* XI.20.26.

144) *Conf.* XI.24.31.

145) *Conf.* XI.26.33. Inde mihi visum est nihil esse aliud tempus quam distentionem: sed cuius rei, nescio, et mirum, si non ipsius animi.

오, 내 영혼아, 내가 시간을 재는 것은 영혼 안에서이다.[146]

이러한 요소들을 종합해 볼 때, 중요한 깨달음을 얻을 수 있다. 인간은 시간적 존재이다. 영원한 존재가 아니라는 뜻이다. 인간이 마음의 능력을 따라 기억하고 직관하고 기대하지만, 이는 인간 능력의 위대함을 말하는 것이라기보다 인간의 내적 한계를 보여준다. 아우구스티누스가 인간 실존의 현실을 요약적으로 묘사한 문장이 있다.

나는 내가 아직은 알지 못하는 질서인 변화하는 시간 속에 산산이 분열되어 있습니다.[147]

인간이 하나님을 사랑해야 하는 이유가 바로 여기에 있다. 인간은 산산이 조각난 존재 즉 한계를 지닌 존재이며, 영원의 존재일 수 없다. 이것을 기독교 내러티브로 풀이하자면, 인간은 한계를 지닌 존재이자 '죄인'이다. 시간적 존재로서의 인간은 그 한계를 스스로의 힘으로 극복할 수 없으며, 영원의 존재인 하나님을 통해서만 진정한 쉼을 얻을 수 있다. 이는 『고백록』 I권에서 말했던 진정한 쉼에 대한 요청과 일맥상통하는 대목이다.[148]

이러한 시간과 영원의 구도에서 볼 때, 『고백록』의 창세기 주해는 아우구스티누스의 덕 윤리가 기독교 내러티브에 충실한 것임을 보여주는 근거이다. 아우구스티누스가 하나님이 모든 생명의 원천이시며, 진정

---

146) *Conf.* XI.27.36. In te, anime meus, tempora metior.

147) *Conf.* XI.29.39. at ego in tempora dissilui, quorum ordinem nescio.

148) 『고백록』 이후의 아우구스티누스의 생애는 그의 동료이자 제자인 포시디우스가 기록한 다음의 책을 참고하기 바란다. Possidius, *Vita Augustini.* 이연학 · 최원오 역주, 『아우구스티누스의 생애』(왜관: 분도출판사, 2008)

한 행복의 근원이라는 사실을 재차 강조한 것은 이러한 이유에서이다.[149]

아우구스티누스는 자신의 수사학적 능력을 십분 발휘하여 인간의 진정한 행복으로서의 안식에 이르기 위한 사랑의 중요성을 자연계의 질서에 비유한다. 이는 하나님을 향한 카리타스는 시간적 존재로서의 인간의 한계를 넘어서기 위한 필수조건이며, 죄인으로서의 인간을 진정한 행복에 이르게 하는 통로가 된다는 점을 핵심적으로 보여준다.

> 물체는 그 무게를 따라 자리를 찾아 움직입니다. 무게란 밑으로만 내려가게 하는 것이 아니라, 제자리를 찾게 해줍니다. 예를 들어, 돌은 밑으로 떨어지고, 불은 위로 타오릅니다. 이처럼 각각 자기의 무게를 따라 자리를 찾아 움직입니다. 물에 기름을 부으면 위로 올라오고, 기름에 물을 부으면 밑으로 내려갑니다. 이처럼, 모든 것은 무게를 따라 자리를 찾아 움직입니다. 그 각각이 자리를 벗어나면 불안정해지며, 자리를 찾아 다시 돌아가게 되면 안정을 얻게 됩니다. 내게 있어서는 사랑이 내 무게입니다. 어디로 움직이든지, 나는 사랑이 이끄는 대로 움직이게 됩니다. 우리의 사랑은 당신께서 선물로 주신 성령으로 타올라 위로 오릅니다. 그 불로 인해 우리는 더욱 타오르며 계속 타오릅니다.[150]

아우구스티누스는 인간의 진정한 행복을 위한 길은 궁극적으로 은혜에 의해서만 가능하다는 것을 재삼 확인한다. 특히, 『고백록』의 첫 대

---

149) *Conf.* XII.10.10.

150) *Conf.* XIII.9.10. Corpus pondere suo nititur ad locum suum. Pondus non ad ima tantum est, sed ad locum suum. Ignis sursum tendit, deorsum lapis. Ponderibus suis aguntur, loca sua petunt. Oleum infra aquam fusum super aquam attollitur, aqua supra oleum fusa, infra oleum demergitur; ponderibus suis aguntur, loca sua petunt. Minus ordinata inquieta sunt: ordinantur et quiescunt. Pondus meum amor meus; eo feror, quocumque feror. Dono tuo accendimur et sursum ferimur; inardescimus et imus.

목에서 아우구스티누스가 쉼에 대한 간절한 소망으로 출발했던 것을 기억한다면, 하나님을 향한 카리타스의 중요성은 아무리 강조해도 지나치지 않다. 아우구스티누스는 카리타스를 통해 얻게 될 행복으로서의 쉼혹은 안식을 평화의 개념으로 설명한다.

> 오, 주 하나님. 우리에게 당신의 평화를 주소서. 당신께서 이 모든 것을 우리에게 주셨습니다. 우리에게 쉼의 평화, 저녁이 없는 안식일의 평화를 주소서.[151]

쉼과 평화는 인간이 만들어내는 일시적이고 강압적인 평화를 통해 얻을 수 있는 것이 아니다. 아우구스티누스에 따르면, 영원불변의 하나님께서 주셔야만 가능하다.[152] 한 마디로, 카리타스의 윤리를 말하는 근거는 성경의 내러티브 즉 죄인을 구원하시는 은혜의 내러티브에 있다. 이것이야말로, 아우구스티누스의 덕 윤리의 기독교적 변혁을 분명하게 보여준다.

---

151) *Conf.* XIII.35.50. Domine Deus, pacem da nobis (omnia enim praestitisti nobis) pacem quietis, pacem sabbati, pacem sine vespera.
152) *Conf.* XIII.38.53.

(3) 'voluntas'의 덕 윤리

『고백록』을 통해 요약할 수 있는 아우구스티누스의 윤리는 카리타스의 덕 윤리이다. 의지의 현실에 대한 인식과 왜곡된 의지의 구원을 위한 은혜를 요청하고 있다는 점이 그 요점이다. 이점에서, 아우구스티누스의 덕 윤리는 아리스토텔레스의 확장 혹은 개선이 아니라, '변혁'이다. 즉, 덕 윤리의 기독교적 변혁이다.[153] 기독교적 특성을 근간으로 참된 덕을 제안했다는 뜻이다.

주의할 것은, 기존 이론의 보완이 아니라는 점이다. 아우구스티누스의 내러티브 변혁은 실존적이고 체험적인 과정을 통해 이루어진 변혁이다. 특히 'voluntas'의 문제상황 즉 악한 의지를 단초로 삼아 의지의 현실과 과제를 기독교 내러티브로 엮어낸 것이라 할 수 있다. 말하자면, 'voluntas'에 주목한 것은 학문적 발명 혹은 발견의 문제라기보다 인간의 텔로스, 덕, 성품의 문제에 관한 기독교 내러티브의 핵심을 보여준다.

아우구스티누스의 덕론의 핵심은 '의지'(voluntas)에 관한 논변이다. 이 부분은 맥킨타이어가 아우구스티누스의 요점을 제대로 발견한 대목일 듯싶다. 분명, 아우구스티누스의 덕론은 희랍의 덕론과는 달리 자유의지의 문제에 주목한다.

맥킨타이어가 사용한 '아우구스티누스 대안'(Augustinian Alternative)이라는 표현은 적절했다. 문제는 맥킨타이어가 과연 아우구스티누스의 강조점을 제대로 읽어냈는가 하는 점이다. 아우구스티누스가 의지에 관심을 가졌다는 점에 주목한 것 자체는 좋은 착안이지만, 그 인식에는 차이가

---

153) 복됨이라는 표현이 다소 어색할 수도 있지만, 일반적으로 사용되고 있는 '축복'(祝福)이라는 표현은 복을 빌어주는 것이라는 점에서 복 주시는 분으로서의 하나님을 복의 주체로 설명하기에는 적합하지 않을 듯싶다. 어떤 표현이든 간에, 아우구스티누스에게서 행복의 개념은 기독교 내러티브 안에 있음을 유념해야 한다.

있어 보인다.

왜 갑자기, '의지'인가? 그것은 아우구스티누스가 고안한 설명법 즉 하나의 발명인가? 혹은 기존에 주목받지 못했던 것에 대한 새로운 발견인가? 사실, 의지라는 용어를 직접적으로 사용하지 않았지만, 의지에 관한 논의 고대철학자들에게서도 나타난다. 대표적으로, 아리스토텔레스의 '강제성'과 '자발성'에 대한 설명을 들 수 있다. 그는 면책조건(excusing conditions)과 자발성 여부에 관한 논의를 통해 도덕적 책임귀속의 문제를 정리했다.

더구나 에피쿠로스철학 및 스토아철학에서도 인간의 자유와 의지에 관한 단초들은 충분하다. 아타락시아(ἀταραξία)를 강조하면서 진정한 쾌락을 추구했던 에피쿠로스의 관점은 이성을 중심으로 하는 행복추구와는 다른 면을 보여준다.

운명 혹은 숙명이라는 결정론을 극복하기 위한 스토아적 설명법으로는 자유의 개념을 둘러싼 논의가 효과적이었을 것이다. 그들이 추구한 아파테이아(ἀπάθεια)는 아리스토텔레스에게서 볼 수 있는 이성에 의한 관조(θεωρία)와 사려 깊음(φρόνησις)의 대안일 듯싶다.

감정, 정서, 정념, 정욕, 욕정, 욕망 등 여러 번역어를 대입할 수 있는 파토스(πάθος)의 제어에 집중했다는 점에서 아리스토텔레스의 덕론과는 달라 보인다. 하지만, 그들이 현자가 되기 위한 조건으로 파토스의 제어를 말할 때, 로고스(λόγος)에 대한 인식을 강조하고 파토스에 대한 높은 수준의 자제력에 이성적 요소를 포함시켰다는 점에서 아리스토텔레스로부터 그리 멀리 나아간 것은 아닐 듯싶다.

어쨌든, 에피쿠로스철학 및 스토아철학이 '의지'에 근접한 제안들을 해준 것은 사실이다. 하지만, '의지'를 직접 다루기보다 다른 요소들에 집중했다는 점에서, 아우구스티누스와는 다른 길을 걸었던 것 같다.

아우구스티누스의 의지 개념은 윤리적 설명방식의 변혁이라는 점에서는 '발명'이라고 해야 한다. 아우구스티누스가 자신의 관점을 설명할 개념이 궁색하여 '의지'를 도입한 것은 아니다. 아리스토텔레스를 염두에 두고 그 대안을 의도적으로 모색하거나 에피쿠로스철학 및 스토아철학과는 차별성을 두기 위해 '의지'를 말한 것도 아니다. 아우구스티누스는 생의 실존적 체험을 바탕으로 인간을 '의지'의 존재로 파악하고 있었으며, '의지'는 이러한 요소들을 적절하게 표현해줄 통로였다.

의지에 대한 강조가 해석과정에서 '자유'라는 수식어를 붙여 '자유의지'로 통용되고 그 사상적 효시로 아우구스티누스가 꼽히고 있다는 점은 흥미로운 대목이다. 여기에서 놓치지 말아야 할 것은 의지의 자유를 말하는 것이 의지의 노예상태와 짝을 이루고 있다는 사실이다. 의지의 '자유'와 '노예' 사이의 대조야말로 아우구스티누스가 주목하고 싶었던 것이 아닐까 싶다.

돌이켜 보면, 윤리학에서 자유의지와 책임의 귀속은 비교적 활발히 논의된 주제이며 오랜 논변의 대상이었다. 정작 이 문제의 사상적 연원이라고 불리는 아우구스티누스의 관점 즉 의지의 본질과 현실에 대한 설명은 생략된 채로, 자유의지론(libertarianism)은 근대 이후 본격적으로 결정론과 마주한다. 강한 결정론(hard determinism)과 약한 결정론(soft determinism) 혹은 양립가능론이 등장한 것이 바로 이 과정에서이다.

인간에게 자유의지가 있으며 도덕적 책임을 행위자에게 귀속시킬 수 있다고 보았던 전통적 신념이 인과적 결정론의 도전으로 치명타를 입었을 때, 자유의지에 관한 논변은 흥미로운 단계로 발전되었다. 자유의지를 환상에 지나지 않는다고 일축한 강한 결정론의 등장이 오히려 다양한 반향을 불러일으킨 것이다.

예를 들어, 보편적 인과의 원리를 수긍하면서도 인간의 행위에 대해서는 예외를 인정하자고 했던 켐벨(C. A. Campbell)의 제안, 자유와 책임의 문제를 현실적 인간관계를 중심으로 설명했던 스트로우슨(P. Strawson)의 관점, 인간의 2차적 의욕형성능력에 주의를 기울였던 프랭크퍼트(H. G. Frankfurt)의 논의 등은 자유와 책임에 관한 현대적 이해의 시도들이다.

자유의지가 결정론자들의 도전에도 불구하고 여전히 현대의 철학자들에게 관심의 대상이 되는 것은 아마도 그것이 도덕철학의 소일거리이기를 넘어서 인간개념 그 자체에 대한 문제이기 때문일 것이다. 왓슨(G. Watson)이 말한 것처럼 이 문제는 세계 속에서 우리자신의 운신의 여지를 찾으려는 탐구이다.[154] 자유의지를 둘러싼 책임에 관한 논의가 책임의 다른 지평들에 대한 성찰과 더불어 인간됨의 중요한 윤리학적 논변으로 전개되는 이유가 바로 여기 있다.[155]

하지만, 아우구스티누스의 관점에서 볼 때 자유의지론과 결정론 사이의 논변들은 중요한 것을 간과하고 말았다. '의지'를 통해 인간을 이해하고 행복에 이르기 위한 덕을 추구하게 하는 요소들은 근대이후 철학자들에게서 생략되어 버렸고 신학자들에게는 교리논쟁에 편입되어 버렸다.

이점에서, 맥킨타이어가 아우구스티누스 대안에서 '의지'의 중요성을 강조해준 것은 큰 의의가 있다. 의지에 관한 윤리적 성찰을 통해 덕과

---

154) Garry Watson. ed., *Free Will* (Oxford: Oxford University. Press. 1982), 33.

155) 자유의지에 관한 논의와 함께 책임의 문제 역시 완결되지 않았다. 현대윤리학의 논의들에서 책임에 관한 다양한 패러다임을 볼 수 있다. 슈바이커(W. Schweiker)의 지적처럼, 현대윤리학에 있어서 책임에 관한 논변은 뚜렷한 공통점보다 일종의 유사성을 지닌 채 다양하게 전개되고 있다. (William Schweiker, *Responsibility and Christian Ethics* 문시영 역, 『책임윤리란 무엇인가?』, 대한기독교서회, 2000. 참조) 또한 책임귀속에 관한 논변을 벗어난 새로운 시도들이 있다. 예를 들어 현대 신학자들이 선호하는 대화적 유형의 책임론은 자유의지의 문제를 넘어 응답의 개념을 중심으로 전개된다. 니버(H. R. Niebuhr)의 응답적 책임윤리가 그 중심에 있다. 또한, 테크놀로지의 발전으로 야기된 힘과 책임의 문제를 다룬 요나스(H. Jonas)와 슈바이커의 책임개념은 새로운 관심거리가 되고 있다.

행복에 관한 성찰의 필요성을 일깨워주었다는 점에서 말이다. 더불어, 맥킨타이어를 통해 아우구스티누스의 '의지'에 주목하는 것 자체로 의의가 크지만, 의지의 '현실'과 '과제'에 대한 기독교적 설명으로 이어지는 전체적인 조망이 필요한 것 또한 사실이다.

아우구스티누스가 말하는 의지의 개념을 바르게 해석하기 위한 질문이 있다. '인간의 의지는 온전한가?' 이 질문은 아우구스티누스가 의지의 문제에 주목한 이유와 핵심을 특징적으로 보여준다. 아우구스티누스의 주된 관심은 인간이 자유의지를 지닌 존재라는 점을 강조하려는 것이라기보다 인간의 의지가 어떤 상태에 놓여있는지, 그것이 인간의 불행과 행복의 문제와 어떤 연관이 있는지를 탐구하려는 것이었다.

일반적으로, 아우구스티누스에 있어서 의지 문제는 자유의지와 하나님의 예지에 관련된 교리적 논쟁의 전유물로 여겨지기도 한다. 도덕적 책임귀속에 관한 아우구스티누스의 접근법은 자유의지 문제를 교묘하게 회피하거나 종교의 영역으로 도피시키는 것처럼 간주되기도 한다. 그 결과 아우구스티누스의 자유의지는 특정학문의 특수한 주제이기 때문에 철학적이고 윤리학적 논의 자체가 불가한 것처럼 취급되곤 한다.

예를 들어, 아우구스티누스가 초기저작 『자유의지론』에서 염두에 두지도 않았던 주제였으나 결과적으로는 연루된 '펠라기우스 논쟁'이 그렇다.[156] 여기에 수반되는 하나님의 예지와 자유의 문제, 자유의지의 부여자로서의 하나님에 대한 간접적 책임여부에 대한 논변은 도덕철학자들에게는 그다지 매력적이지 못할 듯싶다.

그런가하면, 도덕적 책임에 관한 아우구스티누스의 해법은 아리스토텔레스에게서 충분히 정리된 문제라는 인식 때문에 크게 주목받지 못하는 것인지도 모른다. 아리스토텔레스에게서 완결된 책임귀속의 문제

---

156) *Ret.* I IX: *De libero arbitrio* libri tres 3.

를 아우구스티누스가 자유의지라는 용어를 도입하여 보완적으로 설명한 것에 불과하다면, 아리스토텔레스의 접근이 선호되어야 마땅하다. 하지만, 그럴 가능성은 희박하다. 아우구스티누스의 방식에는 그 나름의 독창적 문제의식과 맥락이 있으나, 해명되지 않았을 뿐이다.

다행히도 아우구스티누스의 바른 이해를 추구하는 현대적 논변들에서 새로운 해석 혹은 아우구스티누스에게 근접한 해석의 가능성이 엿보인다. 아우구스티누스의 의지를 행위자의 의도와 연관 지어 설명한 하지(I. Haji),[157] 행위의 결단과 연관 지어 자유의지를 설명하려 했던 커완(C. Kirwan),[158] 아우구스티누스의 의지 개념과 용법을 문제사적으로 성찰한 누틸라(S. Knuuttila)[159] 등 현대적 논의들이 지속적으로 시도되고 있다. 이러한 논의들이 아우구스티누스가 의지를 문제 삼은 이유들에 근접하는 것이기를 기대해 본다.[160]

아우구스티누스에게서 의지 개념은 도덕적 책임귀속의 문제 혹은 마니교를 논파하는 도구개념으로 제한되지 않는다. 자유의지는 영혼의 능력(potentia animi)으로서, 선택능력으로서의 의지, 동의로서의 의지(will as consent)의지, 그리고 사랑으로서의 의지(will as love) 등 다양한 용법으로 사용된다.[161]

특별히, 의지는 행복을 향한 덕의 요체가 된다. 이 과정에서, 성경이 말하는 가치의 핵심요소인 '사랑'이 의지의 핵심으로 상정된다. '사랑'은

---

157) Ishtiyaque Haji, "On Being Morally Responsible in a Dream" in Gareth B. Matthews, ed., *The Augustinian Tradition* (Los Angeles: University of California Press, 1999), 166-182

158) Christopher Kirwan, "Avoiding Sin: Augustine against Consequentialism", 같은 책, 183-194.

159) Simo Knuuttila, "The Emergence of the Logic of Will in Medieval Thought", 같은 책, 206-221.

160) 이 부분에 문시영, '자유의지론에 나타난 아우구스티누스의 자유「가톨릭철학」제8호(2006)에 게재한 논문을 수정하고 보완한 내용이 포함되어 있음을 밝혀둔다.

161) Allan D. Fitzgerald, *Augustine through the Ages* (W. B. Eerdmans Pub. Co., 1999), 883.

의지의 구체적인 표식인 셈이다. 질서 있는 사랑으로서의 카리타스가 덕이요, 그 반대의 사랑인 쿠피디타스를 악덕이라 하는 이유가 여기 있다. 아우구스티누스는 사랑이란 대상을 향유하려는 영혼의 움직임이라고 규정하였으며,[162] 의지와 사랑이 그 핵심층에서 상호호환적인 특성을 지닌 것으로 파악했다.

더 중요한 문제는 의지의 현실이다. 아우구스티누스가 말한 것처럼, 행복한 삶을 바라지 않는 사람은 없다.[163] 그렇다면, 행복을 누리지 못하는 현실의 삶은 어떻게 설명해야 하는가? 아우구스티누스의 설명법을 적용하자면, 인간이 행복하게 살지 못하는 원인은 의지의 남용에 따른 죄에서 찾아야 한다. 더구나 인간의 왜곡된 자유는 온전한 상태로 회복되지 못하고 있다.

사실, 이것이 아우구스티누스의 요점이다. 인간이란 의지의 존재이며 의지에 의해 행위를 자유선택 할 수 있는 존재인 것은 분명하지만, 자유가 왜곡되고 질서로부터 빗나간 경우에는 진정한 행복에 이를 수 없다. 인간은 사랑의 존재이지만 왜곡된 사랑에 머물고 있을 뿐이며, 온전한 의미에서 자유의지를 지닌 존재가 아닌 상태로 전락해버린 점이 문제라는 것이다.

의지의 현실을 다루는 여러 설명 중에서, 무엇보다도 『고백록』에 나타난 인간의 의지를 문제시하는 문구들에 주목할 필요가 있다. 아우구스티누스는 인간이 자유의지의 존재임을 천명하는 단계에 머물지 않는다.

오히려 인간의 자유의지가 지향해야 할 당위의 문제에 대한 내성법적 성찰을 전개한다. 또한 자유의지를 근거로 도덕적 책임귀속의 문제를 다루기는 하지만 그것에 얽매이지 않는다. 보다 포괄적인 문제 즉 의지의

---

162) *De doc. christ.* 3.15.
163) *De lib. arbit.* II.14.30.

분열, 습관화된 왜곡 등을 성찰함으로써 인간 의지의 현실을 폭로하고 행복에 이르기 위해 해소되어야 할 문제가 무엇인지를 암시해준다.

아우구스티누스가 보기에, 인간의 의지는 온전하지 못하다. 그 대표적인 징후의 하나가 '의지의 분열'이다. 『고백록』에 따르면, 31세가 된 아우구스티누스는 자신이 의지를 지닌 존재라는 점을 인지하고 있었으며 의지가 죄의 원인임을 깨닫고 있었다. 다만, 자유의지가 죄의 원인이라고 결론짓기는 주저하고 있었다. 마니교의 설명법에 끌려 다니고 있었기 때문이었다.

『고백록』에서, 아우구스티누스는 하나님을 영적 존재로 인식하고 선하신 존재임을 깨달은 후, 악이란 선의 결여에 불과한 것임을 확신한 후에야 비로소 인간의 의지가 죄의 원인이라고 결론 내린다. 진리에 가까이 다가설수록, 그는 자신이 짓는 죄에 대해 책임을 져야 할 존재는 자기 자신뿐이라는 점을 깨달았던 셈이다.[164]

회심 직전, 정원에서 경험한 영적 절정의 순간에 아우구스티누스는 선과 악이라는 두 원리들이 인간을 지배하고 있다는 마니교의 관점이 얼마나 어리석은 것인지를 깨달았다. 인간의 영혼은 하나이며, 그 안에서 다른 선과 악이라는 외부의 강압적 두 의지들이 상충한다기보다는 인간 자신의 다양한 욕구들이 상충하는 것임을 깨달은 것이다.

인간이 갈등한다는 것은 동일한 시간에 의지가 둘 또는 그 이상의 대상들을 향하고 있다는 뜻이다. 말하자면, 결단을 내려서 목표를 선택하기 전까지 의지가 분열되어 있는 셈이다. 여기에서 놓치지 말아야 할 것은, 아우구스티누스가 마니교의 주장을 논박하는 것 못지않게, 인간 의지가 '분열'을 겪고 있음을 폭로하고자 했다는 점이다.

---

164) *Conf.* V.10.18., VII.3.4-5.

흥미롭게도, 이는 마니교의 잔재를 역이용한 것이라 할 수 있다.[165] 마니교가 형이상학적, 윤리학적 이원론을 표방했다면, 아우구스티누스는 이를 응용하여 의지의 분열과 갈등의 문제를 설명하는 도구로 사용한다. 덕에 관한 지식과 덕의 실천 사이의 이원론 즉 덕을 행하고자 하지만 덕을 행하지 못하는 인간의 현실을 효과적으로 설명하고 있는 셈이다.

'의지의 분열'이라는 것은 내용상 인간이란 선을 향한 욕구와 악의 유혹 사이의 갈등을 겪는 존재라는 사실을 말해준다. 동시에 육체와 영혼의 갈등 및 영혼과 영혼의 갈등에 노출된 존재임을 보여주는 논법이기도 하다.

회심 이후, 아우구스티누스는 마땅히 해야 할 바를 알고 있었지만, 정작 그리스도를 따르는 새로운 삶의 방식이 감각적 욕구들을 충족시키는 데 익숙해있는 자신에게 너무도 힘겨운 일이 되지나 않을까 싶은 두려움 때문에 망설이고 있었다.[166]

그는 회심 이전의 자신의 모습을 잠에서 막 깨어나려는 모습에 비유한다. 잠에서 깨어나야 한다는 것을 알고 있기에 벌떡 일어나고 싶기는 하지만, 졸음을 이기지 못해 다시 잠드는 경우가 자신의 모습과도 같다. 마음에 내키지는 않지만, 다시 잠들어 버린 셈이다.[167] 덕의 지식은 얻었으나 덕의 실천과는 여전히 거리가 멀었다. 아우구스티누스는 이것을 의지의 능력이 부족해서가 아니라, 의지의 바른 목적을 설정하지 못했던 것이라고 설명한다.

아우구스티누스는 자신의 회심이 연기되고 늦어진 것이야말로 도덕에 관한 설명에서 분열된 의지가 어떤 결과를 낳는지 보여준다. 아우구

165) John F. Harvey, 문시영 역, 『고백록, 윤리를 말하다』, 171-175

166) *Conf.* VIII.1.1.

167) *Conf.* VIII.1.2., VIII.5.12.

스티누스는 하나님을 의지하면서도 온 마음으로 의지하지 않았기 때문에, 회심을 연기하면서 여전히 죄를 짓고 있었다. 그의 이러한 망설임에 대한 분석에서 또 하나의 상식적인 개념적 오해가 내재해 있음을 생각해 볼 수 있을 듯싶다.

일상적으로 의지의 연약함이라는 말을 쓰기는 하지만, 아우구스티누스는 의지의 연약함이란 하나의 환상이라고 생각했다. 의지는 약하거나 강하거나 한 것이 아니라, 분열된 것이거나 통합된 것이거나 둘 중 하나이다. 상반되는 동기에 의해 상반되는 방향으로 이끌리는 경우, 의지는 분열된다. 의지가 통합된다는 것은 단일한 대상을 목적으로 삼아 그것에 집중하는 것을 말한다.

의지의 분열과 관련하여 아우구스티누스가 말하고자 한 것은 그것이 영과 육의 갈등에만 해당하는 것이 아니라 영과 영의 갈등에 해당한다는 점이다. 하나의 주된 목적 혹은 목표에 맞추어 자신의 행위를 통합시키지 못한 경우를 말하는 것이기 때문이다. 가령, 육과 영의 싸움에 대해 『고백록』은 사도 바울의 관점을 이어간다.

아우구스티누스는 이방인의 사도, 바울을 인용하여, 인간 내면에서 하나님의 법이 육체의 지체들을 죄에 빠지게 하는 다른 법과 대립하고 있다는 사실을 강조한다. 유념해야 할 것은, 육과 영의 갈등에 습관이라는 요소가 포함된다는 점이다. 정욕의 습관에 대항하여 싸우기 시작하던 때를 회상하면서, 그는 자신의 의지가 분열되고 산산조각이 난 상태라고 고백하기도 한다.[168]

이처럼 의지의 분열에 대한 아우구스티누스의 인식은 실존적이다. 인간의 의지는 자유의 남용으로 마침내 '산산조각이 난 상태'에 처하고 말았다는 것이다. 또 하나의 단초는 '습관'의 문제이다. 습관의 문제는

---

168) *Conf.* VIII.5.10.

의지의 현실 즉 왜곡된 상태를 다른 측면에서 생각하게 해준다. 아리스토텔레스에게서 덕은 습관화를 통해 하나의 성품이자 인격의 도덕적 능력으로 확고해질 수 있는 것이었으나, 아우구스티누스는 달리 보았다.[169]

아우구스티누스가 덕 윤리를 다룬 것은 오늘의 관점에서 제안하는 하나의 해석일 수 있지만, 정작 중요한 것은 그가 당시의 윤리사조를 따라가기 위해 덕 윤리를 단순하게 수용한 것이 아니라는 점이다. 아우구스티누스의 덕 윤리는 기독교적 '변혁'이라는 사실에 주목해야 한다.[170]

아우구스티누스는 덕 윤리의 기독교적 수정(revision) 및 변혁을 이룬 대표적인 경우에 해당한다. 이러한 맥락에서 중요한 요소 중 하나가 습관에 대한 아우구스티누스의 기독교 윤리학적 해석이다. 습관은 선한 성품의 경우에만 적용되는 것이 아니라는 점에서, 그 반대의 경우를 상정해보면 새로운 해석의 가능성을 볼 수 있다. 인간의 의지가 왜곡되어 고착화된 상태를 확인시켜주는 것으로서, 인간이 스스로를 왜곡으로부터 탈출시키기에는 턱없이 부족한 상태에 있음을 일깨워준다.

이는 아우구스티누스 자신의 체험으로부터 입증된 것인 동시에 의지를 지닌 인간 모두의 일반적 현실이다. 후대의 신학자들이 말하는 '노예의지'의 개념은 이러한 인식과 일맥상통한다. 아우구스티누스는 불경건한 습관에 사로잡혀있던 자신의 모습을 습관의 문제와 연계시킨다. 줄줄이 연결되게 만들어진 쇠사슬처럼 과거의 습관들이 연계되어 마침내

---

169) 강상진, "아우구스티누스와 고전적 덕론의 변형"「인간 · 환경 · 미래」제5호(인제대학교 인간환경미래연구원, 2010), 135-156. 이 견해는 상당 수준 아우구스티누스 이해에 타당한 통찰을 준다. 다만, '은혜'라는 결정적인 신학적 요소를 충분히 감안하지 못한 탓에 '변형'으로 해석하고 있다는 점은 아쉬운 부분이다. 필자가 보기에, '은혜'를 충분히 고려하여 읽어야 하며, '변형'이라기보다 '변혁'이라는 평가를 내리는 것이 타당하다.

170) '변혁'이라는 단어를 사용한 것은 아우구스티누스의 덕 윤리가 고전적 덕의 변형 혹은 전환에 머무는 거이 아니라, 기독교를 통한 덕 윤리의 완성 내지는 진정한 덕 윤리의 제시를 염두에 두었던 것이라는 취지이다. '변혁'이라는 단어는 리차드 니버의 개념을 인용한 것으로서, 아우구스티누스의 덕 윤리가 지닌 특성을 강조하기 위한 의도에서 사용하였다.

의지를 노예화하고 말았다는 것이다.

하비는 마우스바하의 설명을 인용하면서 아우구스티누스에게서 습관의 문제가 의지에 의한 고의적인 불경건함으로 인한 하나님께 대한 반항에서 비롯하여 단계적으로 이어진다고 보았다.[171] 의지의 최고선이신 하나님으로부터의 의지의 본래적인 지위가 박탈되어, 육이 영에 대해 반항하게 되었고 하나님의 법에 대한 불순종은 비뚤어진 탐욕으로 이어진다.

최초에 탐욕이 쾌락을 누린 이후, 쾌락을 누리도록 자극하고 흥분시키는 일이 지속적으로 반복된다. 결국 영혼은 계속해서 악을 추구하는 악덕에 휘둘리게 된다. 반복되는 방종으로 악한 습관이 형성되고 마침내 쇠사슬이 각각의 고리들로 만들어지듯, 의지 역시 불경건한 행위들을 반복하게 되고, 쾌락을 누리기 위해서는 악행의 습관을 반복할 수밖에 없다고 믿게 된다. 마침내 습관의 폭력에 저항하지 못하게 되고 습관을 피할 수 없는 것으로 생각하여 습관의 충동에 굴복하고 만다.

이점에서, 『고백록』이 육과 영의 싸움에 대해서만 아니라, 영과 영의 싸움에 대해서도 말하고 있음을 기억해야 한다. 영과 영의 싸움에서 의지는 상반되는 목적들을 동시에 추구하기도 한다. 그 결과 우유부단해지고 의지의 연약함이 드러나게 된다. 그 치유법은 의지를 하나의 목적에 집중시키는 것이다. 다시 말해 상반되는 목적들 중 하나를 제거하는 것이다. 분열된 의지를 고치기 위해서는 영혼의 모든 기능 즉 온 마음을 쏟아 피조물을 통해 드러난 하나님의 뜻을 구현하는 데 집중해야 한다.

의지의 분열과 관련하여, 영과 영의 갈등을 보여주는 예를 살펴보자면, 대표적으로 회심에 관한 아우구스티누스 자신의 고백을 들 수 있겠다. 그는 자신의 회심이 연기되고 늦어진 것이야말로 도덕에 관한 설명에서 분열된 의지가 어떤 결과를 낳는지 보여주는 예가 된다고 생각했

---

171) John F. Harvey, 문시영 역, 『고백록, 윤리를 말하다』, 185-194.

다. 온 마음으로 의지하지 않았기 때문에, 그는 회심을 연기하면서 여전히 죄를 짓고 있었다.

의지는 약하거나 강하거나 한 것이 아니라, 분열된 것이거나 통합된 것이거나 둘 중 하나이다. 상반되는 동기에 의해 상반되는 방향으로 이끌리는 경우, 의지는 분열된다. 의지가 통합된다는 것은 단일한 대상을 목적 삼아 그것에 집중하는 것을 말한다.[172]

이 외에 여러 예들을 더 찾을 수 있겠지만, 어떤 예를 들더라도 분명한 것은 아우구스티누스가 인간의 의지를 왜곡된 현실에 놓인 것으로 파악했다는 점이다. 의지가 영원한 존재를 향하는 경우에 카리타스의 덕이 구현될 것이지만, 그 반대의 경우에 사랑의 질서가 왜곡 또는 의지의 남용으로 인한 쿠피디타스에 이르고 만다.

카리타스와 쿠피디타스는 동일한 원천, 즉 자유의지로부터 비롯되지만 대상에 따라 차이가 나는 셈이다. 하나는 행복의 필수요건이지만 다른 하나는 필연적으로 악을 낳을 것이다. 불행하게도 인간은 행복의 대상인 하나님을 향유하기보다 한시적이고 상실되는 것을 집착하여 사랑을 저급하게 만들고 말았다. 안타깝지만 바로 그것이 자유의지가 처한 현실이다. 한 마디로, 원죄 이후 자유의지는 온전하지 않다.

이러한 악의 적극적인 해결책은 악을 행하는 위험천만한 의지와 사랑의 불길을 꺼트릴 것이 아니라 그것을 정화하는 것이다. 인간이 사랑을 멈춘다는 것은 불가능하기 때문이다. 그릇된 사랑에서 온전한 사랑으로 변혁시켜야 한다는 것이다.

그렇다면, 왜곡되고 남용된 의지의 자유는 어떻게 치유되어야 하는가? 본원적 상태에 있지 못한 인간의 자유가 회복되기 위해서는 자유의지의 원천인 하나님께서 회복시켜 주시는 것이 유일한 해법이다. 이 점

---

172) 같은 책, 94-102.

에서 자유의지는 하나님의 은혜를 필요로 한다. 사도 바울을 따라, 아우구스티누스는 하나님의 법을 거스르는 육체적 경향성을 이겨낼 원동력이 오직 예수 그리스도의 은혜를 힘입는 데 있음을 알려준다.[173]

하나님의 은혜를 힘입는 순간, 의지는 행복의 목표를 추구할 힘을 얻게 되며 행복의 목표이신 하나님을 모든 가치의 으뜸자리에 올려놓고 전심을 다해 하나님을 추구할 수 있게 된다. 이것이야말로 가장 중요하고 효과적인 해법이다.

아우구스티누스의 경우처럼, 우유부단함에 얽매여 있는 이들에게는 목적의 단일성 혹은 의지의 통합을 이루기 위해서는 하나님이 은혜를 힘입어야만 한다. 이것이 자유의지에 관한 아우구스티누스의 관점이 지닌 가장 중요한 특징이다.

이제까지의 아우구스티누스 연구에서, 정작 '왜 자유의지인가?'에 대한 성찰은 간과되어 왔다. 아우구스티누스에게서 자유의지의 문제는 덕 윤리에서 주목하는 행위자의 문제에 해당한다. 특히 행위자의 의지에 주목한 것이라는 점에서 중요한 의의가 있다.

스토아철학을 포함한 고대의 덕론과 달리, 자유의지는 평정심의 자리도 아니고, 순간적인 다스림의 자리도 아닌, '의도' 혹은 '지향성'의 자리라는 점에서 윤리적 성찰의 대상이 되어야 마땅하다. 자유의지를 통해 마음이 표현되고 인격 즉 사람 됨됨이의 정도가 드러나게 된다는 것까지 고려한다면, 아우구스티누스가 자유의지에 착안한 것은 매우 중요한 발견임에 틀림없다.

---

173) *Conf.* VII.21.27.

2) 행복론의 변혁: 『삼위일체론』의 'caritas'

(1) 덕의 근거를 성경에 두다

아우구스티누스의 윤리를 핵심적으로 요약해주는 개념을 말하라고 한다면, 카리타스(caritas)를 추천하고 싶다. 카리타스만큼 아우구스티누스의 요점을 보여줄 개념은 없다. 카리타스에는 아우구스티누스의 윤리적 사유가 총체적으로 스며들어 있다. 행복에 관한 인식, 자유의지와 그 핵심요소로서의 사랑에 대한 이해, 그리고 악의 극복을 위한 해법의 모색에 이르기까지 카리타스 개념에는 아우구스티누스의 윤리 전체가 집약되어 있다.

물론, '카리타스'라는 용어 자체가 아우구스티누스의 개념적 발명인 것은 아니다. 라틴어 성경에서 사랑을 표현하는 단어로 사용되었던 것을 아우구스티누스가 독창적으로 심화·발전시켰다고 하는 것이 옳을 듯싶다.[174] 아우구스티누스의 덕 윤리가 행복을 위한 철학적 성찰들의 창조적 계승의 주제라기보다, 중요한 변혁 즉 기독교적 변혁을 반영하고 있다는 뜻이다.

카리타스의 기독교적 변혁과 그 특성에 대한 성찰에서, 빠뜨릴 수 없는 논란이 있다. 플라톤의 에로스에 견주어 카리타스를 폄훼하려는 시도가 그것이다. 니그렌(A. Nygren)은 카리타스를 문제 삼아 아우구스티누스를 신학적 개혁의 대상으로 몰아세운 대표적인 경우이다.

아우구스티누스를 고대철학의 유산과 연관 지어 해석하는 시도는

---

174) Deus caritas est. (요일4:8,16)

오래전부터 있었지만,[175] 니그렌이 특히 주목을 받는 것은 아우구스티누스에 대한 부정적 관심 즉 아우구스티누스의 기독교적 덕 윤리를 '카리타스 혼합'(caritas-blend)으로 평가절하시켜 논란의 불을 지폈기 때문이다.

니그렌의 요점은 카리타스가 기독교에 충실하지 못할 뿐 아니라, 희랍철학과의 혼합물(blend)에 지나지 않는다는 비판이다. 『아가페와 에로스』(Agape and Eros)라는 방대한 저서에서, 니그렌은 사랑에 대한 성찰을 통해 카리타스를 문제시한다. 니그렌에 따르면, 에로스는 욕망의 사랑 혹은 획득적 사랑으로, 자기중심적(egocentric) 사랑이다.[176] 이러한 에로스 동기와 연관된 행복론을 아우구스티누스가 무비판적으로 수용한 것부터가 문제라는 뜻일 수 있겠다.

신플라톤주의를 안내자로 삼아 기독교에 입문한 아우구스티누스는 에로스의 그림자를 벗어나지 못한 채 에로스 모티브에 지배되었다고 니그렌은 비판한다. 아우구스티누스의 관점이 '에로스의 진면목'을 보여준 것에 불과하다는 혹평이다.[177] '통속적 에로스'와 '하늘의 에로스'를 구분했던 플라톤의 관점을 벗어나지 못하고 하늘의 에로스 개념을 아가페와 경쟁시켰을 뿐이며, 결국 기독교의 아가페를 왜곡시키고 말았다는 것이 니그렌의 해석이다.

니그렌은 에로스가 교만에 묶여있다는 점을 인식한 것과 십자가에 나타난 그리스도의 겸손을 강조한 것 외에는 아우구스티누스가 기여한 것이 없다고 비판한다. 아우구스티누스에 대한 반감은 니그렌이 제시한

---

175) 이 부분은 장욱, "에로스와 아가페: 인간적 사랑과 카리타스"「가톨릭 철학」제4호 (한국가톨릭 철학회, 2002)을 비롯한 같은 학회지 동일호의 주제논문들을 참고할 수 있겠다.

176) A. Nygren. *Agape and Eros*. 고구경 역, 『아가페와 에로스』 (크리스챤 다이제스트, 1998), 176-182.

177) 같은 책, 482.

도표를 통해서도 엿볼 수 있다.[178]

① 에로스는 획득적인 욕망과 동경이다	① 아가페는 희생적으로 베푼다.
② 에로스는 올라가는 운동이다	② 아가페는 내려온다.
③ 에로스는 하나님을 추구하는 '사람의 길'이다.	③ 아가페는 하나님께서 사람에게 오시는 길이다.
④ 에로스는 사람의 노력이다. 에로스는 구원이 자기의 일이라고 생각한다.	④ 아가페는 하나님의 은혜이다. 구원은 하나님의 사랑이 하는 일이다.
⑤ 에로스는 자기중심적 사랑이며 가장 높고 고상하고 숭고한 형태의 자기주장이다.	⑤ 아가페는 이타적인 사랑이며 자기유익을 구하지 않고, 자신을 내어준다.
⑥ 에로스는 영원불멸의 생명을 얻으려 한다.	⑥ 아가페는 하나님의 생명을 살기 때문에 감히 '그것을 상실한다.'
⑦ 에로스는 결핍과 필요에 의존하는 획득과 소유의 의지이다.	⑦ 아가페는 풍부하기 때문에 베푸는 자유이다.
⑧ 에로스는 주로 인간의 사랑이다. 하나님을 에로스의 대상으로 본다. 에로스는 인간적 사랑을 본받은 것이다.	⑧ 아가페는 하나님의 사랑이다. 아가페는 신적인 사랑을 본받은 것이다.
⑨ 에로스는 대상의 속성과 가치로 결정된다. 비자발적이며 '동기'를 갖고 있다.	⑨ 아가페는 대상과의 관계에서 주권적이며 악인과 선인을 모두 사랑한다. 자발적이며 '동기'를 갖지 않는다.
⑩ 에로스는 대상 안의 가치를 인식하고 그것을 사랑한다.	⑩ 아가페는 사랑하며 그 대상 안에 가치를 창조한다.

니그렌에 따르면, 일반적으로 아가페를 사랑의 기독교적 버전 정도로 생각하기 쉽지만, 그렇지 않다. 사랑 이외의 적절한 번역어를 찾지 못했을 뿐, 아가페를 에로스의 상대개념이 될 사랑의 한 종류로 착각해서는 안 된다. 오히려, 근본동기들 사이의 갈등이라고 해야 한다는 것이다.[179]

이 주장에는 아가페의 순수성을 흐리거나 혼동하게 하는 시도들을

---

178) 같은 책, 217.
179) 같은 책, 33.

반박하려는 의도가 담겨 있다. 아가페는 전적으로 새롭고 독특한 기독교의 근본적인 동기로서, 니그렌이 보기에, 기독교의 새로운 창조물이요 기독교의 모든 것을 특성화시키는 독창적인 기초개념이다. 이를 바탕으로, 니그렌은 아우구스티누스가 에로스와 아가페라는 두 가지의 전혀 어울릴 수 없고 공약불가능한(incommensurable) 개념들을 혼합시켜버린 것이라고 혹평한다.[180]

카리타스와 쿠피디타스의 상호관계에 대한 해석에서도 아우구스티누스에 대한 니그렌의 반감이 드러난다. 얼핏 보기에, 두 사랑이 예리하게 대비되는 것 같지만 본질적으로는 인간이 지닌 사랑의 능력이라는 점에서 큰 차이가 없으며, 모든 사랑을 획득적인 것으로 설명하고 있다는 점에서 본질적으로는 에로스의 변형일 뿐이라는 해석이다.

니그렌은 아가페와 에로스 사이의 '갈등', '종합'(혹은 혼합), 그리고 '해체'라는 자신의 이론적 틀에 아우구스티누스를 끼워 맞춰서 어설픈 종합의 장본인으로 지목한다. 또한 아우구스티누스가 카리타스 개념에 집착한 나머지 성경해석에서도 무리수를 두었다고 비판한다. 사랑의 중요성을 지나치게 강조하는 와중에, 성경 전체의 내용을 카리타스로 단순화시켜버렸다는 것이다.[181]

니그렌의 아우구스티누스 비판은 학문적 논변을 넘어, 규탄에 가깝다. 예를 들어, 니그렌은 아우구스티누스가 본질적으로 신플라톤주의자일 뿐이며, 기독교인이 되어서도 그 관계를 단절하지 않았다는 것이다.[182] 아우구스티누스의 신 관념은 기독교 친화적인 노력일 뿐, 희랍적 맥락에 머물고 있으며 사랑의 개념 또한 기독교의 고유한 의미에서 멀어

---

180) 같은 책, 34.

181) 같은 책, 477.

182) 같은 책, 478.

지고 말았다는 주장에 이르기까지 니그렌의 아우구스티누스 비판은 규탄과 혐오로 채색되어 있다.

아우구스티누스에 대한 니그렌의 해석은 철저하다 못해 지나쳐 보일 정도이다. 아우구스티누스와 그 전통을 에로스 동기에서 구출해내야 한다는 외교적 수사를 쓰고 싶었을지 모르겠지만, 니그렌의 본심은 아우구스티누스를 기독교에서 추방하자는 것 아니었을까 싶을 정도이다. 실제로, 니그렌은 아우구스티누스가 구축한 엉터리이자 비기독교적인 구조물을 루터가 해체시켰다고 보았다.[183] 이는 결과적으로 아우구스티누스와 카리타스를 종교개혁의 대상으로 몰아세우고 있는 셈이다.

과연, 니그렌의 아우구스티누스 비판은 정당한가? 자신의 문제의식을 강조하는 와중에 아우구스티누스의 진의를 왜곡시켰을 위험은 전혀 없는 것일까? 아우구스티누스 이후 기독교의 아가페 개념은 심각하게 변질되어버렸고 기독교 자체가 아가페–종교가 아닌 카리타스–종교로 해석되고 말았다는 니그렌의 주장은 과연 어느 정도나 타당하며, 아우구스티누스를 제대로 읽어낸 것일까?

특히 질문해야 할 것은 이것이다. 카리타스는 아가페와 에로스를 어설프게 섞어버린 혼합물(blend)에 지나지 않는 것일까? 아우구스티누스의 모든 것은 불순물로 뒤엉켜 있다는 말인가? 혹시, 니그렌은 아우구스티누스라는 거장을 카운터파트너로 삼아야 자신의 관점이 부각될 수 있다는 전략에 몰두한 나머지 아우구스티누스의 맥락에 대한 심층적 접근에는 관심조차 없었던 것은 아닐까?

니그렌의 문제제기 자체는 나름대로 신학적 의의가 있다. 하지만, 자신의 논지를 전개하는 과정에서 이론적 왜곡을 초래했다면, 니그렌의 문제제기 역시 그 의의가 반감되고 말 것이다. 정곡을 빗나간 해석을 시

---

183) 같은 책, 593.

도했다면, 문제는 더 커질 수 있다. 카리타스 해석이 바로 그 대목이다. 카리타스가 기독교의 아가페를 에로스라는 철학적 모티브와 어설프게 섞어버린(blend) 것에 지나지 않는다는 해석은 문제가 있어 보인다.

사실, 아우구스티누스 연구에서 비판보다는 주석이 주류를 이루고 있다는 점에서, 니그렌은 독특한 경우에 속한다. 그의 전략 즉 거장 아우구스티누스를 문제덩어리로 낙인 찍음으로써 자신의 존재감을 드러내려는 의도는 무척이나 효과적이었을지 모르지만, 아우구스티누스에 대한 균형감각은 부족해 보인다.

고전과의 대화에서 니그렌의 관점과는 극명하게 대립된 현대적 해석들은 얼마든지 있다. 대표적으로, 실존주의 철학자 야스퍼스(Karl Jaspers)가 카리타스의 실존철학적 의의에 관심을 가졌던 경우가 그렇다. 그의 제자 아렌트(Hannah Arendt)가 카리타스의 사회철학적 의의를 다루었던 경우 또한 그렇다.[184]

예를 들어, 아렌트에 따르면 아우구스티누스의 사랑은 일종의 갈망(craving)이다. 인간의 실존을 고려할 때, 무엇인가를 소유하려는 갈망(appetitus hanbendi)은 상실의 두려움(metus amittendi)을 낳게 마련이다.[185] 물론, 니그렌의 관점에서는 이러한 언명들 자체가 에로스의 흔적이라고 할 것이 분명하다.

하지만, 이러한 갈망을 굳이 에로스의 틀에 가두어둘 것은 아닐 듯 싶다. 오히려 인간실존의 근본적인 문제로 보아야 한다. 갈망이란 피조물의 본성에 속하는 요소라는 점에서, 니그렌 조차도 예외일 수 없지 않겠는가?

---

184) Hannah Arendt, *Love and Saint Augustine*, ed. by Joanna Vecchiarellli Scott and Judith Chelius Stark, (Chicago: University of Chicago Press, 1996), 9.

185) 같은 책, 9.

문제는 갈망을 어떻게 이끌어가고 조절할 것인가 하는 점이다. 아렌트의 관점을 응용하자면, 사랑하지 않는 자는 없다. 정작 물어야 할 것은, 무엇을 사랑해야 하는가 하는 점이다. 말하자면, 사랑하지 말라고 촉구하는 것이 아니라 마땅히 사랑해야 할 것을 사랑하라고 말하는 것이 옳다.[186] 로마문화에 속한 아우구스티누스에게서 인간이 행하는 바른 행위를 덕이라고 말하는 것은 당연하다. 그리고 덕을 말하는 과정에서 카리타스를 제시한 것은 중요한 방향의 변혁일 수 있다.

중요한 것은, 카리타스를 말하는 과정에 은혜가 강조된다는 점이다. 철학자 아렌트조차도 아우구스티누스가 은혜를 강조했다는 사실을 발견했음에도 불구하고, 정작 신학자 니그렌은 아우구스티누스 해석에서 이 부분을 무시하고 있다. 아우구스티누스를 몰아세워야 하는 전략적 관심 때문이었을지 모르겠다.

어쨌든, 아렌트의 해석에서 하나님의 역할은 희랍적 관점에서의 '창조주'로부터 '조력자'인 동시에 '수여자'로 변경된다. 이는 무능함과 열악함을 지닌 죄인임을 고백하는 자만이 은혜의 대상이 된다는 점을 제대로 설명해주는 도구일 듯싶다.

아렌트가 자신의 사회철학을 전개할 단초를 아우구스티누스에게서 찾았다는 점 또한 간과해서는 안 된다. 아렌트는 사회적 카리타스(social 'caritas')를 통해 이웃을 만나야 한다고 주장한다. 인간은 아담의 후손이라는 역사적 공유점을 지니고 있으며, 이웃을 사랑하되 모두가 죄인이라는 점에서 사랑하는 것이 아니라, 모두가 함께 받은 은혜의 관점에서 이웃을 사랑해야 한다는 것이다. 말하자면, 은혜 안에서의 평등을 말하고 있다는 점에서 평등의 의미를 새롭게 조명한 셈이다.[187]

---

186) 같은 책, 77.
187) 같은 책, 106.

여기에서, 니그렌이 아우구스티누스의 요점을 빗나갔음을 엿볼 수 있다. 니그렌 자신이 아우구스티누스를 표피적으로 해석한 것이 아니라 심층적으로 다루었다는 인상을 주려 애를 썼지만, 결과적으로는 아우구스티누스를 교묘하게 몰아세우는 전략을 구사하고 있었던 셈이다.

니그렌을 반박할 만한 논의들은 얼마든지 있다. 카리타스에는 아우구스티누스 독창성이 개입되어 있으며, 희랍적 에로스의 답습이 아니라 은총에 의해 정화된 사랑으로 이해되어야 한다는 주장도 그 하나의 예가 되겠다.[188] 따지고 보면, 마치 니그렌이 처음 시도한 것처럼 보이는 이 논쟁은 고대철학의 유산과 연관하여 오래전부터 다루어졌던 문제였다. 카리타스가 과연 플라톤의 에로스 개념을 무비판적으로 수용한 것인가 혹은 기독교의 이름으로 단순하게 변형시킨 것에 불과한 것인가에 대한 논변은 니그렌의 것이 전부가 아니다.

정작 문제를 삼아야 할 것은 니그렌처럼 아우구스티누스의 카리타스라는 어설픈 구조물로부터 아가페 기독교를 해방시키려 한다는 것이 아니다. 아우구스티누스가 말하는 기독교적 덕 윤리의 차별성을 살펴보는 것이 중요하다. 인간의 진정한 완성으로서의 행복에 관해, 아우구스티누스는 어떤 생각을 가지고 있었으며, 어떻게 해야 행복에 이를 수 있다고 주장한 것인가? 만일 고전적 행복론으로 충분하지 못하다면, 이유는 무엇인가? 그것은 논의구조상의 문제인가 혹은 지평의 차이인가? 이러한 질문들이 해결되어야 한다는 뜻이다.

특히, 카리타스가 그 자체로 독립된 개념이라기보다 아우구스티누스의 문제의식 전반에 관한 키워드라는 점을 놓치지 말아야 한다. 다만,

---

188) 아우구스티누스의 사상적 발전의 단계를 따라 에로스의 요소와 아가페의 요소가 모두 발견되며, 발전단계에 따라 특징적으로 강조점이 달라졌다. Daniel D. Williams. *The Spirit and the Forms of Love* (New York: Harper & Row. 1968), 52.

카리타스는 기독교의 구원론을 첨예하게 대립시켜 성찰하는 니그렌의 교리적 관심에서보다 윤리적 실천을 위한 성찰로 읽혀져야 한다.

우리가 다루고 있는 것은 아우구스티누스가 플라톤 철학을 통해 기독교의 구원에 관한 교리를 어떤 형태로 발전시켰는가 하는 문제가 아니다. 핵심질문은 이것이다. '기독교적 덕 윤리에 아우구스티누스가 어떤 기여를 했으며, 그것이 현대사회의 윤리적 문제들에 대해 어떤 의의를 지니고 있는가?'

그 대답의 핵심은 아우구스티누스의 덕 윤리가 기독교 내러티브에 근거하고 있다는 점이다. 아우구스티누스의 카리타스 개념은 교리적 혼합의 문제로 볼 것이 아니라, 'Biblia' 즉 성경의 내러티브에 기초한 것이라는 관점에서 읽혀져야 한다. 이것은 맥킨타이어의 아우구스티누스 해석에서 '성경'의 내러티브를 중요한 계기의 하나로 보았던 것과 맞아떨어지는 부분이기도 하다.[189]

이러한 맥락에서, 아우구스티누스의 윤리에 대한 심층적 이해를 위해 기독교적 정체성이 분명하게 드러난 원저를 살펴볼 필요가 있다. 이미 기독교로 회심하였을 뿐 아니라, 기독교의 지도자가 되어 교구의 회중들에게 설교하던 목회자인 동시에 교회의 신학자로서의 아우구스티누스를 살펴보자는 뜻이다. 『삼위일체론』을 굳이 아우구스티누스 윤리연구에 도입하려는 가장 중요한 이유가 여기 있다. 삼위일체를 신앙하는 기독교 고유의 맥락 안에서 사유했던 아우구스티누스의 모습을 성찰하고 그의 윤리가 지닌 기독교적 정체성을 부각시키는 데 중요한 기여를 할 수 있으리라 기대되기 때문이다.

---

189) Alasdair McIntyre, *Three Rival Versions of Moral Enquiry : Encyclopaedia, Genealogy, and Tradition*, 82-104.

(2) '나를 개혁시켜 주소서'(reformes me ad integrum)[190]

① '삼위일체', 기독교 정체성

카리타스에 대한 바른 이해를 위해 주목해야 할 것은 아우구스티누스의 목회적 맥락이다. 이는 니그렌이 놓쳤던 아우구스티누스의 본질적 문제의식의 발견을 위해서, 그리고 아우구스티누스가 추구한 기독교적 덕 윤리의 핵심을 파악하기 위해서 반드시 필요한 과정이다.

물론, 아우구스티누스에게서 플라톤의 그림자가 남아있다는 점은 부정할 수 없다. 하지만, 플라톤이 'eudaimonia'를 추구한 것과 달리 아우구스티누스가 'beatitudo'를 말한 것은 용어의 변경 이상의 의미를 지닌다. 덕 윤리의 기독교적 변혁의 시도 혹은 기독교적 덕 윤리의 모색을 암시하고 있기 때문이다.

이러한 관점을 가장 잘 보여주는 텍스트가 『삼위일체론』(De Trinitate)이다. 제목부터 교리에 관한 성찰에 속하는 듯싶지만, 그 내용을 살펴보면 아우구스티누스의 윤리가 삼투해 있음을 어렵지 않게 알 수 있다. 사실, 아우구스티누스와 같은 열린 체계(open system)의 사상가에게는 각각의 저술이 특정 분과학문에 속하는 내용들만을 다루는 것이라기보다 광범위하고도 전방위적인 특성이 나타난다.

『삼위일체론』에는 행복과 카리타스에 관한 기독교적 정체성을 담은 표현들이 등장한다. 물론, 『행복에 관하여』(De beata vita), 『참된 종교』(De vera religione), 『기독교 교양』(De doctrina Christiana) 등 초기의 저작들도 덕 윤리와 관련하여 살펴볼 가치가 있는 책들이지만, 『삼위일체론』은 교회의 책임 있는 목회자로 세움 받은 아우구스티누스가 기독교적 특성들을 원숙하고

---

190) *De Trin*, XV, 28, 51.

도 체계적으로 다루고 있다.

특히 플라톤, 아리스토텔레스 및 로마의 행복에 관한 내러티브에서 기독교의 내러티브로의 변혁은『삼위일체론』에서 중요한 요소이다. 아우구스티누스가 초기 저작들을 통해 인간의 진정한 행복으로 제시한 하나님이 다름 아닌 기독교가 고백하는 삼위일체 하나님이심을 확인해준다는 점에서, 덕 윤리의 기독교적 변혁을 분명하게 보여준다.

또한,『삼위일체론』이 교리의 문제만 다룬 것이라기보다 윤리를 비롯한 다층적 통찰들을 열린 체계 속에 담아내고 있음을 놓쳐서는 안 된다.『삼위일체론』에 나타난 사랑의 개념이 아우구스티누스의 윤리에 대한 중요한 단초들을 제공해준다는 점에서,『삼위일체론』을 피상적인 편견을 따라 교리를 위한 문헌에 그치는 것이라 단정 지어서는 안 된다는 뜻이다.

실제로,『삼위일체론』은 기준이 되는 교리의 저술인 동시에 하나님을 향한 사랑의 고백서이다.[191]『삼위일체론』을 사랑의 고백서라고 하는 것은, 니그렌이 문제 삼는 에로스 동기와의 혼합여부를 넘어서, 삼위일체 하나님을 향한 진정한 사랑의 필요성과 중요성을 강조해준다.『삼위일체론』이 기독교적 사랑의 의의 혹은 사랑의 신학적 성찰을 위한 근거를 제공해준다는 뜻이다.

『삼위일체론』은 아우구스티누스의 연구실에서 나온 사변적 교리신학이라기보다 그의 실존적 체험을 통해 체험한 하나님께 대한 진솔한 고백이자, 독자들을 향하여 삼위일체 하나님을 사랑하도록 권면하는 내용으로 구성되어 있다. 이점에서,『삼위일체론』의 덕 윤리적 해석의 가능성은 충분해 보인다. 교리에 대한 어설픈 기웃거리기로서『삼위일체론』을 다루는 것이 아니라, 아우구스티누스의 덕 윤리가 지닌 기독교적 정체성

---

191) Edmund Hill, *The Mistery of the Trinity* (London: Geoffrey Chapman, 1985), 76-77.

을 분명하게 읽어낼 근거가 된다.

아우구스티누스의 구분법에 따르면, 『삼위일체론』은 크게 두 부분으로 나눌 수 있다. I권에서 VII권까지는 삼위일체에 대한 바른 이해의 필요성을 강조하고 오류들을 반박한다. VIII권에서 XIV권까지는 삼위일체에 대한 비유적 설명을 다루고 있으며, 마지막 XV권에서는 전체의 논지를 요약하고 결론을 맺는다. 이러한 구분법을 따라 카리타스의 문제에 초점을 맞추어 『삼위일체론』을 읽어가되, 교리 중심의 논의에 휩쓸리지 않도록 하기 위해 『고백록』과 『신국론』 등의 윤리적 관점들을 비교하고 보완하는 작업을 병행하고자 한다.

본래, 『삼위일체론』은 '삼위일체 하나님께 대한 신앙고백을 통해 구원을 받음으로써 영원한 행복에 이르고자 하는 영혼의 여정을 돕기 위한 책'으로, 399년~420년 기간에 저술되었다. 역사적으로, 아우구스티누스 이전에 이단으로 정죄되었던 아리우스의 교설이 다시 등장한 시기였다. 교회는 성부와 성자가 동일한 본질을 지녔다고 주장하는 아다나시우스의 관점이 신앙고백에 더 적합하다고 인정했지만, 이것을 좀 더 분명하게 확립할 필요가 대두되었던 셈이다.

② 텔로스로서의 '삼위일체'

아우구스티누스는 『삼위일체론』의 집필동기와 방향에 대해, I권에서 삼위일체론이 성경을 기초로 설명되어야 함을 강조한다. 아우구스티누스가 정한 표제에 따르면, 이성을 오용하여 신앙을 타락시키는 자들을 반박하는 것이 이 책의 집필 목적이다.[192]

---

192) De Trin. I.1.1. 이 부분의 제목자체가 이러한 취지를 간결하게 반영하고 있다. 'Scribit adversus eos, qui ratione abutentes fidem corrumpunt'.

아우구스티누스가 보기에, 형체를 가진 물체들에 대한 설명을 형체가 없는 영적 실재에 적용하려는 것은 오류에 빠지기 십상이다.[193] 이러한 오류를 피하기 위해, 삼위일체에 대한 논의는 신앙의 관점에서 접근해야 하며, 성경을 따르는 것이어야 한다.[194]

삼위일체의 진리에 관한 기본적인 신조들을 명확하게 소개하는 과정에서, 아우구스티누스가 그리스도인들에게는 하나님을 바라볼 수 있는 행복이 약속되어 있음을 언급한 대목은 주목할 부분이다. 성자께서 그리스도인들을 하나님의 나라에 인도하여 '얼굴과 얼굴을 대하여'(고전 13:12) 하나님을 뵙는 경지에 이르도록 이끌어 주실 것이라는 약속이 그것이다.[195]

아우구스티누스는 하나님을 바라봄(visio Dei)이야말로 행복의 완성이라고 생각했다. 그는 성자께서 그리스도인들을 이끌어 하나님을 뵙게 하실 때, 그리스도인들이 영원한 안식과 기쁨을 누리게 될 것임을 확신하면서, 성경의 두 인물, 마리아와 마르다 자매의 예를 들어 중요한 교훈을 준다.

> 주님의 발아래 앉아 그의 말씀을 열심히 들은 마리아는 이 기쁨과 비슷한 것을 보았다. 말하자면, 마리아는 모든 일을 멈추고 세상에서 할 수 있는 최선을 다해 진리에 열중했으며 그렇게 함으로써 영원한 내세의 모습을 미리 본 셈이다.[196]

---

193) *De Trin.* I.1.1.

194) *De Trin.* I.2.4.

195) *De Trin.* I.8.17.

196) *De Trin.* I.10.20. Huius gaudii similitudinem praesignabat Maria sedens ad pedes Domini et intenta in verbum eius, quieta scilicet ab omni actione et intenta in veritatem secundum quendam modum cuius capax est ista vita, quo tamen praefiguraret illud quod futurum est in aeternum.

이는 마르다의 선택이 악한 것이라는 뜻이 아니라, 마리아가 선택한 것이 선한 것이며 그것을 결코 빼앗기지 않고 누리게 될 것이라는 교훈이다. 마르다의 경우처럼, 일정한 목적을 위한 노고는 그 필요가 충족되면 사라지고 말지만, 참된 선을 향한 것에 대한 보상은 영원하다는 뜻이다. 아우구스티누스에 따르면, 하나님을 뵙는 경지에서는 하나님이 모든 것의 모든 것이 될 것이며, 하나님 외에 아무 것도 필요하지 않을 것이며 하나님의 빛을 받아 누리게 될 것이다.[197]

이 문장은 예수께서 그 나라를 하나님께 드리는 때, 그 나라의 구성원인 그리스도인들이 성부와 성자와 성령을 뵙게 될 것이라는 맥락과 관련된 것으로서,[198] 이성에 대한 집착에 의해서가 아니라 믿음의 눈으로 삼위일체에 접근해야 한다는 뜻이 담겨 있다. 하나님을 뵙는 경지에서 인간의 행복이 완성된다. 삼위일체 하나님을 뵙는 것이야말로 인간의 진정한 목적이요 행복이라는 점은 아우구스티누스가 I권을 마무리하면서 요약한 대목에서도 잘 드러난다.

> 이러한 (하나님을) 뵈옵는 것의 근거는 성경에 있으며, 사랑의 눈으로 그것을 찾는 사람이라면 그것이 성경 전체에 가득 차 있음을 볼 수 있을 것이다. 이것이야말로 우리의 최고선이며, 우리에게 주신 계명들은 바로 이것을 얻기 위해 모든 일을 바르게 행하라는 뜻을 담고 있다.[199]

II권에서도 성경에 근거한 삼위일체의 논의가 이어진다. 특히 성경

---

197) *De Trin.* I.10.20, 현대적 해석에서는 마르다와 마리아의 만남의 필요성을 다루기도 한다.

198) *De Trin.* I.10.20.

199) *De Trin.* I.13.31. et si qua alia de ista visione dicta sunt quae copiosissime sparsa per omnes Scripturas invenit quisquis ad eam quaerendam oculum amoris intendit - sola est summum bonum nostrum cuius adipiscendi causa praecipimur agere quidquid recte agimus.

의 인물들을 예로 들면서, 그들이 하나님을 뵈었던 일들을 두고 하나님을 마치 형체를 지닌 존재로 오해해서는 안 된다는 점을 일깨워 준다.[200] 아담, 아브라함, 롯, 모세, 다니엘 등에게 하나님께서 나타나신 일들을 소개하면서, 아우구스티누스는 삼위일체 하나님이 눈에 보이는 형체로는 설명될 수 없는 영원불변의 존재임을 강조한다.

III권에서, 아우구스티누스는 하나님의 본질은 라틴어로 'substantia' 보다는 'essentia'라는 단어를 사용하여 설명하는 것이 적합하다는 점, 성부와 성자와 성령의 본질 자체는 불변하며 인간의 육안으로 볼 수 있는 대상이 아니라는 점을 재삼 강조한다.[201] 특히, 모든 것의 처음 원인은 하나님이며, 피조물이 지닌 물체적 형상들로 하나님을 설명하는 것은 옳지 않다고 지적한다.

여기에서 인간의 진정한 행복은 모든 존재의 원인이신 하나님께만 있다는 사실을 재차 확인할 수 있다. 시간 그 자체를 창조하신 영원한 존재로서의 삼위일체 하나님을 향하는 것만이 시간적 존재로서의 인간에게 진정한 쉼을 얻게 하는 길이며, 그것이 참된 행복이라는 강조일 듯싶다.

이것을 덕 윤리의 관점에서 해석하면, 텔로스(telos)의 문제와 연관 지을 수 있다. 시간적 존재로서의 인간의 진정한 텔로스는 영원한 존재 즉 하나님이심을 강조한 대목이라 할 수 있겠다. 이러한 강조점이『삼위일체론』전체에 삼투되어 있음은 두말할 필요도 없다.

IV권에서는 성자께서 세상에 보내심을 받은 목적에 대해 집중적으로 설명한다. 아우구스티누스는 모든 죄인의 중보자로 오신 그리스도를 통해서만 구원받을 수 있음을 강조하면서, 성자께서 종의 형상을 입은 것은 이러한 구원의 목적을 위한 것이었으며, 그리스도의 부활 또한 구

---

200) *De Trin.* II.18.35.
201) *De Trin.* III.11.21.

원을 위한 것이라는 점을 설명한다.

주목할 부분은 인간이 영원한 기쁨과 행복으로부터 빗나가 있다는 점, 그리스도인은 그 영원한 기쁨과 행복을 향한 순례의 길을 가야 한다는 점이다. 덕 윤리와 연관 지어 설명하자면, 그리스도인의 정체성을 요약적으로 보여준 것이라 하겠다. 아우구스티누스가 보기에, 그리스도인에게는 중요한 경고의 말씀이 주어져 있다. 우리가 구하는 것은 여기에 없으며, 순례를 마치고 그곳으로 돌아가야 한다는 뜻이다.[202]

아우구스티누스의 덕 윤리가 현세적 완성을 주장하는 고대철학자들의 그것과 확연하게 구분되는 지점이 여기이다. 인간은 현세적 완성의 존재가 아니라, 순례자의 길을 걷고 있다는 관점은 기독교적 덕 윤리가 지닌 독특성을 잘 보여주고 있다. 그가 아직 『신국론』집필을 완성한 상태는 아니었지만, 하나님을 사랑하는 자로서 하나님의 도성을 향하여 나아가는 존재임을 암시하는 대목이다.

아우구스티누스는 순례의 인생에 대한 설명에서 인간이 하나님의 위대한 사랑의 대상이라는 점을 잊지 않는다. 카리타스의 관계 즉 하나님의 인간을 향한 카리타스에 대한 바른 응답으로서의 인간의 카리타스적 덕 윤리가 확립되어야 하는 이유가 여기에 있다. 특히 삼위일체 하나님을 사랑의 하나님으로 설명해주는 대목이라는 점에서 각별히 유의해야 한다.

무엇보다도, 우리는 하나님이 우리를 크게 사랑하신다는 것을 믿어야 한다. 그렇지 않으면, 우리는 실망하여 감히 하나님께 나아가려 하지 않게 될 것이다. 우리는 하나님의 사랑을 받는 우리가 어떤 인간인지를 알아야 한다. 그렇지 않으면, 우리는 스스로 교만하여 마치 자신에게 공로가 있는

---

202) *De Trin*. IV.1.2.

듯 생각하여 하나님으로부터 멀어져서 더욱 무력해지고 말 것이다. 하나
님은 우리에게 힘을 주시며 겸손의 약함을 따라 사랑의 덕이 완성될 수 있
도록 하셨다.[203]

인간 스스로의 힘으로는 영원한 행복에 이를 수 없다는 것을 깨달아
야 하며, 자기 의와 공로를 통해서는 구원의 행복을 이루어 낼 수 없다는
점을 인식해야 한다. 고대철학자들이 현세적 완성을 통해 행복을 추구하
거나 혹은 백번 양보하여 내세적 조망을 가졌다 하더라도, 이 부분에서
는 기독교 내러티브를 흉내 낼 수 없다. 행복은 인간이 추구하는 것이지
만, 인간의 처분에 달려있는 것이 아니며 인간의 노력을 통해 성취되는
것이 아니라는 점에서 말이다.

이와 관련하여, 아우구스티누스는 교만의 위험을 심각하게 경고한
다.[204] 맥킨타이어가 아우구스티누스의 덕목들의 목록에서 희랍의 그것
과는 전혀 다른 덕목이라고 말했던 것이 이 부분에서 연관될 수 있을 듯
싶다. '겸손'의 문제가 그것이다.

아우구스티누스의 요약에 따르면, 삼위일체 하나님께 나아가려는
자 즉 참된 행복에 이르고자 하는 자는 두 가지를 명심해야 한다. 사랑과
겸손이 그것이다. 아리스토텔레스의 이상적 인간상에서는 설명될 수 없
는 기독교 고유의 덕목이 바로 겸손이다. 겸손은 고전적 4주덕에서 찾아
볼 수 없는 기독교의 덕목이다.[205]

---

203) *De Trin*. IV.1.2. Ac primum nobis persuadendum fuit quantum nos diligeret Deus ne
desperatione non auderemus erigi in eum. Quales autem dilexerit ostendi oportebat ne tamquam
de meritis nostris superbientes magis ab eo resiliremus et in nostra fortitudine magis deficeremus,
ac per hoc egit nobiscum ut per eius fortitudinem potius proficeremus atque ita in infirmitate
humilitatis perficeretur virtus caritatis.

204) *De Trin*. IV.15.20.

205) 겸손의 덕목에 대해서는 이 장의 후반부에서 다시 다루게 된다.

이러한 성경적 기초에 대한 논의는 『삼위일체론』의 고유한 맥락이자 그토록 아우구스티누스를 폄훼했던 니그렌이 간과하고 말았던 중요한 요소이다. 아우구스티누스는 부활과 종말의 일에 대해서는 철학자들에게 묻지 말고 성경적 관점을 가져야 한다는 사실을 강조하면서,[206] 이어지는 V권에서 잘못된 이성의 근거에 따라 제시된 이단들을 논박한다. 아우구스티누스는 이단교설에 대한 논박을 통하여, 하나님은 변함없는 유일의 존재이심을 강조하고, 위격(persona)이라는 단어를 인간적인 관점에서 해석하지 말라고 한다.[207]

또한 VI권에서는, 삼위일체를 둘러싼 의문점 혹은 신학적 문제제기들을 살펴보고 성경적 해답을 제시한다. 삼위일체 하나님을 향한 신앙이 삼중(三重)의 신에 대한 신앙이 아니라는 점을 강조하는 부분도 여기 포함된다.[208]

VII권에서도 질문들에 대한 논의가 이어진다. 특히 삼위일체와 지혜의 관계에 대한 설명과정에서 사랑에 대해 언급한 대목은 윤리적으로 중요한 통찰을 준다. 특히, 카리타스는 성령을 통해 주입된다. 카리타스가 어설픈 혼합물이 아닌 기독교 고유의 사랑임을 상징적으로 보여주는 대목이다.

우리는 행복에 이르기 위해 하나님께 나아가야 하지만, 하나님을 직접 인식할 수 없다. 우리는 사람이 되신 하나님을 따름으로써 하나님을 알 수 있으며, 그분은 우리가 진정으로 따라야 할 분이다. 우리는 사랑으로 그분에게 붙어 있어야 한다. 이 사랑은 우리에게 보내신 성령을 통해 우리에게

---

206) *De Trin.* IV.16.21.

207) *De Trin.* V.9.10.

208) *De Trin.* VI.7.9.

주입된다.(롬5:5)[209]

카리타스에 의해 행복에 이를 수 있으며, 그 사랑은 성령에 의해 주입되는 은혜라는 점에서, 기독교적 덕 윤리의 중요한 지평을 가늠해 볼 수 있다. 행복은 고대철학자들의 내러티브를 통해서 이루어지는 것이 아니다. 그것은 우리에게 '주어진다.'

다시 말해, 아우구스티누스의 덕 윤리에서는 하나님께서 복을 주셔야 행복할 수 있다. 이는 기독교의 덕 윤리가 은혜에 기초한 것임을 보여주는 중요한 단초이다. 다른 말로 하자면, '삼위일체'야말로 기독교적 덕 윤리의 텔로스이다. 아우구스티누스의 덕 윤리가 어설픈 혼합물이 아닌, 기독교 고유의 신앙고백을 배경으로 삼는 것이라는 사실이 확인되는 셈이다.

③ 참된 행복과 'caritas'

VIII권에서, '카리타스'에 삼위일체의 흔적이 드러나 있음을 강조한다. 아우구스티누스는 초반부에 했던 주장 즉 하나님께 대한 진리에 이르기 위해서는 모든 물체적인 생각을 버려야 한다는 점을 재차 확인하면서,[210] '최고선'의 개념을 도입한다.

이 논의는 하나님을 보여 달라고 하거나 보고 싶어 하는 인간의 욕구에 대한 성찰로부터 시작된다. 앞부분에서, 하나님을 물체적 관점에서

---

209) *De Trin.* VII.3.5. Quia enim homo ad beatitudinem sequi non debebat nisi Deum et sentire non poterat Deum, sequendo Deum hominem factum sequeretur simul et quem sentire poterat, et quem sequi debebat. Amemus ergo eum et inhaereamus illi, caritate diffusa in cordibus nostris per Spiritum Sanctum qui datus est nobis.

210) *De Trin.* VIII.2.3.

설명하려는 시도들을 논박했던 것도 같은 맥락일 듯싶다. 하나님은 믿음의 눈으로 보아야 한다. 아우구스티누스가 독자들로 하여금 육안으로 피조물의 좋은 모습 즉 선을 바라보는 것에서 출발하여 모든 선의 선 즉 최고선을 향하도록 이끌어 가는 이유가 여기 있다.

> 가능하다면, 선 자체를 보라. 그렇게 하면, 하나님 이외의 선에 의해서 선한 것이 아니라, 모든 선을 선하게 하시는 선 자체이신 하나님을 볼 수 있다.[211]

최고선 즉 선 자체이신 삼위일체 하나님께 나아가는 길에 대해서도 성경의 내러티브가 적용된다. 하나님에 대한 사랑과 이웃에 대한 사랑의 계명(마22:37-40)을 근거로 성찰해 보면, 카리타스는 하나님께서 세우신 계명인 동시에 하나님께 나아가게 하는 덕이다. 카리타스의 덕을 통해 최고선을 향하여 나아가야 한다는 뜻이다.

> 영혼을 위해 추구해야 할 선은 우리가 평가하며 판단하는 대상으로서의 선이 아니라, 우리가 사랑으로 붙어 있어야 할 선이다.[212]

여기에서, 주목해야 할 또 하나의 요소가 있다. 아우구스티누스가 덕과 악덕의 대립구도를 염두에 두고 있다는 점이다. 특히, 카리타스의 왜곡 즉 악덕으로서의 쿠피디타스의 위험성을 놓치지 않는다. 아우구스티누스의 설명에 따르면, 참된 사랑은 삼위일체 하나님을 향하도록 하는

---

211) *De Trin*. VIII.3.4. et vide ipsum bonum, si potes; ita Deum videbis, non alio bono bonum, sed Bonum omnis boni.

212) *De Trin*. VIII.3.4. Quderendum enim bonum animae, non cui supervolitet iudicando, sed cui haereat amando;

사랑으로서의 덕이며, 그 반대의 경우는 욕망 혹은 왜곡된 사랑으로서의 악덕이라 할 수 있다.

> 참된 사랑이라야 사랑이라고 부를 수 있으며, 그렇지 않은 것은 사랑은 왜곡된 사랑이다. 사랑이 왜곡된 자를 참된 사랑의 사람이라 할 수 없으며, 참된 사랑을 가진 자에게 사랑이 왜곡되었다고 말할 수는 없다. 우리가 의롭게 살고자 한다면, 또한 다른 사람들도 의롭게 살도록 하고자 한다면, 바른 사랑이 있어야 한다. 모든 무상한 것들을 버리고 진리에 붙어있는 사랑이야말로 바른 사랑이다.[213]

사랑 하나로 모든 것을 설명하는 관점이 아니다. 사랑의 대상과 질서의 문제를 도입하고 있다는 점은 성경을 포함한 기독교의 모든 것을 에로스에 채색된 사랑만으로 설명하고 말았다는 니그렌의 주장에 대한 중요한 반증이 된다. 아우구스티누스의 사랑 개념에는 니그렌의 해석과는 달리, 다층적 요소들이 반영되어 있다. 예를 들어, 사랑에는 마치 삼위일체의 흔적을 보여주듯 세 가지 측면이 있다.

> 성경이 그렇게 높이 찬양하고 선포하는 사랑은 선에 대한 사랑이 아니고 무엇이겠는가? 그리고 사랑은 사랑하는 자가 품은 것이요 또한 사랑을 받는 자가 받는 것이다. 사랑에는 세 가지 측면이 있는 셈이다. 사랑하는 사람, 사랑을 받는 대상, 그리고 사랑 그 자체, 이 세 가지가 있다.[214]

---

213) *De Trin.* VIII.7.10. Ea quippe dilectio dicenda quae vera est; alioquin cupiditas est; atque ita cupidi abusive dicuntur diligere, quemadmodum cupere abusive dicuntur qui diligunt. Haec est autem vera dilectio, ut inhaerentes veritati iuste vivamus; et ideo contemnamus omnia mortalia prae amore hominum, quo eos volumus iuste vivere.

214) *De Trin.* VIII.10.14. Quid est autem dilectio vel caritas, quam tantopere Scriptura divina laudat

이것은 아우구스티누스의 카리타스 개념이 에로스의 억지 기독교 버전 혹은 어설픈 혼합이 아니라, 성경에 근거를 둔 독자적인 설명법임을 반증해준다. 더구나 사랑의 세 측면에 대한 성찰은 IX권에서 사람 안에 있는 삼위일체의 유비들에 대한 논의로 이어진다. 마음, 마음을 아는 지식, 그리고 마음과 그 지식에 대한 사랑이 그것이다. 아우구스티누스는 이 셋이 각각 자체로 있으면서, 서로 안에 있다는 점을 설명한다. 그리고 앞서 VIII권에서 언급된 사랑의 구분에 대해 설명을 추가한다.

> 피조물에 대한 사랑이 아니라 창조주에 대한 사랑이어야 왜곡된 사랑이 아니고 바른 사랑이다. 피조물 그 자체 때문에 사랑하는 것은 왜곡된 사랑이다. 이러한 왜곡된 사랑으로 인해 피조물은 그것을 사용 혹은 향유하는 사람을 돕기보다는 부패시켜버린다. 어떤 피조물이 우리와 동등하거나 우리보다 낮은 것일 때, 그것을 하나님을 위해 사용해야 하며 하나님을 향유해야 한다. 우리는 우리 자신을 본위로 할 것이 아니라, 우리를 지으신 하나님을 향유해야 하며 우리와 동등한 피조물 즉 이웃을 우리 자신처럼 사랑해야 한다.[215]

삼위일체의 유비는 X권에서도 이어진다. 기억, 이해, 그리고 의지의 비유가 그것이다. 아우구스티누스는 철학자들이 말하는 영혼에 대한 관념을 성경의 근거들을 따라 논박하면서, 마음 그 자체에서 볼 수 있는 삼

---

et praedicat, nisi amor boni? Amor autem alicuius amantis est, et amore aliquid amatur. Ecce tria sunt: amans, et quod amatur, et amor.

215) *De Trin.* IX.8.13. non quo non sit amanda creatura, sed si ad creatorem refertur ille amor, non iam cupiditas, sed caritas erit. Tunc enim est cupiditas, cum propter se amatur creatura. Tunc non utentem adiuvat, sed corrumpit fruentem. Cum ergo aut par nobis, aut inferior creatura sit, inferiore utendum est ad Deum; pari autem fruendum, sed in Deo. Sicut enim te ipso, non in te ipso frui debes, sed in eo qui fecit te; sic etiam illo quem diligis tamquam te ipsum.

위일체의 유비 즉 기억과 이해와 의지에 대해 설명한다. 이어지는 XI권에는 주로 보이는 물체, 보는 사람의 시각에 생기는 형상, 그리고 이 둘을 결합시키는 의지의 비유가 나온다.

XII권과 XIII권은 지혜와 지식의 구분을 근거로 삼는다. 아우구스티누스는 지식에 대한 검토를 통해 플라톤과 피타고라스의 상기설을 반박하고 인간의 내면과 지식에 담긴 삼위일체의 흔적들을 설명한다. XIV권은 철학자들의 관점을 논박하면서 진정한 지혜란 삼위일체 하나님을 바라봄을 통해 완성되는 것임을 강조한다. 그리고 XV권은 『삼위일체론』 전체의 요약과 결론으로서, 인간에게서 발견되는 삼위일체의 흔적들은 하나님을 뵙는 순간에 가서야 완성될 비유들이라는 점을 강조한다.

이러한 뜻에서, 아우구스티누스는 XIII권에서 XV에 이르는 논의를 통해 행복에 대한 철학자들의 관점을 검토하고 성경의 내러티브를 따라 행복의 문제를 설명한다. 인간이 보편적으로 행복한 삶을 추구한다는 사실은 기독교적 덕 윤리에서도 중요하다.

주체의 측면에서, 누구나 보편적으로 행복하기를 원한다. 기간의 측면에서, 한 번으로 끝나는 것이 아니라, 영원히 행복하기를 원한다. 이러한 조건들을 만족시키는 행복은 고대철학자들에게서 찾을 수 없으며, 기독교를 통해서만 완성될 수 있다는 것이 아우구스티누스의 요점이다.

아우구스티누스가 보기에, 행복이란 특정한 사람들의 몫도 아니고, 개인의 일시적인 감정의 문제일 수도 없다. 이점은 행복에 대한 고대철학자들의 성찰에서도 확인할 수 있다. 행복에의 욕구는 보편적으로 제기되는 인간실존의 문제임에도 불구하고 다양한 의견들이 상존할 뿐, 바른 답을 찾지 못하고 있는 것이 문제인 셈이다. 고대철학자들은 행복에 대해 다양한 의견을 주기는 했지만, 행복에 대한 바른 이해 즉 진정한 행복

에 대한 인식에는 이르지 못했다.[216)

행복에 대해 깊이 성찰한다고 하는 철학자들마저 행복의 문제에 있어서는 정답을 찾지 못하고 있는 것은 행복의 문제가 결코 간단한 것이 아님을 암시한다. 동시에, 행복에 대한 이해의 다양성은 진정한 행복에 대한 성찰의 다원성을 표출해주는 것이라기보다 오해들이 난무하고 있음을 반증한다.

철학자들도 행복의 문제에 정답을 제시하지 못한 채, 잘못된 정보만 늘어놓고 있다는 것은 진정한 행복에 대한 갈증과 고민이 그만큼 더 절실한 것임을 반증해준다. 아무리 많은 이론이 있어도, 진정한 행복을 향하여 접근하지 못하고 있다는 뜻이기도 하다.

아우구스티누스는 '거짓 행복'(falsa beatitudo)이라는 표현을 사용하여 행복에 대한 성찰을 변혁시켜야 한다고 주장한다.[217) 행복에 대한 그릇된 생각과 착각에 빠져있다는 것은 '불행'에 속해 있는 것이나 다름없다. 다시 말해, 행복에 대한 성찰의 다양성을 존중할 것인가의 여부가 아니라, 불행을 종식시킬 해답을 찾는 것이 중요하다.

아우구스티누스가 보기에, 안타깝게도 철학자를 포함한 대부분의 사람들은 진정한 행복보다는 '현세적' 특성을 지닌 거짓 행복에 놀아나고 있다. 이는 인간이 유한하고 가변적이며 변덕스러운 존재자들 즉 피조물에게서 행복을 추구하고 있기 때문이다. '현세'라는 표현에 상징성이 담겨있다. 가변적인 영역 즉 시간의 영역에서 행복을 추구하는 것은 언제라도 불행으로 변질될 수 있는 대상에게서 행복을 추구하는 것이 지나지 않는다.

시간성에 대한 논의는 기존의 행복론을 싸잡아서 '오류'라고 몰아세

---

216) *De Trin.* XIII.4.7.

217) *De Trin.* XII.12.17.

우기 위한 것이 아니다. 그것은 인간의 진정한 행복이 현세적 영역을 넘어선 영원의 영역에 있음을 보여주는 방향제시이자 행복담론의 기독교적 변혁이다. 아우구스티누스는 진정한 행복을 찾기 위해 행복담론에 기독교 고유의 개념들을 본격적으로 도입한다. '영생', '죽음', 그리고 '죄'의 개념들이 그것이다.

> 만일 행복한 사람이 행복을 계속 누리기 원한다면, 행복하지 못하게 되는 경우를 원하지 않을 것이다. 만일 행복하지 못하게 되는 것을 원치 않는다면, 자신의 행복이 소진되거나 상실되기를 원하지 않을 것이라는 점도 분명하다. 하지만, 그들은 살아 있지 않다면, 행복할 수 없다. 따라서 생명의 상실 또한 원하지 않을 것이다. 따라서 참으로 행복한 사람들이나 참으로 행복해지고 싶은 사람은 영생을 원할 것이다. 하지만 원하는 대상을 가지고 있지 못하다면 그는 행복하게 사는 것이 아니다. 결국, 생명이 영원하지 못하면 그 삶은 참된 행복일 수 없다.[218]

현세적 행복이 거짓 행복이라는 점에서, 참된 행복을 위해서는 행복담론의 변혁이 필요하다는 점을 가장 강력하게 설득시키는 요소는 '죽음'의 문제이다. 인간의 불행은 무엇보다도 '죽게 될 처지'(mortalium conditio)에 놓여있다는 점에서 가장 절실하게 체감된다.[219] 죽음이란 모두가 직면하게 될 운명이요, 피할 수 없는 인간의 한계라는 점에서 행복을

---

218) *De Trin*. XIII.8.11. si uolunt, inquam, beati esse qui beati sunt, beati non esse utique nolunt. Si autem beati non esse nolunt, procul dubio nolunt consumi et perire quod beati sunt. Nec nisi uiuentes beati esse possunt; nolunt igitur perire quod uiuunt. Immortales ergo esse uolunt quicumque uere beati uel sunt uel esse cupiunt. Non autem uiuit beate cui non adest quod uult; nullo modo igitur esse poterit uita ueraciter beata nisi fuerit sempiterna.

219) *De Trin*. XIII.10.13.

저해하는 결정적 요소임에 틀림없다.

아우구스티누스가 보기에, 인간 스스로 한계를 지닌 존재임을 인식하면서도 현세적인 것들로부터 행복을 이룰 수 있으리라 기대하는 것은 지혜롭지 못하다. 지혜자를 자임하는 철학자들이 죽음의 문제를 피할 수 없다는 점을 알면서도 진정한 행복에 이르는 길을 찾지 않는다는 것은 안타까운 일이다.

아우구스티누스는 죽음의 문제로 상징되는 불행의 적극적 해법을 모색한다. 이점에서, 아우구스티누스의 행복담론은 고대철학자들의 그것과 전혀 다른 차원을 지닌다. 아우구스티누스는 '영생'을 통해 행복을 완성하는 새로운 차원을 향하고 있다.

> 모든 사람이 행복하기를 원하므로, 그들이 바르게 원한다면 확실히 영생도 원하는 것이다. 영생이 없다면 행복할 수 없다.[220]

여기에서, 아우구스티누스의 덕 윤리가 고대철학자들의 그것과 확연하게 구분되는 요소를 찾아볼 수 있다. 아우구스티누스는 행복의 문제를 죄의 문제와 직접적으로 연결 짓는다. 대전제는 이것이다. 인간은 죄인이다. 죄 지은 존재로서, 구원 받아야 할 존재이다.

스스로의 노력을 통해 현세적 행복을 추구하는 것으로는 참된 행복에 이를 수 없으며, 하나님의 죄 용서와 은혜를 통해서만 구원과 행복에 이를 수 있다는 기독교 고유의 내러티브에 유의해야 한다. 이것이야말로 아우구스티누스의 덕 윤리가 지닌 차별성인 동시에 '기독교적 재조명'에서 간과해서는 안 될 핵심이다. 다른 책에서도 마찬가지이겠지만, 특히

---

220) *De Trin*. XIII.8.11. Cum ergo beati esse omnes homines volunt, si verum volunt, profecto et esse immortales volunt: aliter enim beati esse non possunt.

『삼위일체론』은 이러한 기독교 고유의 내러티브와 기독교적 덕 윤리를 가감 없이 풀어내는 중요한 텍스트이다.

아우구스티누스의 논지를 요약하자면, 영원불변의 존재이신 하나님을 향한 사랑을 통해 인간은 행복에 이를 수 있으며, 그 반대의 경우는 불행일 뿐이다. 그 원인은 무엇이며 해법은 또한 무엇인가? 여기에 적용된 것이 '죄' 개념이다. 이는 결과적으로 '죽음'의 문제 즉 행복의 현세적 한계를 넘어선 참된 행복의 조건에 대한 성찰로 이어진다.

아우구스티누스가 행복담론에 '죽음'을 대입한 것은 영생의 문제와 더불어 인간의 비참함에 대한 진단을 적용한 것이라 할 수 있다. 그 원인으로, '죄'의 문제를 적시한 것 역시 중요한 의의가 있다. 본질적으로, 아우구스티누스가 추구한 것은 '죄'를 문제시한 행복론이자 죽음의 문제를 포함하는 기독교적 덕 윤리이다.

> 우리는 영원한 것을 알지 못하고 추악한 죄에 짓눌려 살고 있기 때문에 깨끗이 정화될 필요가 있다. 우리는 한시적인 것들을 사랑한 나머지, 죄에 감염되었으며 우리의 죽을 운명의 뿌리가 그 죄를 우리의 본성에 깊이 박혀있다.[221]

행복담론이 현실의 불행으로부터 비롯된 것이라는 점에서, 아우구스티누스의 행복론은 '죄'를 인간의 불행과 비참함의 원인으로 상정하고 적극적 해법을 모색하는 특징을 지니고 있다. 또한 죄로 인한 불행으로부터 참된 행복을 향하여 나아가게 하는 모색이라는 점에 아우구스티

---

221) *De Trin.*, IV.18.24. Quia igitur ad aeterna capessenda idonei non eramus, sordesque peccatorum nos praegravabant temporalium rerum amore contractae, et de propagine mortalitatis tamquam naturaliter inolitae, purgandi eramus.

누스의 덕 윤리의 핵심이 있다. 아우구스티누스는 다음과 같은 질문으로 자신의 행복론을 대변한다.

> 누가 행복한 사람인가? 하나님께서 죄를 찾아내지 못하실 정도의 사람은 없다. 죄는 모든 사람에게서 발견된다. 모두가 죄를 지었고, 모두가 하나님의 영광을 필요로 한다. 모든 사람이 죄인이라면, 행복한 사람이란 죄를 용서받은 사람이야말로 행복한 사람이다.[222]

죄인의 내러티브에 속한 존재로서, 죄에 대한 용서를 체험한 자가 누리는 행복은 다른 무엇으로도 대체하여 설명할 수 없는 행복일 것이다. 하나님은 영원불변하시는 분이시며, 실존적으로 인간의 죄를 용서하고 새로운 삶과 영원한 삶을 허락하는 분이라는 점에서,

> 인간의 행복한 삶(의 목적)은 하나님이시다.[223]

앞서, 죽음의 문제를 행복담론에 대입했던 것을 생각해 보자. 죽음과 죄의 문제는 행복을 위해 반드시 극복해야 하는 과제이다. 죽을 운명으로부터 벗어나야만 영원한 행복에 이를 수 있다. 그리고 이 문제는 죄의 용서에 대한 신앙으로 직결된다.

> 죽음을 피할 수 없는 우리의 인생에는 오류와 고생이 가득하므로, 하나

---

222) *En. in Psalm.* 31.7. Qui sunt beati? Non in quibus non invenerit Deus peccatum: nam in omnibus invenit. Omnes enim peccaverunt, et egent gloria Dei. Si ergo in omnibus peccata inveniuntur, remanet ut non sint beati, nisi quorum remissa sunt peccata.

223) *De civ. Dei.*, XIX.26. ita beata vita hominis Deus est.

님에 대한 믿음이 꼭 필요하다.[224]

중요한 것은, 행복의 원천으로서의 하나님에 대한 관념이다. 아우구스티누스에게 있어서 행복의 원천이신 하나님은 영원불변의 존재라는 형이상학적 사변의 대상을 넘어 자신의 실존적 체험에서 우러난 죄인의 내러티브에 맞닿아 있다.

후대의 철학자 파스칼이 사용한 표현법을 응용하자면, 아우구스티누스의 하나님은 철학자의 하나님이 아니라, 아브라함과 이삭과 야곱의 하나님 즉 성경의 하나님이다. 더욱이 복음서에 나타난 것처럼 죄인으로서의 인간을 용서하시고 구원하심으로써 인간을 참된 행복에의 길로 인도하시는 분이다. 이러한 뜻에서,

인간의 진정한 큰 불행은, 하나님 없이 살 수 없는 존재이면서 인간이 하나님과 함께하지 않는 것이다.[225]

아우구스티누스가 행복의 원천으로 지목한 하나님은 철학자의 사변적 논증의 대상이 아니라, 삼위일체로 대변되는 기독교의 하나님이다. 니그렌의 어설픈 우려에서 나왔던 것처럼, 아우구스티누스의 하나님은 플라톤의 하나님이 아니다. 아우구스티누스가 행복의 원천으로 체험한 하나님은 성경 내러티브가 보여준 하나님이다. 『삼위일체론』은 이점을 극명하게 보여준다.

---

224) *De Trin.*, XIII.7.10. Ac per hoc in ista mortali vita erroribus aerumnisque plenissima, praecipue fides est necessaria, qua in Deum creditur.

225) *De Trin.*, XIV.12,16. Magna itaque hominis miseria est cum illo non esse sine quo non potest esse.

삼위일체를 향유하려는 것은 행복하게 살기 위해서이다.[226)]

삼위일체 하나님은 죄와 죽음이라는 인간의 한계를 넘어선 영원의 존재이며 완전성의 극치로서 인간의 진정한 행복이다. 참된 행복은 이러한 삼위일체 하나님을 통해서만 가능하다. 삼위일체 하나님께서 주시는 은혜를 통해서만 죄로 인한 죽음을 넘어설 수 있기 때문이다.

이러한 요소들을 종합하면, 아우구스티누스가 제시하는 행복의 개념은 중요한 변혁을 이룩한 셈이다. 아우구스티누스는 '죄인'의 내러티브를 따라 행복의 문제를 재규정함으로써, 행복에 관한 담론을 기독교적인 것으로 변혁시켰다. 덕 윤리의 기독교적 정체성을 말할 수 있는 근거가 여기에 있다.

한 가지, 놓쳐서는 안 될 것이 있다. 행복을 말하는 '시제'이다. 아우구스티누스의 경우, '이미' 행복을 깨달은 자로서 행복을 말하고 있음을 유의해야 한다. 『삼위일체론』은 아우구스티누스가 영원한 행복을 향하여 나아가는 순례적 가치관을 충분히 정립한 이후에 신학적 리더의 관점에서 행복과 덕 윤리를 말하고 있다는 사실은 많은 것을 시사해준다.

니그렌이 몰아세우는 것처럼 아우구스티누스의 카리타스가 행복을 목적으로 삼는 이기적인 동기에 의해 이끌린 것이라고 곡해하는 것은 옳지 않다. 아우구스티누스가 카리타스를 말하는 것은 하나님의 은혜를 통해 구원을 받아 새로운 피조물(nova creatura)로 거듭난 사건에 대한 바른 응답이다.

이렇게 보면, 아우구스티누스가 말하는 카리타스의 덕 윤리의 요점은 삼위일체 하나님을 향한 사랑의 응답에 있다. 죄와 죽음의 문제를 대입시킨 행복론에서, 인간이 진정으로 행복한 삶을 살기 위해서는 하나님

---

226) *De Trin.*, VIII.5.8. Eadem quippe Trinitate fruendum est ut beate uiuamus.

을 통한 죄 용서와 영원한 생명의 약속이 필요하다는 점이 분명해졌다. 자신의 실존적 체험을 통해 이미 행복을 체험한 자로서, 다가올 행복의 영원한 완성을 바라보는 자로서, 아우구스티누스는 요약적인 고백 안에 자신의 핵심을 담아낸다.

> 행복이신 주 하나님, 행복한 모든 것이 주 안에서, 주로 말미암아, 주를 통하여 행복하나이다.[227]

이를 토대로, 아우구스티누스가 제시한 행복한 삶에 이르는 길은 카리타스로 표현된 덕 윤리이다. 아우구스티누스가 사용한 사랑의 여러 라틴용법들은 여러 단어로 혼용되고 있지만, 용어의 문제가 본질적인 것은 아니다.

아우구스티누스는 행복의 길에 들어선 자가 영원한 행복을 바라보면서 이미 주신 은혜에 응답하는 관점에서 말하고 있다. 니그렌이 폄훼한 것처럼 행복을 이기적인 목적으로 설정한 접근법과는 확연히 다르다. 아우구스티누스의 카리타스를 참된 행복에의 권장이자 바른 응답의 길을 제시한 것으로 보아야 한다는 뜻이다.

아우구스티누스의 카리타스 개념 자체는 니그렌의 주장처럼 어설픈 혼합물이 아니라 성경에서 유래했다. 카리타스라는 용어 자체가 이미 성경의 라틴 번역에 사용되고 있었다는 점에서, 니그렌의 비판은 큰 문제를 안고 있다.

니그렌의 비판이 정당성을 얻으려면, 라틴 성경의 카리타스 번역 자체가 타당한 것이었는가에 맞춰져야 하는 것 아닐까 싶다. 분명한 것은, 아우구스티누스의 카리타스 개념이 에로스와의 어설픈 혼합물을 만들기

---

227) *Sol.* 1.3. Deus beatitudo, in quo et a quo et per quem beata sunt, quae beata sunt omnia.

위한 의도에서 억지로 만들어낸 것이 아니라는 점이다. 아우구스티누스
는 아래와 같이 언급했다.

> 성경에는 하나님을 사랑하라는 말씀이 많이 나타난다.[228]

　카리타스가 성경 번역에 사용된 단어라는 점에서, 그리고 성경이 지
목하는 사랑의 대상이 삼위일체 하나님이라는 점에서, 아우구스티누스
의 카리타스는 기독교 고유의 것이다. 말하자면, 카리타스라는 것 자체
는 아우구스티누스의 자의적인 창작이 아니다.

　더구나 기독교적 순수성을 플라톤 철학으로 오염시키고 적당히 타
협하려는 의도를 가진 것이 아니라는 점에서, 카리타스에는 기독교적 특
성을 반영되어 있다. 무엇보다도, 아우구스티누스는 삼위일체에 관한 성
찰에서 기독교적 행복의 문제를 대변하고 있다. 삼위일체의 유비들은 하
나님이 참 행복이라고 말하는 근거를 보여준다.

　질송(E. Gilson)에 따르면, 아우구스티누스의 삼위일체 설명방식은 인
간에게 부여된 것들의 유비를 통한 것이었다. 요약하자면, 정신(mens)-지
식(notitia)-사랑(amor), 기억(memoria sui)-지성(intelligentia)-의지(voluntas), 그리고
하나님에 대한 기억(memoria Dei)-지성(intelligentia)-사랑(amor)이 그것이다.

　질송은 이러한 유비들이 영혼의 영적인 눈에 기초한 것이라는 점에
서, 우연적인 것이 아닌 하나님의 형상을 따라 지은 본질적 특성을 지닌
것이라는 점에서, 그리고 삼위일체의 세 위격에 대한 개념들을 얻게 한
다는 점에서 공통점을 지닌다고 보았다.[229] 이 유비의 깊은 이해를 위해

---

228) De Trin. XIV.14.18. De dilectione autem Dei plura reperiuntur in divinis eloquiis testimonia.

229) Étienne Gilson, Introduction a létude de Saint Augustin, 김태규 역, 『아우구스티누스 사상의 이해』
　　(성균관대 출판부, 2010), 426-427.

서는 외적 인간으로부터 내적 인간으로 들어가야 하며 흔적들에 머물 것이 아니라 우리 자신 안에 있는 창조주의 형상을 찾아야 한다는 점 또한 참고할 만한 대목이다.[230]

이러한 과정을 통해 삼위일체에 대한 성찰을 진행하면서, 아우구스티누스는 인간의 진정한 행복 혹은 행복한 삶의 근거이자 목적으로 상정한 하나님은 철학자들의 하나님이 아닌 삼위일체 하나님이라는 점을 더욱 강조한다.

> 삼위일체께서는 저 높이 거룩한 천사들 안에 자리하고 있는 거룩한 도성의 원천(origo)이시며 표상(informatio)이시고 행복(beatitudo)이시다.[231]

삼위일체 하나님을 사랑의 대상으로 삼는다는 점에서, 아우구스티누스의 덕 윤리는 기독교적 특성을 제대로 반영하여 성공적인 변혁을 이룩한 것이라 평가할 수 있다. 아우구스티누스의 덕 윤리가 제시한 카리타스란 본질적으로 '삼위일체 하나님에 대한 사랑'이다. 아우구스티누스의 한 문장에 그 핵심이 간결하게 정리되어 있다.

> 그대가 사랑으로 (하나님께) 굳게 붙어 있으면, 행복하게 살 수 있다.[232]

여기에서, 삼위일체 하나님을 향한 카리타스가 의지(voluntas)의 문제와 직결된다는 점을 기억할 필요가 있다. 플라톤을 비롯한 고대철학자들

---

230) 같은 책, 421.

231) *De civ. Dei*. XI.24. Trinitas in suis operibus intimatur. Inde est civitatis sanctae, quae in sanctis angelis sursum est, et origo et informatio et beatitudo.

232) *De Trin*. VIII.3.5. si amore inhaereris, continuo beatificaberis.

이 지성의 문제에 주목했던 것과 달리, 아우구스티누스에게서 의지의 중요성은 그의 윤리적 사유의 단초이자 핵심이요 결론이다. 아우구스티누스의 문장은 그가 얼마나 의지의 중요성을 강조하고자 했는지를 암시해 준다.

> 어떻게 하면 주께 돌아갈 수 있을지 가르쳐 주소서. 내가 가진 것이라고는 의지뿐입니다. 내가 아는 것은 덧없는 것은 경멸하고 영원한 것을 추구해야 한다는 것뿐입니다.[233]

의지의 중요성은 다른 책들에서와 마찬가지로, 『삼위일체론』에서 여전히 강조되고 있다. 기독교 내러티브에 입각한 복된 삶으로서의 행복의 추구에서 의지의 중요성은 아무리 강조해도 지나치지 않다. 아우구스티누스의 윤리적 사유를 집약하는 틀이기 때문이다. 아우구스티누스에게서 행복의 문제는 곧 의지의 문제이며 이는 곧 덕 윤리의 문제가 되는 셈이다.

아우구스티누스는 의지의 고유하고도 유일한 목적을 행복이라고 말한다.[234] 이러한 의지의 특성을 표현하는 개념이 카리타스이다. 사실, 사랑의 개념이 플라톤적인 것인가 혹은 기독교적인 것인가의 문제를 따지는 것은 아우구스티누스 당대에서는 관심사항일 수 없었을 것이다. 아우구스티누스는 아가페와 에로스 중에서 어떤 동기의 사랑을 취할 것인가의 문제보다는 바른 사랑이란 무엇인가에 주목했기 때문이다.

여기에 적용된 기준이 사랑의 '질서'이다. 다른 표현을 사용하자면,

---

233) *Sol.* 1.5. quomodo ad te perveniatur doce me. Nihil aliud habeo quam voluntatem; nihil aliud scio nisi fluxa et caduca spernenda esse; certa et aeterna requirenda.

234) *De Trin.* XI.6.10.

향유(frui)와 사용(uti)의 구분이 적용된다. 목적으로서 사랑하는 것과 수단으로서 사용하는 것 사이의 구분이라고 단순화할 수 없는 개념이기는 하지만, 향유와 사용은 질서의 개념을 통해 설명되어야 참 뜻을 얻을 수 있다. 아우구스티누스는 향유해야 할 대상을 향유하고 사용해야 할 대상은 사용하는 것이야말로 바른 사랑 즉 질서 있는 사랑이며, 그것이 바로 카리타스의 본질이라는 점을 반복적으로 강조한다.

향유와 사용에 대한 아우구스티누스의 설명을 통해 우리는 사랑의 질서라는 표현이 무엇을 의도하는 것인지 엿볼 수 있다. 아우구스티누스는 카리타스와 그 역으로서의 쿠피디타스를 개념상을 구분하는 것에 만족하지 않고 사물들에 대한 올바른 사용 즉 선용(善用)의 필요성을 윤리의 핵심으로 파악하고 있었던 셈이다.

> 사용한다는 것은 그 대상을 의지의 권한에 넣는다는 것이고, 향유한다는 것은 기쁘게 이용하되 그것을 소망의 대상으로 여전히 바라보는 기쁨이 아니라 실제로 소유하는 기쁨이다. 그러므로 향유하는 자는 모두가 사용한다. 그것을 의지의 권한에 넣으며, 마지막 것이 되는 것으로 여겨 그것으로 만족한다. 그러나 사용하는 자 모두가 향유하는 것은 아니다. 의지의 권한에 넣은 것을 그것 자체로 추구하지 않고 다른 것을 위한 수단으로 추구하는 것이며, 이는 향유하는 것이라 할 수 없다.[235]

사랑의 질서에 대한 논의를 통해 아우구스티누스가 주목한 것은 하나님을 향한 바른 사랑이 요청된다는 점이다. 아우구스티누스는 사랑의

---

235) *De Trin.* X.11.17. Vti est enim assumere aliquid in facultatem uoluntatis; frui est autem uti cum gaudio non adhuc spei sed iam rei. Proinde omnis qui fruitur utitur; assumit enim aliquid in facultatem uoluntatis cum fine delectationis. Non autem omnis qui utitur fruitur si id quod in facultatem uoluntatis assumit non propter illud ipsum sed propter aliud appetiuit.

존재로서의 인간이 사랑의 질서를 왜곡하여 삼위일체 하나님을 저버리고 피조물들을 사랑하는 것이 가장 큰 문제임을 지적해 준다. 즉 향유해야 할 대상을 사용하려 하거나 사용해야 할 대상을 향유하려는 시도들 자체가 '죄'라고 생각한다.

이러한 맥락에서, 아우구스티누스는 바른 사랑 즉 질서 있는 사랑의 필요성을 역설하는 '사랑의 윤리'를 제시한다. 사랑의 존재인 인간에게 필요한 윤리는 사랑의 능력을 삭제하거나 죄악시하는 것이 아니라, 바른 목적과 바른 질서를 따라 사랑하도록 이끌어주는 윤리이어야 한다는 뜻이다.

아우구스티누스가 주목했던 것은 피조물과 하나님에 대한 사랑을 용어상 어떻게 구분할 것인가 혹은 플라톤을 어떻게 최대한 살려서 어설프게 응용할 것인가의 문제가 아니었다. 아우구스티누스는 삼위일체 하나님을 중심으로 하는 바른 가치질서와 그에 따른 바른 사랑을 강조하고자 했다. 아우구스티누스에 따르면, 사랑의 질서에 대한 존중 여부가 사람 됨됨이 즉 인격 내지는 덕성의 성숙여부를 평가할 근거이다.

> 선한 자들은 하나님을 향유하기 위해 세상의 것들을 사용한다. 하지만 악한 자들은 하나님을 이용하여 세상을 향유하고자 한다.[236]

사랑의 질서가 어긋나는 경우, 언어유희 혹은 관념적이고 사변적인 문제에 그치지 않는다. 사랑의 질서를 어기는 것은 참된 행복에 이르지 못하게 한다. 나아가, 인간을 부패시키고 타락시키는 인간학적이고도 실존적인 문제를 낳는다. 여기에 카리타스의 필요성과 중요성이 있다.

---

236) *De civ. Dei*. XV.7.1. Boni quippe ad hoc utuntur mundo, ut fruantur Deo; mali autem contra, ut fruantur mundo, uti volunt Deo.

카리타스의 윤리는 바른 사랑의 요구인 동시에 무질서한 사랑의 극복을 위한 방향의 제시이다. 아우구스티누스가 제안하는 바른 사랑이란 삼위일체 하나님께 대한 사랑을 뜻한다. 이러한 뜻에서, 『삼위일체론』을 교리의 원천으로만 볼 것이 아니라 진정한 행복을 위한 사랑의 덕에 관한 윤리적 지침서로 읽을 수 있는 셈이다.

『삼위일체론』은 진정한 행복에 이르기 위해 진정한 사랑이 필요하며, 카리타스로 표현된 사랑이야말로 그 내용들을 모두 담아내는 덕이라는 점을 해석해주는 중요한 단초를 제공한다. 카리타스를 통해 행복에 이를 수 있다는 아우구스티누스의 관점은 다음의 문장에 함축되어 있다.

> 그러나 우리는 사랑으로 이 최고선을 굳게 지키며, 거기에 붙어 있어야 한다. 그래야만 우리는 최고선의 임재를 향유할 수 있으며 최고선이 없이는 우리는 아예 존재할 수도 없을 것이다.[237]

덧붙여서, 아우구스티누스에게서 사랑의 질서는 인간의 노력이나 의지의 결심만으로 구현되는 것이 아니다. 만일 카리타스가 인간의 결심에 의해서 성취되는 것이라면 그것은 기독교적 특성을 가진 것이라 하기 어렵다. 아우구스티누스가 제안하는 카리타스는 인간의 자각과 노력에 속하는 것이라기보다 은혜를 전제한다.

아우구스티누스의 논지가 이러한 방향을 취하고 있는 근본적인 원인은 인간의 현실에 대한 자신의 실존적 체험과 인식에 있다. 의지의 자유는 사변적 이론체계에 따라 고안해 낸 것이 아니라, 인간과 도덕에 관한 체험적 성찰에 기초한 구체적이고도 실존적인 것으로서, 카리타스의

---

237) *De Trin.* VIII.4.6. Sed dilectione standum est ad illud et inhaerendum illi, ut praesente perfruamur a quo sumus, quo absente nec esse possemus.

윤리에 고스란히 반영된다.

유의해야 할 것은 아우구스티누스가 깨달은 의지의 자유는 창조된 상태 그대로의 무제약적 선택의 자유가 아니라는 점이다. 인간의 자유는 죄를 지은 이후 '노예상태'에 놓여있으며 오직 은혜를 통해서만 치유될 수 있다. 이점에서, 의지의 자유에 관한 아우구스티누스적 접근의 특성을 볼 수 있다.

인간이 의지를 지닌 존재 혹은 사랑의 존재임을 말하는 것에 그치지 않고, 인간의 의지가 은혜를 절대적으로 필요로 하는 현실에 놓여있음을 강조한 대목은 덕 윤리의 기독교적 정체성을 핵심적으로 보여준다. 아우구스티누스는 다음의 질문으로 삼위일체 하나님을 통한 행복과 사랑의 문제를 요약한다.

하나님에게서 오시고 하나님이신 그 사랑은 특히 성령이시다. 성령에 의해 하나님의 사랑이 우리 마음에 부어지며 이 사랑에 의해 삼위일체께서 우리 안에 거하신다. 따라서 성령은 하나님이시지만, 또한 성령을 하나님의 선물이라고 부르는 것이 마땅하다. 사랑은 사람을 하나님께 이끌어주며, 사랑이 없으면 하나님의 그 어떤 다른 선물도 사람을 하나님께 이끌어줄 수 없으므로, 성령을 특히 하나님의 선물이라고 할 때의 그 선물은 사랑이 아니고 무엇이라 해석하겠는가?[238]

이러한 논의 끝에, 아우구스티누스는 하나님의 은혜를 구하는 기도

---

238) *De Trin.* XV.18.32. Dilectio igitur quae ex Deo est et Deus est, proprie Spiritus Sanctus est, per quem diffunditur in cordibus nostris Dei caritas, per quam nos tota inhabitet Trinitas. Quocirca rectissime Spiritus Sanctus, cum sit Deus, vocatur etiam Donum Dei. Quod Donum proprie quid nisi caritas intellegenda est, quae perducit ad Deum, et sine qua quodlibet aliud donum Dei non perducit ad Deum?

로 결론을 맺고 있다. 아우구스티누스는 『삼위일체론』 끝부분에 고백적인 자세로 삼위일체 하나님을 향한 사랑의 문제에 대한 진솔한 기도문을 붙인다.

> 당신을 기억하며, 이해하며, 사랑하고 싶습니다.
> 은혜를 더해 주시고 나를 개혁시켜 주소서.[239)]

아우구스티누스의 기도문은 문학적 효과를 극대화하기 위한 장식으로 그치는 것이 아니라, 그가 생각하는 행복이란 무엇인지를 대변해주는 요약판이자 행복한 삶을 향한 소망의 표현이다. 삼위일체 하나님을 인식하고 영원불변하는 그 분을 통해 참된 행복에 이를 수 있음을 보여준다.

특히, '나를 개혁시켜주소서'에 유의해야 한다. 의지의 존재 즉 사랑의 존재인 인간이 자유의 남용으로 죄의 노예가 되어 있는 현실을 여실히 보여주는 대목이다. 동시에, 인간이 참된 행복에 이르기 위해서는 인간 스스로의 노력을 넘어선 초월적 치유와 개혁의 개입이 필요하다는 점을 보여준다. '인간학적 혁명' 혹은 '거듭남'의 가치를 충실히 담아낸 이 문장이야말로 아우구스티누스의 카리타스 윤리가 품고 있는 기독교 고유의 맥락이 아니겠는가?

참된 행복의 길을 찾은 자로서, 교구의 목회자로서, 아우구스티누스는 자신이 체험했던 실존적 이해를 바탕으로 진정한 행복이 삼위일체 하나님을 통해서만 가능하다는 사실을 일깨워주고 카리타스의 덕을 통해 삼위일체 하나님을 사랑해야 한다는 점을 웅변적으로 말하고 싶었을 것이다.

---

239) *De Trin.* XV.28.51. Meminerim tui, intellegam te, diligam te. Auge in me ista, donec me reformes ad integrum.

(3) 'caritas'의 덕 윤리

① 'eudaimonia'에서 'beatitudo'로

현대 덕 윤리의 거장, 맥킨타이어가 말했듯이 '의지'는 아우구스티누스의 덕 윤리의 가장 중요한 특징이다. 인간이 의지를 지닌 존재라는 사실을 바탕으로 자유의지의 현실에 대한 성찰은 아우구스티누스의 덕 윤리가 지향하는 특성을 암시해준다.

특히, 의지의 왜곡은 인간의 여러 기능 중 하나에 문제가 발생했다는 뜻이 아니다. 의지는 자유의 남용 이후 왜곡되었고 인간 스스로의 능력으로는 회복될 수 없는 현실에 놓여있다는 점에서 인간 실존의 현실을 대변하며, 아우구스티누스의 행복론이 어떤 특징을 지닌 것인지를 상징적으로 보여준다.

행복에 관한 윤리학적 성찰을 전개하기 이전에, 짚고 넘어가야 할 문제가 있다. 행복의 윤리가 제안된 맥락에 관하여, 기독교윤리학에서 행복을 다루는 것이 타당한 것일지에 관하여, 그리고 아우구스티누스의 덕 윤리와 고전적 행복론 사이의 연관성과 차별성에 관하여 기본적으로 짚어 볼 필요가 있다.

윤리학에서 행복을 말하는 맥락은 무엇인가? 아리스토텔레스를 비롯한 여타의 행복론도 마찬가지이겠지만, 아우구스티누스는 '불행에서 시작하는 행복론'이라는 특징을 지닌다. 여기에서 말하는 '불행'이란 심리적 우울함 혹은 운 없음을 말하는 수준의 '불행'(unhappy)의 차원이 아니라, '불쌍함 혹은 비참함'(misery)이다. 인간 실존의 비참함에 대한 뼈저린 인식을 통해 진정한 행복이란 무엇인가를 고민하고 해법을 모색했다는 뜻이다.

사실, 이러한 특징은 여타의 행복론도 전제되어 있다. 예를 들어, '도덕적 운'(moral luck)에 관한 아리스토텔레스의 고민은 무척이나 실존적인 색채를 보인다. 아리스토텔레스에게서, 덕스러운 사람이 된다는 것은 끝없이 이어지는 역경의 한 복판에서 삶의 비참함(misery)을 극복할 있는 능력을 지닌 인격체가 된다는 뜻이다.[240] 혹은 도덕적 운에 좌우되지 않는 삶을 위해 덕스러움이 필요하다는 주장이다.

아우구스티누스가 고대철학의 유산을 이어받은 것은 사실이지만, 해법에 있어서 아리스토텔레스의 그것과 다르다. 행복론적 맥락(eudemonological context) 자체는 공유하고 있지만, 내용과 결과는 큰 차이를 보인다. 아우구스티누스가 기독교의 신학적 관점을 상정했다는 것 자체가 다르다는 것이 아니다. 특히, 불행의 문제를 보는 관점에 큰 차이가 있다.

아우구스티누스는 인간의 불행이 근본적으로 벗어날 수 없는 비극적 특성을 지닌 것이라는 점에 주목했다. 하딩(Brian Harding)이 말한 것처럼, '안티-행복론'(anti-eudemonism)이는 표현을 쓰는 것이 적절할 듯싶다.[241] 아우구스티누스가 행복론을 거부했다는 것이 아니다. 불행이란 벗어날 수 없는 실존적 현실이라는 점을 체험했고 비극적 특성을 가진 것이라는 점 또한 절감했다는 뜻이다. 이러한 뜻에서, 아우구스티누스에게서, 행복의 윤리학은 불행 혹은 비참한 삶을 넘어서려는 자들을 위한 것이었다.

아우구스티누스의 행복론과 관련하여 다소 민감한 대목이 있다면, 과연 기독교를 행복의 종교라고 할 수 있을까 하는 점이다. 솔직히, 이 표현에는 오해의 소지가 있다. 하우어워스가 지적한 것처럼, '행복'을 기

---

240) James Wetzel, *Augustine and the limits of virtue* (Cambridge: Cambridge University Press, 1992), 50.

241) Brian Harding, *Augustine and Roman Virtue* (New York: Continuum International Publishing Group, 2008), 14.

독교와 연관 지어 말하는 경우들을 의아하게 생각하거나 의심의 눈으로 보는 경향이 있다.[242] 기독교를 행복의 종교로 추천하는 경우, 기독교의 핵심을 상실한 것으로 간주되기도 한다. 부유함과 같은 만족을 기약해주는 '기복종교'로 전락시키고 말 것이라는 우려가 작용하는 셈이다.

특히, 복음서가 관심을 갖지 않는 이질적이고 현세적인 것에 집착하게 만드는 것처럼 간주되기도 한다. 기독교를 행복의 종교로 설명하는 것은 결과적으로 일반적 종교성의 형식으로 전락되고 말 것이라는 우려가 대표적인 경우이다. 혹은 기독교를 행복추구의 종교로 간주하는 것은 기독교의 독특성을 간과하게 된다는 우려일 듯싶다. 이러한 이유들 때문에, 기독교윤리에서 행복의 개념은 그다지 주목받지 못한 주제이거나 회피대상이 되어 온 것 또한 사실이다.

사실, 많은 그리스도인들은 행복보다는 고난이 그리스도인의 표식이라고 간주하는 경향이 있다. 과연 행복을 말하는 것은 변질 혹은 정체성의 포기인가? 행복 그 자체는 인간에게서 떼어낼 수 없는 역설적 주제이다. 삶의 실존적 경험들은 행복에 관한 성찰이 생략될 수 없는 주제임을 일깨워주곤 한다. 정작 중요한 문제는 행복을 말하는 것 그 자체가 아니라, 행복에 대한 복음적 관점이 전제되어 있는가 하는 점이다.

\에 따르면, 아리스토텔레스가 충격적인 운명으로부터 우리를 보호해줄 자족의 상태에 이르러야만 행복해질 수 있다고 말한 것과는 달리, 기독교에서의 행복은 나사렛 예수 안에 나타난 하나님께서 우리의 삶과 죽음을 인도하는 그대로 살아가기를 배울 때에만 가능하다.[243] 이는 기독교적 행복론에 대한 오해를 불식시켜줄 핵심적인 지적이다.

---

242) Stanley Hauerwas & Charles Pinches, *Christians among the Virtues : Theological Conversations with Ancient and Modern Ethics* (Notre Dame: University of Notre Dame Press, 1997), 3.

243) 같은 책, 16.

사실, 행복을 말하는 것 자체에 대해 기독교가 굳이 불편해할 필요는 없을 듯싶다. 아우구스티누스를 비롯한 기독교의 행복론은 일상적 혹은 세속적 의미의 행복을 말하기보다 기독교의 특징적 요소 혹은 기독교의 본질을 드러내는 데 초점을 맞추고 있기 때문이다. 행복을 말하되, 세속적 의미의 성공 혹은 번영신학 및 기복신앙이 추구하는 행복을 넘어서야 한다는 점이 중요하다. 죄로 인한 비참한 현실과 구원에 관해 성찰한다는 점에 기독교 행복론의 가능성과 특징이 자리한다는 것이다.

더욱이, 기독교의 행복론은 변증적 특성을 지닌다. 기독교가 어떤 행복을 추구하는지를 설득적으로 성찰한다는 점에서 말이다. 특히, 행복에 대한 철학적 논구가 놓치고 있는 영원에 대한 관심을 일깨워줌으로써 진정한 의미의 행복을 성찰하게 한다. 이러한 뜻에서, 기독교가 행복을 말하는 것은 윤리적 성찰과 함께 변증적인 설득을 시도하는 것으로 평가받아야 할 듯싶다.

여기에서, 놓치지 말아야 할 가장 결정적인 물음은 이것이다. 아우구스티누스는 굳이 행복론을 활용하지 않고서도 말해줄 수 있는 기독교의 특성을 억지로 행복론이라는 틀에 끼워 맞추려 했던 것은 아닐까? 그렇지 않다. 아우구스티누스의 경우, 그의 실존적 체험으로부터 행복을 갈망했고 기독교 내러티브를 통해 행복이 참 뜻을 깨달았다. 다시 말해, 행복에 관한 아우구스티누스의 문제의식은 실존적 특징을 지닌다.[244] 그의 행복론은 별도의 이론적 틀이 없어서 구차하게 고대철학자들의 것을 빌어 쓴 것이 아니라, 절박한 실존의 문제였다는 점을 간과해서는 안 된다.

아우구스티누스는 자신의 실존적 고민이 본질적으로 진정한 행복의 문제였음을 진솔하게 다루고 있다. 자신에게 풍성하게 내려주신 하나님의 은혜에 대한 찬양과 함께 자신의 방황과 죄를 고백하는 이 책은 개인

---

244) 이에 관한 논의는 문시영, 『아우구스티누스와 행복의 윤리학』(서광사, 1996)을 참고하기 바란다.

의 자서전이라 할 수 없다. 개인의 과거의 삶을 다루기는 하지만, 자신으로부터 객관화된 관점으로 다루고 있으며,[245] 인간의 비참한 실존의 문제를 그 핵심에 간직하고 있다.

또한 인간의 행복이 최고선이자 도덕적 선의 원천인 하나님께 대한 지식 및 하나님을 향한 예배와 불가분리의 관계에 있음을 반복적으로 강조한다.[246] 아우구스티누스는 행복에 대해 추상적이지 않았다. 모두가 갈망하고 누구라도 바라 마지않는 실존적 행복을 다루었다.[247] 아래는 그의 행복론의 특성에 대해 상징적으로 대변하는 문장이다.

행복한 삶이란, 주님을 즐거워하고 주님께 다가서고 주님을 생각하는 것입니다. 이것 외에 다른 것은 없습니다.[248]

아우구스티누스의 행복론은 학문적 유희가 아니다. 반드시 넘어서야 할 비참함에 직면한 삶의 실존적 구체성을 간직하고 있다. 말하자면, 비참한 인간의 모습을 극복할 대안을 모색한 것이라는 점에서, 아우구스티누스의 행복론을 '불행에서 시작하는 행복론'이라 이름 붙여도 좋을 듯싶다.

그렇다면, 아우구스티누스의 행복론이 지닌 기독교적 정체성은 과연 무엇인가? 아우구스티누스를 '윤리적 행복론자'(ethical eudaemonist)로 분류하는 것은 중요한 의의가 있다.[249] 물론, 아우구스티누스의 윤리가 히

---

245) John F. Harvey, *Moral Theology of the Confessions of St. Augustine*, 'Introduction', p.xvii.

246) 같은 책, 'Introduction', p.xvii.

247) 같은 책, 1.

248) *Conf.* X.22.32. Et ipsa est beata vita, gaudere ad te, de te, propter te; ipsa est et non est altera.

249) Vernon J. Bourke, *Augustine's Love of Wisdom : An Introspective Philosophy* (West Lafayette: Purdue University Press, 1992), 190.

브리 전승을 아우르고 있다는 점에서 행복론자로 분류하는 데 의구심을 가질 수 있지만, 아우구스티누스의 윤리는 율법과 연관된 것이라기보다 행복론에 속한다.[250]

　실제로, 아우구스티누스는 방대한 그의 저술 전체를 통해 행복에 관해 생각하고 저술했다.[251] 아우구스티에게서 행복의 문제는 철학의 근본 주제이자 해결되어야 할 실존적 과제이다. 아우구스티누스는 단순명료하게 선언한다. 철학하는 이유는 행복 외에는 없다.[252] 아우구스티누스에게서 윤리란 최고선(summum bonum) 즉 모든 인간이 추구하는 행복을 제공하는 최상의 선을 추구하는 학문이다.

　유의할 것은, 아우구스티누스의 행복론에 나타나는 특징이다. 아우구스티누스의 행복론은 그가 사용한 단어의 독특성을 강조한 버나비(John Burnaby)의 해석은 매우 흥미롭다. 버나비에 따르면, 영어권에서 사용되는 '행복'(happiness)이 아리스토텔레스와 고대철학자들이 사용한 'eudaimonia'의 번역어이기는 하지만, 현대인의 관점으로 채색해서는 안 된다.[253] 행복의 본래적 의미는 종교적인 것으로서, 라틴어 'beatitudo'는 행복이라기보다 '복됨'에 가깝다. 버나비의 관점을 응용하자면, 아우구스티누스의 행복론은 '왜 그리스도인인가?'하는 질문에 대해 '행복을 위해서'라고 말하는 것과도 같다.

　더구나 아우구스티누스는 스토아 관념과 달리 행복을 '하나님의 선물'이라고 규정했다. 이것 자체가 'eudaimonia'와 'beatus'의 본래적인 의

---

250) Bonnie Kent, "Augustine's ethics" in Eleonore Stump and Norman Kretzmann ed., *The Cambridge Companion to Augustine* (Cambridge: Cambridge University Press, 2001), 205.

251) Gareth B. Matthews, *Augustine* (Malden: Blackwell Publishing, 2005), 134.

252) *De civ. Dei.* XIX.1.

253) John Burnaby, *amor Dei : A Study of the Religion of St. Augustine* (Eugine: Wipf and Stock Publishers, 2007), 45.

미가 되는 기독교적 의미를 복원시킨 것이었다.[254] 고대철학자들은 행복의 추구를 윤리적 아젠다의 중심에 세웠고,[255] 아우구스티누스 역시 철학자들과 동일한 문제를 다루었지만 그 답은 완전히 달랐다.[256]

또한 아우구스티누스가 스토아철학자들을 따라 덕이란 인간의 고차적인 본성을 완성하는 것이라고 말했지만, 실제 내용은 크게 달랐다.[257] 스토아 철학자들이 인간을 선하고 행복하게 하는 것은 개인의 성품에 달려 있다고 말했다면, 아우구스티누스는 하나님만이 인간을 선하고 행복하게 하신다는 사실에 주목했다.

말하자면, 아우구스티누스의 덕 윤리는 행복을 추구하되, 행복한 삶(beata vita)이란 복됨(blessedness, beatitudo)의 삶이라는 점을 강조한다.[258] 스토아 철학자들이 인간의 자기완성을 강조하지만, 아우구스티누스가 보기에 자기완성이라는 것 자체가 하나님과의 연관성을 떠나서는 불가능하다. 행복이란 하나님을 따르는 것이요, 성령의 열매들을 맺음으로써 비로소 구현될 수 있다. 이것을 두고 아우구스티누스는 하나님을 사랑함으로써 하나님을 따라야만 행복에 이를 수 있다고 말한다.[259]

『고백록』이 말한 시간과 영원의 구분은 아우구스티누스의 행복론이 지닌 초월성을 분명하게 보여준다. 아우구스티누스는 시간의 본질과 개념을 분석하는 소극적인 측면에 머물지 않고 영원을 지향한다. 아우구스

---

254) 같은 책, 46.

255) Phillip Cary, Inner Grace: *Augustine in the Traditions of Plato and Paul* (Oxford: Oxford University Press, 2008), 128.

256) Bonnie Kent, "Augustine's ethics", 205.

257) John Burnaby, *amor Dei : A Study of the Religion of St. Augustine*, 47.

258) Vernon J. Bourke, *Augustine's Love of Wisdom : An Introspective Philosophy*, 179.

259) John Burnaby, *amor Dei : A Study of the Religion of St. Augustine*, 86.

티누스에 따르면, 영원성 자체가 하나님의 본체이다.[260] 하나님은 불변성(incommutabilitas), 동일성(idipsum), 그리고 시간에 예속되지 않는 영원성(aeternitas)을 지닌 존재이다. 하나님만이 영원한 존재로서 불변하며 모든 생명의 근원이므로 하나님을 향유할 수 있어야 진정한 행복을 누리는 사람이라고 할 수 있을 것이다.

물론, 이러한 행복의 초월성 혹은 종말론적 특성을 말하는 것만으로 아우구스티누스의 특성을 집약적으로 보여줄 수 있는 것은 아니다. 하딩(Brian Harding)이 말한 것처럼, 기독교만이 행복의 초월성을 제시해 주었다고 생각하기 쉬우나, 고대철학자들 역시 행복이 현세에서 이루어지지 않는다는 관점을 가지고 있었다. 그들이 인간을 지상에서의 삶에 적합한 존재가 아님(an otherworldly dissatisfaction with human life)을 인식하고 있었다. 플라톤과 아리스토텔레스 등은 관조를 통해 현세의 삶에 대한 부적절성을 극복해야 한다고 보았던 것도 이와 무관하지 않다.[261]

플라톤과 아리스토텔레스에게서 'eudaimonia'의 성취가 순간적인(momentary) 것이었다면, 스토아철학자들은 일생동안 성취하고 누리고자 했다는 점에 차이가 있다. 스토아철학자들은 덕의 소유와 실천을 통해 행복에 이를 수 있다고 생각했다.

그들이 말하는 덕이란 일생을 통해 구현해야 하는 것으로서, 아리스토텔레스가 관조의 삶을 통해 순간적으로 누렸던 행복의 체험과는 다른 것이었다.[262] 『니코마코스 윤리학』 X권에 나오는 것처럼, 때때로 관조의 순간에 체험되는 행복은 스쳐지나가는 것이지만, 스토아철학에서는 덕을 소유한 자 즉 현자만이 행복해질 수 있다고 생각했다.

---

260) *En. in Ps.* 10. Aeternitas, ipsa Dei substantia est.

261) Brian Harding, *Augustine and Roman Virtue*, p.110

262) 같은 책, 113.

아우구스티누스는 행복론을 전개하면서 이러한 논변들을 간과하지 않았다. 아우구스티누스는 스토아철학의 관점 즉 현자는 언제라도 행복하다는 주장 자체를 논박한다. 인간의 삶 자체가 빈틈없이 완벽한 덕스러움을 구현할 수 없는 비참함을 지니고 있기 때문이다. 아우구스티누스에 따르면, 덕에는 그 상대개념인 악덕이 있게 마련이다.

더구나 인간의 현실적 비참함을 도외시하면서 순수한 덕을 구현한다는 것은 비현실적이다. 덕이 인생의 비참함과 고통을 이겨낼 통로가 되리라는 생각에서 덕을 칭송하고들 있지만, 덕으로는 고통들을 퇴치할 수 없다는 것이 아우구스티누스의 관점이다.[263]

아우구스티누스에게서, 'beata vita'는 지상의 삶에서는 불가능하다. 스토아철학자들이 생각한 것처럼, 현자들이 정치꾼 아닌 진정한 정치인이 되어 로마를 위해 봉사한다고 해도 그것으로 행복한 삶이 구현되는 것은 아니다. 정치꾼이 아닌 덕스러운 정치인으로서의 삶은 영예로운 것일 뿐, 그것 자체가 행복이라고 할 수는 없다. 행복이란 현실의 악덕과 비참함을 넘어선 영원의 존재에게서 찾아야 한다는 뜻이다.[264]

아우구스티누스가 보기에, 철학을 통해서는 인간이 스스로를 행복하게 할 수 없다. 철학은 인생의 불행과 부침(vicissitudes)에 충분히 주의를 기울이지 못했고, 그 결과 행복에 대한 성찰에 실패했다. 행복에 대한 다양한 설명이 있기는 하지만, 결과적으로 고대철학은 행복을 충분히 다루지 못했다는 것이다.[265] 철학자들은 '그들 스스로의 힘에 의해 그들 자신을 위해' 행복을 획득하려는 데 집착하고 있었을 뿐이다.[266]

---

263) 같은 책, 120.

264) Bonnie Kent, "Augustine's ethics", 209.

265) Brian Harding, *Augustine and Roman Virtue*, 148.

266) 같은 책, 107.

바로 이 대목이 고대철학에 대한 비판인 동시에 아우구스티누스의 행복론에 나타난 기독교적 정체성이다. 아우구스티누스는 행복에 대한 지성적 접근에 머물지 않고 신앙을 통해 접근한다. 특히 인간을 초월하는 은혜를 통해 예수 그리스도를 향해야 함을 강조한다.[267] 진정한 행복이란 지상에서 완성되는 것이 아니며, 사람들에 의해 성취되는 대상이 아니라고 보았던 것이다.

예를 들어, 『삼위일체론』에서 아우구스티누스는 '원하는 것을 소유해야 행복에 이를 수 있지만', '원하는 모든 것을 가졌다고 해서 행복한 것은 아니라는 점'을 강조한다.[268] 행복해지기 위해서는 원하는 것을 소유해야 하지만, 인간이 원하는 것 자체가 적절하지 못한 것 혹은 악한 것이 아니어야 한다는 뜻이다.[269]

아우구스티누스에게서, 인간의 진정한 완성은 불변하고 영원한 실재 즉 하나님의 영원하신 생명에의 참여이다. 인간완성이라는 텔로스 자체를 영원을 향하여 방향을 재설정한 셈이다. 영원을 향한 순례를 시작하게 하는 하나님의 사랑 즉 은혜라는 요소를 결코 상정하지 못했던 철학자들과 확실하게 구분된다.[270]

그렇다면, 아우구스티누스의 행복론이 과연 완벽한 것이었을까? 매튜스(Garet Matthews)는 회의적인 대답을 내놓는다. 그는 아우구스티누스의 행복 개념을 '형식적 개념'(formal concept, 『삼위일체론』 XIII권)과 '경험적 개념'(experiential concept, 『고백록』 X권)으로 구분해야 한다고 보았다.

매튜스는 아우구스티누스가 행복의 경험적 개념에서 완벽하지 못했

267) Phillip Cary, *Inner Grace: Augustine in the Traditions of Plato and Paul*, 129-130.

268) *De Trin.* XIII.5.8.

269) James Wetzel, *Augustine and the limits of virtue*, 45.

270) John F. Harvey, *Moral Theology of the Confessions of St. Augustine*, 3.

다고 주장한다.[271] 기억(memoria)의 문제를 다룬 『고백록』 X권에서, 하나님을 갈망하는 것은 행복을 갈망하는 것이요 행복한 삶(beata vita)에 대한 갈망이라고 했지만, 어떻게 행복을 찾을 수 있을지에 대해서는 석연치 않다는 것이다. 행복을 생각하려면, 완전한 행복에 이르러 있거나 적어도 그런 경험이 있어야 하는데, 이러한 행복의 경험에 대한 설명이 완벽하지 못하다는 취지일 듯싶다.[272]

매튜스의 지적에 일리가 없지는 않지만, 오히려 아우구스티누스의 행복 개념을 형식과 경험의 차원으로 구분하는 것이 과연 얼마나 타당한 것일지 의구심이 든다. 매튜스의 관점은 분석적 관점 혹은 메타윤리적 경향에 물든 현대인의 관점에서 아우구스티누스를 재단하려는 것일 듯싶다.

버나비가 말한 것처럼, 아우구스티누스가 시작한 바로 그 지점에서 시작해야 한다.[273] 특히, 행복에 관한 성찰이 'eudaimonia'에서 'beatitudo'에로 변혁되었다는 점은 결코 간과해서는 안 될 핵심이다. 철학자들은 비참함으로서의 불행을 극복하여 행복에 이르고자 했지만, 아우구스티누스는 덕 그 자체가 인간을 행복하게 해주는 것은 아니며, 그 이상의 존재 즉 하나님을 통해서만 진정한 행복에 이를 수 있음을 강조한다.

② 은혜중심의 덕 윤리

아우구스티누스의 윤리는 카리타스의 덕 윤리이다. 카리타스(caritas)

---

271) Gareth B. Matthews, *Augustine*, 135.

272) 같은 책, 145.

273) John Burnaby, *amor Dei : A Study of the Religion of St. Augustine*, 25.

는 니그렌의 혹평에서처럼 어설픈 혼합으로 단정 지을 수 없다. 따지고 보면, 카리타스만큼 집약적이고 실천적인 개념도 없다. 예를 들어, 카리타스는 용어상 애덕(愛德)이라고 번역되어야 하겠지만, 영어식 표현처럼 '박애'(charity) 정도로 옮겨져서는 곤란하다. 혹은 '탐욕'(cupidity)의 상대어 쯤으로 축소되어서도 안 된다.

카리타스의 개념의 본령을 얻고자 한다면 그것이 아우구스티누스의 윤리적 문제의식과 연관되어 있음을 유념해야 할 것이다.[274] '카리타스-쿠피디타스'는 일종의 관계개념으로서, '사랑의 질서-무질서'의 문제인 동시에 쿠피디타스에 빠져있는 인간의 현실로부터 카리타스로 전환되어야 할 윤리적 과제를 상징적으로 보여준다.

얼핏 보기에, 카리타스에 인간의 완성 즉 행복을 향한 영혼의 움직임을 보여주는 측면이 있다는 점에서, 플라톤의 논의를 차용한 것으로 속단하기 쉽다. 그러나 논의형식이.플라톤의 그것과 유사하거나 그 내용을 응용한 것이라고 해서, 니그렌처럼 아우구스티누스가 본질적으로 플라톤을 답습하고 혼합시킨 것 이상의 의미가 없다고 단정 짓는 것은 적절하지 못하다.

아우구스티누스가 말하는 카리타스는 플라톤에 갇혀있지 않으며, 오히려 창조적으로 변혁하는 특성을 보인다. 니그렌은 카리타스를 플라톤이 말하는 하늘의 에로스에 지나지 않는 것이라고 평가절하했지만, 아우구스티누스의 실제 맥락은 사뭇 다르다. 아우구스티누스에게서 카리타스는 하늘의 에로스 그 이상이다.

아우구스티누스는 사랑의 본질을 변혁시키고 격상시키고자 했다. 사실, 아우구스티누스는 바람직한 사랑 즉 사랑의 윤리를 말할 때, 반드

---

274) M. C. D'archy, *The Mind and Heart of Love: Lion and Unicorn; A Study in Eros and Agape* (New York: Henry Holt and Company, 1947), 323. (*참고: 원서에도 저자명 M. C.의 본래 표기가 없음)

시 카리타스라는 단어만 고집한 것은 아니다. 구약성경 주해에 속하는 『시편상해』(Enarrationes in Psalmos)에서는 사랑을 카리타스 아닌 '아모르'(amor)로 사용한다.

> 사랑하라. 그러나 무엇을 사랑하고 있는지 주의하라.[275]

혹은 신약성경의 『요한서간 강해』(In Epistolam Ioannis ad Parthos tractatus)에서는 '딜렉시오'(dilectio)를 사용하기도 한다. 이 문장은 사랑의 윤리를 요약적으로 대변한다고 알려져 있다.

> 사랑하라. 그리고 원하는 대로 하라.

종합해 보면, 아우구스티누스의 '카리타스'는 용어나 표현의 문제가 아니라 사랑의 대상 혹은 사랑의 지향성의 문제임을 알 수 있다. 아우구스티누스가 보기에, 인간이 어디에서 행복을 찾느냐에 따라 결정적인 차이가 난다. 이를 설명하기 위하여 도입된 것이 질서(ordo)의 개념이다. 아우구스티누스에게 있어서 세계는 질서 잡혀져 있으며 저급한 것과 영원한 존재가 위계적으로 구분된다.

질서의 개념은 하나님의 창조로부터 도출된다. 하나님은 존재자체이며, 창조된 사물들은 하나님에 의해 무로부터 존재에로 이끌어져 온 것이므로 하나님과 동등한 존재일 수는 없다. 하나님은 개개의 존재자에게 위계적으로 존재를 부여하였다. 어떤 피조물에는 더 풍성한 존재를 부여하였고 어떤 것에는 더 제한적인 존재를 부여하여 존재의 등급에 따

---

275) *En. in Psalm.* XXXI.2.5. Amate, sed quid ametis videte.

라 존재자들을 정돈하였다.[276)

아우구스티누스에게서 질서의 개념은 지고의 것과 저급한 것, 육체적인 것과 영적인 것, 더 사랑해야 할 것과 덜 사랑해야 할 것을 구분하는 기준이 된다. 따라서 피조물을 그 존재의 계층에 따라 분수에 맞게 사랑하면 바른 사랑이요, 분수에 맞지 않게 사랑하면 옳지 못한 방식으로 사랑하는 것이다.[277)

아우구스티누스에게서 향유해야 할 대상은 최고선인 하나님뿐이다. 그 밖의 대상들은 하나님께 대한 사랑에 이르기 위해 사용해야 할 대상이라는 점에서, 기독교적 가치관과 윤리의 핵심을 담아내고 있다.[278)

같은 맥락에서, 아우구스티누스는 사랑의 대상을 향유하기 위한 것과 사용하기 위한 것, 그리고 사용하고 향유하기 위한 것으로 구분한다.[279) 향유와 사용은 목적과 수단의 관계와도 같다. 향유한다(frui)는 것은 그것자체를 위하여 사랑하는 것을 말하고, 사용한다(uti)는 것은 보다 더 상위의 목적을 위한 수단적 사랑이다.[280) 사랑의 질서가 왜곡된다는 것은 향유해야 할 대상을 망각하거나 무시한 채, 사용해야 할 대상을 향유하려는 것을 의미한다.

질서의 개념과 사랑의 구분을 통해, 아우구스티누스는 질서 있는 사랑과 그렇지 못한 것 사이를 구분한다. 향유해야 할 대상을 향유하고 사용해야 할 대상은 사용하는 것이 질서 잡힌 사랑, 혹은 바른 사랑(caritas)이다. 그 반대의 경우 즉, 질서를 망각하고 사용의 대상인 시간적이고 가변적인 것들에 집착함으로써 그것으로 행복해지려는 것은 왜곡된 사랑

---

276) *In Epist. Ioannis.* 7,8. Dilige, et quod vis fac.

277) *De civ. Dei.* 12.2.

278) *De lib. arbit.* Ⅰ.6.

279) *De doc. Christ.* Ⅰ.3.

280) *De doc. Christ.* Ⅰ.4.

(cupiditas)이라 할 수 있다.[281]

　말하자면, 아우구스티누스에게서 사랑은 자연적 경향성을 넘어 '카리타스'의 사랑이 될 때, 윤리적 규범이자 가치관으로 격상된다. 행복을 인간의 기본적 욕구라고 하는 심리적 사실로부터 윤리적 이상에로 고양시킨 것과 같이, 아우구스티누스는 사랑이라고 하는 인간의 욕구와 갈망을 단순한 심리적 현상에서 윤리적 덕으로 재정립시켰다. 의지의 자유가 남용되는 경우, 의지의 핵심인 사랑은 쿠피디타스로 전락해 버리고 만다. 사랑이 가치의 질서를 따르게 될 때, 카리타스가 된다. 이러한 맥락에서, 아우구스티누스는 다음과 같이 간결하게 자신의 관점을 요약한다.

　　내 안에 사랑을 질서 지워 주소서.[282]

　이렇게 보면, 아우구스티누스의 덕 윤리는 사랑의 질서 혹은 질서 있는 사랑으로 요약할 수 있겠다. 아우구스티누스 자신의 표현에 따르면, 우리를 행복한 삶으로 이끌어 주는 덕이란 하나님께 대한 바른 사랑 즉 카리타스이다.

　　카리타스란, 하나님 때문에 하나님을, 그리고 하나님 때문에 이웃을 향유하려는 영혼의 움직임이다. 쿠피티타스란, 하나님 때문이 아닌 동기로

---

281) 아우구스티누스는 사랑의 대상이 되는 객관의 세계에는 향유하기 위한 것과 사용하기 위한 것, 그리고 향유하면서 또한 사용할 것 등으로 구분될 수 있다고 여긴다. 향유한다(frui)는 것은 그 자체를 위하여 사랑하는 것, 즉 아리스토텔레스 식으로 하자면 목적으로 여긴다는 것을 의미하고 사용한다(uti)는 것은 수단으로서, 즉 보다 더 상위의 목적을 위한 사랑을 의미한다. 향유란 더 이상의 목적이 없는 최고선에 대한 사랑에 직결되고, 사용이라는 것은 잠정적인 것에 대한 사랑을 통하여 최고선에 이르려하는 것을 의미한다.

282) *De civ. Dei*. XV.22. 'ordinate in me caritaterm' (*원전에서는 아가서 2:4를 인용했음을 말하고 있다.)

자신과 이웃 및 모든 것들을 향유하려는 영혼의 움직임이다.[283]

무엇보다도, 아우구스티누스에게서 사랑은 감정의 문제가 아니라 심리적 에너지의 집중이다. 자연적 능력에서 도덕적 능력으로 사랑의 지평을 확장시킨 셈이다. 이러한 뜻에서, 아우구스티누스의 카리타스는 니그렌의 예민한 관심사 즉 교리적인 것에 속한다기보다 윤리적 성찰에 속한다. 바른 교리에서 바른 윤리가 나오게 마련이지만, 여기에서 말하고자 하는 것은 카리타스를 덕 윤리의 관점에서 해석해야만 바른 뜻을 얻을 수 있다는 점이다.

더구나, 카리타스 개념은 니그렌이 말한 것처럼 플라톤적 연원에서 온 것이라고 하기에는 복합적인 기원을 지니고 있다. 아우구스티누스가 말하는 카리타스에는 히브리적 의무론의 개혁 내지는 복음서의 내러티브가 배경이 되고 있기 때문이다. 예를 들어, '새 계명'이라는 표현을 살펴보자. 두말할 필요도 없이, 복음서에 기록된 예수 그리스도의 새 계명은 아우구스티누스에게 중요한 윤리적 원천이다.

> 예수께서 이르시되, 네 마음을 다하고 목숨을 다하고 뜻을 다하여 주 너의 하나님을 사랑하라 하셨으니 이것이 크고 첫째 되는 계명이요, 둘째도 그와 같으니 네 이웃을 네 자신 같이 사랑하라 하셨으니 이 두 계명이 온 율법과 선지자의 강령이니라.[284]

아우구스티누스가 새 계명을 카리타스로 수용했다는 점에서, 의무

---

283) *De doc. Christ.* 3.10.16. Caritatem voco motum animi ad fruendum Deo propter ipsum et se atque proximo propter Deum; cupiditatem autem motum animi ad fruendum se et proximo et quolibet corpore non propter Deum.

284) 마22:37-40.

론적 요소가 내재되어 있다는 점을 부정할 수 없다. 십계명에서 볼 수 있는 히브리적 의무론이 그 배경에 깔려 있는 셈이다. 아우구스티누스의 덕 윤리가 신명령론 내지는 의무의 윤리에 종속된다는 뜻은 아니지만, 적어도 니그렌의 비판이 온당하지 못했다는 점을 입증해주는 단초로 작용할 수 있을 듯싶다.

덕 윤리의 현대적 재론에서, 의무론과 덕 윤리를 상반되는 관계 혹은 대안관계로 설정하기보다 의무론의 보완을 통한 제3의 길을 모색하려는 움직임이 있다.[285] 이와 관련하여, 아우구스티누스의 카리타스에는 제3의 길을 위한 후보가 될 가능성 또한 내재해 있다.

예를 들어, 카니(F. Carney)는 아우구스티누스의 윤리가 사상적 발전을 따라 각각 다른 강조점을 지닌다고 보았다. 카니에 따르면, 아우구스티누스가 초기에는 덕의 문제를, 그리고 중간기에는 의무의 문제를 강조했으며 원숙기에는 덕과 의무의 문제가 결합된 형태의 윤리를 제시했다고 해석할 수 있다.[286]

카니의 설명을 요약하면 이렇다. 아우구스티누스의 초기사상에서는 카리타스를 행복의 추구에서 출발하여 행복에 이르는 방법 혹은 필수요건인 '덕'으로 제시하였다. 이 시기에, 덕이란 마땅히 사랑해야 할 것을 사랑하는 것을 의미했다. 덕이란 불변하는 선을 향하는 것이며 악덕이란 사랑의 방향을 역으로 돌리는 것이라고 생각했다는 것이다.

초기 아우구스티누스에게서 덕이란 사랑의 용어로 재해석되었으며, 질서와 연관된 것이었다. 이 시기에, 아우구스티누스에게서 덕이란 질서

---

285) 이에 대한 논의는 황경식, "덕 윤리의 현대적 의의", 「인간 · 환경 · 미래」제5호 (인제대학교 인간환경미래연구원, 2010), 3-22, '왜 다시 덕윤리가 문제되는가?' 「철학」제95집 (한국철학회, 2008) 199-223 등을 참고할 수 있겠다.

286) Frederick S. Carney. "The Structure of Augustine's Ethics" in *The Ethics of St. Augustine*. ed. William S. Babcock. (Atlanta: Scholars Press, 1991), 4.

잡힌 사랑(ordered love) 혹은 사랑의 질서(ordo amoris)이다.[287] 덕은 바른 사랑(caritas)과 왜곡된 사랑(cupiditas)으로 재해석되어, 바른 사랑은 하나님을 향한 사랑(amor Dei)을 뜻하고 자기사랑(amor sui)과 세상사랑(amor mundi)은 왜곡된 사랑을 뜻하는 것으로 생각되었다. 이러한 뜻에서, 아우구스티누스는 카리타스의 특성을 다음과 같이 요약한다.

> 사물들을 온전히 보는 사람은 거룩하게 사는 사람이다. 또한 그는 최종 목적으로 삼지 말아야 할 것은 사용할 뿐 거기에 집착하지 않으며, 진정으로 사랑해야 할 것을 사랑하지 않는 일이 없으며 덜 사랑할 것을 더 사랑하지 않고, 더 사랑해야 할 것과 덜 사랑해야 할 것을 동등하게 사랑하지 않고, 동등하게 사랑할 것을 덜 사랑하거나 더 사랑하는 일이 없다.[288]

카니에 따르면, 카리타스는 신약성경을 배경으로 삼아 하나님께서 부과한 계명으로도 인식되고 있다. 특히, 중기이후의 사상적 변화에서 카리타스는 일종의 윤리적 의무로 제시된다.

> 우리는 온 마음으로, 온 영으로, 온 힘으로 하나님을 사랑하라는 명령을 받았다.[289]

---

287) Robert A. Markus. "Human action: will and virtue" in Hilary A. Armstrong, ed., *The Cambridge History of Later Greek and Early Medieval Philosophy* (Cambridge: Cambridge University Press, 1970), 386.

288) *De doc. Christ.* I.27.28. Ille autem iuste et sancte vivit, qui rerum integer aestimator est. Ipse est autem qui ordinatam habet dilectionem, ne aut diligat quod non est diligendum, aut non diligat quod diligendum est, aut amplius diligat quod minus diligendum est, aut aeque diligat quod vel minus vel amplius diligendum est.

289) *De civ. Dei.* X.3.2. Hoc bonum diligere in toto corde, in tota anima et in tota virtute praecipimur.

아우구스티누스는 모든 계명이 사랑을 목표로 삼는다고 전제하면서,[290] 그 구체적인 내용을 하나님께 대한 사랑과 이웃사랑이라는 계명으로 풀이한다. 이점에서, 카니는 중기의 아우구스티누스가 카리타스를 모든 계명 중에서 가장 큰 계명으로 이해했던 것이라고 해석하고 있다. 하지만, 카니의 분석은 여기에서 멈추지 않는다. 원숙기의 아우구스티누스에게서, 카리타스는 덕의 요소와 의무의 요소를 아우르는 종합적인 개념으로 사용되고 있다는 것이다.

카니의 해석에서 카리타스가 덕 윤리와 의무의 윤리 사이의 상보성을 말해줄 단초가 된다는 점은 의의가 있어 보인다. 하지만 이것보다 중요한 것은 카리타스가 플라톤의 에로스와는 다른 것임을 간접적으로 보여주었다는 사실이다. 특히, 카리타스에 성경의 내러티브가 분명하게 담겨 있다는 점이 중요하다.

아우구스티누스의 맥락에서 카리타스를 읽어야 한다는 것은 덕 윤리의 관점에서 접근해야 한다는 뜻이다. 아우구스티누스의 카리타스는 덕의 현대적 재론에서 강조하는 행위(doing)보다 존재(being)을 우선시하는 관심과 일맥상통한다. '덕'(the virtue)이란, 의무 혹은 행위(action)의 문제가 아니라 행위자(agency)의 문제에 속하는 것으로서, 굳이 다른 표현을 사용해야 한다면 덕성(德性)이라는 단어를 쓸 수 있겠다.

아우구스티누스가 보여준 덕의 기독교적 전환은 인간 내면의 문제 혹은 성품의 중요성에 대해 주목한다. 더욱이, 내면의 전환 혹은 변화는 인간의 노력이나 공로를 통해 구현되는 것이라기보다 하나님의 은혜를 통해서만 가능하다는 점에서 덕의 기독교적 지평을 가장 분명하게 보여준 것이라 할 수 있다.

이러한 요소를 충분히 고려하면서, 아우구스티누스의 카리타스에

---

290) *Ench.* 121. *아우구스티누스는 사랑이 성령의 주입에 의한 것임을 잊지 않는다.

대한 바른 이해를 위해 강조되어야 할 부분이 있다. 은혜중심의 덕 윤리라는 사실이다. 이 부분에서 참고할 것이 펠라기우스 논쟁이다. 사실, 니그렌은 아우구스티누스가 펠라기우스(Pelagius)로부터 기독교의 본질을 지켜내려 했다는 점을 제대로 평가했어야 마땅하다. 무엇보다도, 카리타스가 어설픈 '혼합'이 아닌 '은혜'를 강조하는 기독교의 근간에 뿌리내린 것임을 주목해야 한다.

'은혜 박사'(doctor gratiae) 아우구스티누스에게서 은혜에 대한 성찰은 필수불가결의 핵심논제이다.[291] 은혜의 중요성은 아우구스티누스뿐 아니라, 기독교 신학 전체의 모퉁이돌과 같다. 특히, 아우구스티누스의 은혜 개념에는 펠라기우스라는 집요한 상대가 있었다. 펠라기우스 논쟁은 기독교의 근본에 관한 것인 동시에,[292] 기독교윤리의 본질에 관한 논쟁이었다.

그리스도인의 도덕적 성숙과 책임을 강조했던[293] 펠라기우스는 고대 도덕가들의 후예(the disciples of the ancient moralists)였다.[294] 그는 이방인들의 침공을 받은 로마의 혼미한 정정과 타락한 도덕을 바라보면서 도덕의 재건을 강조했다. 당시 기독교화된 로마와 로마교회의 부패를 척결할 필요를 느낀 것이었다.

그는 기독교국가가 된 로마시민들에게 과거 로마의 영웅적 덕을 상기시키고 그리스도의 교훈에 복종하는 윤리를 회복할 것을 강조했다. 특히, 성숙한 자유인이 되라고 권한 부분은 스토아 윤리사상에 큰 영향을

---

291) Allan D. Fitzgerald, *Augustine through the Ages: A Encyclopedia*, 391.

292) Benjamin B. Warfield, *Studies in Tertullian and Augustine* (Oxford Univ. Press, 1930), 291.

293) Allan D. *Fitzgerald, Augustine through the Ages: A Encyclopedia*, 633.

294) H. Liebeschoets, "Western Christian Thought From Boethius To Anselm" in A. H. Armstrong, ed., *The Cambridge History of Later Greek and Early Medieval Philosophy*. (Cambridge: Cambridge University Press, 1970), 585.

받은 것이라 하겠다.[295] 문제는 펠라기우스의 도덕적 관심이 은혜의 신학과 복음적 관점을 정면으로 거스르고 공로주의에 치달았다는 점이다.[296] 워필드(Benjamin B. Warfield)에 따르면, 펠라기우스가 저지른 오류는 크게 일곱 가지 정도로 요약할 수 있다.[297] 당시 아우구스티누스는 『고백록』으로 유명인이 되어 죄인으로서의 인간이 은혜에 의해 행복에 이를 수 있다는 은혜 신학의 아이콘이 되어 있었다.[298] 펠라기우스는 정반대의 길을 걸었다. 모든 사람은 아담이 타락하기 이전 상태처럼 죄를 안 지을 수 있는 능력(posse non peccare)을 가지고 있으며, 인간이 존재하는 한 이 능력이 상실될 수 없다는 것이 펠라기우스의 요점이다.

인간의 자유의지를 옹호하기 위해 펠라기우스는 과감한 제안을 한다. 아담의 죄는 아담에게만 해당하는 것이며 인류 자체에 속하지 않는다는 것이다. 아담의 죄는 개인으로서 아담의 자유선택에 의한 것에 불과하며,[299] 하나님의 은혜는 인간의 본성에 대해 필요한 것이 아니라, 오직 죄의 용서에 관계된다는 주장이다. 펠라기우스는 그리스도의 사역까지도 도덕적 의미로 축소시킨다. 그리스도가 하신 일은 용서와 금욕으로 생활의 모범을 보여준 것이라는 생각이다. 하나님의 은혜가 무엇인가를

---

295) Peter Brwon, *Augustine of Hippo*, (Univ. of California Press, 1969), 340-352.

296) Charles N. Cochrane, *Christianity and Classical Culture*, 이상훈, 차종순 역, 『기독교와 고전문화』 (한국장로교출판사, 1996), 599.

297) Benjamin B. Warfield, *Studies in Tertullian and Augustine*, 299. 펠라기우스의 주장의 요점은 다음과 같다. (1)아담은 가사적 존재(mortal, 可死的)로 창조되었다. 영생하는 존재가 아니었다. (2)아담의 범죄는 자신에게만 해악을 미친다. 즉 인류에게 영향을 주지 않는다. (3)신생아들은 죄 짓기 이전의 아담의 상태에 있다. (4)인류는 아담 때문에 죽거나 그리스도로 인해 부활하지 않는다. (5)유아들은 영생을 얻는다. 심지어 유아세례를 받지 않았어도 마찬가지이다. (6)율법은 우리를 천국에 이르게 한다. 복음의 기능과 다르지 않다. (7)죄 없는 인간도 존재하며, 그리스도의 재림 전에라도 가능하다.

298) 이 부분에 문시영, '아우구스티누스의 은혜론에 관한 윤리학적 성찰', 『21세기 한국신학의 방향』(선학사, 2006)의 글을 수정하고 보완한 내용이 포함되어 있음을 밝혀둔다.

299) Allan D. Fitzgerald, *Augustine through the Ages: A Encyclopedia*, 633.

묻는다면, 인간에게 자유의지라는 능력을 부여해 준 것에 지나지 않는다는 펠라기우스의 주장은 이러한 배경에서 나왔다.[300]

펠라기우스에 따르면, 인간의 윤리적 기능은 '가능성'(possibilitas), '의지'(voluntas), '행동'(actio)으로 구분된다. 가능성이란 창조주께서 주신 것으로서, 선을 행할 수도 있고 악을 행할 수 있는 가능성이다. 의지란 의를 행하려는 의욕을 말하며, 행동이란 의지를 실천에 옮기는 것을 뜻한다. 펠라기우스가 보기에, 인간의 의욕과 행동은 굳이 은혜의 도움 없이도 악을 물리치고 선을 행할 수 있는 능력이라고 생각되었다.[301]

하나님의 은혜는 '가능성'에 대한 것일 뿐, '의지'와 '행동'은 하나님의 은혜에서 벗어나 있다는 점을 설명하기 위해 펠라기우스는 몇 가지 비유를 사용한다. 눈으로 볼 수 있다는 것은 우리에게 부여된 능력이지만 눈을 잘 쓰고 잘 못 쓰는 것은 우리의 몫이라는 주장, 말할 수 있다는 것은 하나님께서 주신 것이지만 언어능력을 선용하거나 악용하는 것은 우리자신의 것이라는 주장 등이 그렇다.[302]

이처럼, 펠라기우스에게서 은혜란 올바른 행위를 위한 조건일 뿐이며,[303] 사죄의 은혜는 과거의 죄만 용서할 뿐, 미래의 죄를 막지 못한다고 보았다.[304] 펠라기우스의 설명에는 복음보다는 스토아 철학의 흔적들이 두드러지게 나타난다. 그가 강조하려는 것은 하나님의 명령을 어기고 죄를 범한 모든 행동의 책임을 인간 자신에게 있다는 점이다. 이는 스토아 철학자들의 교훈을 물려받은 것으로서, 펠라기우스의 주장은 은혜에 대한 왜곡으로 공로주의와 금욕주의에 귀착하고 만다. 거기에는 자기 의

---

300) 선한용, 『시간과 영원』(성광출판사, 1989), 117-118.

301) *De gratia Christi*. 4.

302) *De gratia Christi*. 17.

303) Allan D. Fitzgerald, *Augustine through the Ages: A Encyclopedia*, 635.

304) *De gratia et lib*. 26.

(self-righteousness)가 있을 뿐, 하나님의 의는 설 자리가 없어진다.

아우구스티누스가 '은혜 박사'로 불리는 것은 은혜에 대한 바른 이해를 통해 은혜 중심의 신학과 윤리를 제시했다는 상징이다. 당시의 도덕적 타락과 위기의 문제에 대해 고민했던 것은 펠라기우스만이 아니다. 아우구스티누스 역시 도덕의 문제를 심각하게 안타까워했다. 차이가 있다면, 펠라기우스는 은혜를 포기하면서까지 도덕에 집착했고, 아우구스티누스는 은혜 위에 교리와 윤리를 세웠다는 점이다.

펠라기우스의 윤리가 희랍의 스토아 사상에 따르는 것이었다면, 아우구스티누스의 윤리는 복음에 기초한 은혜의 윤리이다. 아우구스티누스는 은혜에 기초한 구원과 도덕을 강조함으로써, 펠라기우스의 관점을 능가하는 기독교윤리를 제시한다.[305] 아우구스티누스는 자신의 죄의 깊이와 심각성을 인식하고 있었으며 구원의 위대함에 대한 체험이 있었다. 자신을 죄악의 수렁에서 건진 것이 오직 하나님의 거역할 수 없는 은혜였다는 점을 기억하는 것은 참으로 중요하다. 신앙인의 삶은 스토아학파가 말하는 자기통제가 아니라 하나님의 은혜에 이끌리는 것이어야 한다는 것이다.

아우구스티누스에 따르면, 은혜는 윤리를 무력화하지 않고 오히려 강화시킨다. 펠라기우스는 당시의 베스트셀러, 아우구스티누스의 『고백록』이 은혜의 중요성을 지나치게 강조하여 인간의 윤리적 책임과 실천의지를 약화시킬 수 있다고 우려했을 것이다. 펠라기우스는 인간의 윤리적 성숙과 도덕적 책임의식을 강조하기 위하여 하나님의 은혜를 제한했다. 은혜에 대한 소극적 접근으로 은혜의 중요성을 놓쳐버린 셈이다. 이와는 반대로, 아우구스티누스는 은혜가 윤리를 바로 세워주는 원동력이라는 사실에 주목한다. 은혜에 대한 적극적 접근으로 은혜의 신학을 정립한

---

305) Vernon J. Bourke, *Augustine's Love of Wisdom : An Introspective Philosophy*, 148.

것이다.

아우구스티누스에 따르면, 인간의 본성은 타락 이후 왜곡된 상태에 놓여있다. 펠라기우스의 주장처럼 아담에게만 일어난 사건이 아니라, 인간 자체의 실존적 현실이다. 인류는 죄의 덩어리(massa peccati)이다. 은혜를 통하지 않고는 선을 행할 수 없을뿐더러 선을 행하고자 의지를 가지는 것 자체가 불가하다. 아우구스티누스에 따르면, 은혜가 의지를 건강하게 회복시키며 이를 통해 건강을 되찾은 의지가 율법을 복음 안에서 준행하게 한다.[306)]

은혜는 자유의지를 무력화하지 않는다. 은혜는 자유의지에 적극적 의의를 부여한다. 은혜는 자유의지를 온전케 하는 능력으로 인식되어야 하며, 진정한 도덕성은 은혜적 기초 위에서 설명되어야 한다는 뜻이다. 펠라기우스는 은혜의 영역을 제한함으로써 인간의 도덕적 의무를 강조하고자 했지만, 아우구스티누스는 오히려 은혜를 기초로 하는 윤리야말로 바른 윤리라는 점을 확실하게 보여준 셈이다.

이러한 뜻에서, 은혜는 공로주의를 넘어서게 한다. 펠라기우스가 자유의지를 온전한 상태로 보았던 것과는 달리, 아우구스티누스는 자유의지의 치유필요성을 말함으로써, 은혜의 가치와 중요성을 강조한다. 은혜는 선택의 자유를 폐하는 것이 아니라 도리어 굳게 세운다.[307)]

펠라기우스와 그 추종자들은 자유로운 선택의 능력으로 정의와 경건의 생활을 지속함으로써 행복하고 영원한 삶을 얻을 자격을 가진다고 주장했지만, 아우구스티누스는 선행을 행한 공로의 대가로 은혜가 주어지는 것이 아니라고 단언한다. 은혜는 주도적이며, 공로 없이 주어진다. 아우구스티누스에 따르면, 인간이 선을 행함으로써 의롭게 되는 것이 아

---

306) *De spirit. et lit.* 9.15.

307) *De spirit. et lit.* 30.52.

니라, 하나님께서 주도적으로 값없이 주시는 은혜를 통해 의로워진다.[308]

은혜는 인간의 사랑을 제거하는 것이 아니라 사랑을 정화시키고 강화시키며 완성시킨다. 이러한 의미에서, 아우구스티누스의 은혜 개념은 성령을 통해 주시는 사랑의 주입(infusio caritatis)으로 설명될 수 있다. 아우구스티누스의 카리타스는 이러한 맥락 안에 있다. 니그렌이 카리타스를 하늘의 에로스처럼 상승적 사랑이라고 해석하는 것은 아우구스티누스를 플라톤과 구분하지 못한 것인 동시에 펠라기우스를 논박한 아우구스티누스를 바르게 이해하지 못한 탓일 듯싶다.

문제는 펠라기우스적 사고방식이 역사상 끊임없이 상존해 왔다는 점이다. 엑클라눔의 율리아누스(Julianus Eclanum)가 펠라기우스의 관점을 강화시키는 주장으로 논쟁을 재점화한 것이 대표적인 예가 되겠다. 아우구스티누스가 펠라기우스 논쟁을 종식 시킨 지 얼마 지나지 않아, 율리아누스는 자유의지의 능력을 강조하면서 하나님께서 주신 자유의지를 충분히 활용하면 하나님의 심판을 통과할 수 있다고 설교하기 시작했다. 펠라기우스처럼, 인간의 능력 자체를 도덕의 기초로 강조한 셈이다.[309]

다른 점이 있다면, 율리아누스가 그리스도인 뿐 아니라, 은혜를 모르는 이교도에게도 덕의 가능성이 있음을 주장하면서 아우구스티누스에게 반론을 제기했다는 점이다. 이에 관한 논의는 아우구스티누스 해석에서 중요한 논제가 된다. 아우구스티누스가 이교도의 덕을 '화려한 악덕'(splendida vitia)으로 몰아세웠다는 주장이 그것이다. 물론, 아우구스티누스가 과연 그러한 표현을 사용했는가의 문제로부터 해석상의 다양한 관점들이 제기되고 있지만, 정작 중요한 것은 아우구스티누스가 무엇을 말하고자 했는가 하는 점일 듯싶다.

---

308) *De spirit. et lit.* 16.

309) Bonnie Kent, "Augustine's ethics", 224.

히포 교구의 주교로서, 목회현장에서 일어나는 여러 현실적 사안들에 큰 관심을 가져야 했던 아우구스티누스는 펠라기우스의 주장을 강력하게 논박했던 때처럼, 율리아누스의 도전에 강력하게 대응했다. 아우구스티누스가 보기에, 인간의 자연적 도덕능력으로서의 자유의지는 죄의 노예가 되어있으며 은혜가 반드시 필요하다. 인간의 의지 자체가 무질서한 사랑의 노예상태에 놓여있다는 것이다.[310]

특히, 율리아누스에 의해 추가된 논제 즉 이교도에게서도 덕의 흔적을 볼 수 있다는 사실에 대해 아우구스티누스는 그들의 덕이 진정한 덕이 아니라 덕인 것처럼 보일 뿐, 본질상 죄악에 가득 찬 것에 불과하다고 논박한다. 이교도들의 덕은 진정한 덕이라기보다 외견상의 '유사덕'(quasi-virtue)일 뿐, 삼위일체 하나님을 통해 얻을 수 있는 참된 행복에 이르지 못하는 한계를 지니고 있다는 뜻이다.

이렇게 보면, 율리아누스와의 재론을 통해 아우구스티누스의 은혜에 대한 관점이 더욱 분명하게 정리된 셈이다.[311] 아우구스티누스의 은혜관에는 실존적 체험이 바탕에 깔려 있었다. 아우구스티누스는 하나님께서만 인간을 곤고한 과거로부터 돌이켜 바른 방향을 잡도록 이끄실 수 있다고 보았다.[312] 그것도 일생 단 한 번의 회심 경험이 아니라, 은혜를 구하고 은혜를 받아들이는 반복적인 체험을 통해 강화된다는 것이다.

이와 관련하여, 웨첼(James Wetzel)의 해석은 주목할 만하다. 웨첼은 덕과 자유에 관한 아우구스티누스의 초기사상이 은혜를 본성으로 하는 것임을 강조하면서, 은혜의 필요성을 더욱 강조하는 후기사상과 연계된다

---

310) Jennifer A. Herdt, *Putting on Virtue: The Legacy of the Splendid Vices* (Chicago: University of Chicago Press, 2008), 59.

311) Phillip Cary, *Inner Grace: Augustine in the Traditions of Plato and Paul*, 99.

312) Bonnie Kent, "Augustine's ethics", 229.

고 해석한다. 아우구스티누스에게서, '은혜'는 이교도철학에 대한 응답인 동시에 펠라기우스 논쟁에 대한 응답에서 중요한 의의를 지닌다. 웨첼에 따르면, 특히 의지의 자유를 설명함에 있어서 아우구스티누스의 관점이 도덕적 자기성숙에 호소하기보다 은혜적 존재로서의 정체성에 기초하고 있다는 점에 주목할 필요가 있다.[313]

아우구스티누스가 보기에, 덕이란 근본적으로 은혜의 영향 하에 있는 것이며, 그것은 더 이상 인간의 자기결정의 표현일 수 없다. 펠라기우스와 율리아누스로 대변되는 자기성숙으로서의 덕에 대한 강조로서는 인간의 현실과 은혜의 필요성을 제대로 설명할 수 없다. 아우구스티누스가 말하는 은혜 안에서라야 바른 설명법을 얻게 된다. 웨첼이 제대로 해석한 것처럼, 아우구스티누스에게서 은혜는 자유를 촉발시키고 자유는 은혜에 항거할 수 없다. 은혜에 항거하는 자유는 진정한 자유가 아니라 죄의 노예상태일 뿐이다.[314]

펠라기우스와 율리아누스의 주장처럼 은혜 없이 인간의 도덕적 능력만으로 행복에 이를 수 있다는 생각은 아우구스티누스의 덕 윤리에서 용납될 수 없다. 아우구스티누스가 전제하는 성경 내러티브가 그것을 말해 준다. 바로 이 부분에서, 니그렌의 질문 즉 아우구스티누스의 카리타스가 기독교적인 것인가의 문제는 더 이상 유효한 것일 수 없다. 요컨대, 아우구스티누스는 덕의 기독교적 변혁에서, 은혜에 대한 바른 인식이 반드시 필요하다.

---

313) James Wetzel, *Augustine and the limits of virtue*, 126.

314) 같은 책, 126.

③ '겸손'과 기독교 덕목들

현대인 의무론의 영향을 강하게 받은 탓에 덕 윤리에 대한 관심은 크지 않을 뿐더러 덕 윤리를 의무론의 관점에서 평가하기 쉽다. 예를 들어, 덕 윤리에 대해 구체적인 실천덕목들에 대한 설명을 요구하는 것은 현대인의 윤리가 의무론에 짙게 채색되어 있음을 보여주는 단면이다.

아우구스티누스의 덕 윤리에 대한 해석에서도 사정은 다르지 않다. 아우구스티누스가 제안하는 구체적인 덕목들은 무엇이며, 성경의 덕목들에 대해 아우구스티누스는 어떤 입장을 보였는가를 묻는 질문들은 의무론에 채색된 현대인의 모습을 반영하고 있는 것 아닐까 싶다.

아우구스티누스가 덕목들에 대해 무관심했다는 뜻은 아니다. 하우어워스의 설명에서처럼, 초대교회는 굳이 일목요연한 덕목의 목록을 만들려 하지 않았고 그중 어느 특정 덕목이 인간의 본성에 더 근본적인 것이 되리라는 생각 자체도 하지 않았다. 덕에 대한 교회의 인식이 체계적으로 요청되지 않았거나 심화되지 않았던 탓일 듯싶다.[315)

아우구스티누스에게서, 덕이란 사랑의 질서에 복종하는 것이다. 육체가 영혼에, 영혼이 하나님께 복종하는 능력 자체를 덕(덕성, virtue)이라고 할 수 있으며, 이것을 '카리타스'(愛德)라고 한다. 이러한 인격의 능력으로서의 덕의 구현을 위한 구체적인 실천의 통로를 덕목들(virtues)이라 할 수 있으며, 교회 안에서 성경을 중심으로 하는 예배와 경건의 훈련을 통해 공동체적으로 배양되고 실천되어야 한다.

하우어워스가 지적한 것처럼, '덕'과 '덕목'들은 구분되어야 한다.[316) 덕(arete)이란 기능을 최대한 발휘하게 하는 능력을 지칭하는 것으로서 일

---

315) Stanley Hauerwas, 『교회됨』, 202.
316) 같은 책, 같은 면.

종의 탁월함(excellence)을 뜻한다. 눈의 덕은 보는 것이요, 칼의 덕은 자르는 것이며 말의 덕은 달리는 것이다. 그리고 인간의 덕은 인간으로서의 기능을 충실하게 수행하게 하는 것이다.

아우구스티누스의 덕 윤리에서, 카리타스는 덕목인 동시에 덕(德性)이다. 모든 덕목들의 근원이며 그것의 실천을 통해 완성되는 덕성이다. 그 관계의 핵심을 요약하여 말하자면, 표현 형식의 문제로 보아야 한다. 이것은 쿠피디타스와의 관계에서 설명되어야 할 듯싶다.

카리타스와 쿠피디타스는 덕목들과 악덕들의 근원이자 정점이다. 카리타스를 구체적인 덕목들 중 하나인 동시에 덕 그 자체라고 말하는 것을 어색하게 여길 필요는 없다. 그것은 쿠피디타스를 구체적인 악덕들 중 하나인 동시에 악덕 그 자체라고 말하는 것과 다르지 않다.

여기에 덧붙여, 회심이라는 인간학적 혁명과 그 변화의 실천이라는 관계에서도 설명할 수 있다. 사랑의 변혁 즉 쿠피디타스로부터 카리타스로 변혁되는 과정이 있어야만 구체적 덕목으로서의 카리타스를 비롯한 여러 덕목들을 구현할 수 있다. 은혜에 의해 카리타스의 사랑으로 인격이 변혁된 이후에도 카리타스는 지속적으로 구현되어야 하기에, 하나의 구체적인 덕목이 된다. 또한 카리타스에서 파생되는 다양한 덕목들이 실천되어야 하는 것은 당연한 이치이다. 도표를 사용하여 설명하자면, 다음과 같다.

윤리의 현실	윤리의 과제
CUPIDITAS	CARITAS
악덕: vitia①, vitia②, vitia③ ... *cupiditas의 핵심: 교만(어긋난 사랑)	덕목: caritas, fide, spe *caritas의 핵심: 하나님 사랑, 이웃사랑
성경의 악덕들 (갈5:19~21) 음행, 호색, 우상 숭배, 주술, 원수 맺는 것, 분쟁, 시기, 분 냄, 당 짓는 것, 분열함, 이단, 투기, 술 취함, 방탕함	성경의 덕목들 (갈5:22~23) 사랑, 희락, 화평, 오래 참음, 자비, 양선, 충성, 온유, 절제
(고전적 덕 윤리와의 관계)	
인간의 악덕들: 불행의 원인 (극복해야 할 과제)	지혜, 용기, 절제, 정의 (덕을 통한 불행의 극복을 추구)
아우구스티누스의 진단 '교만'에서 비롯된 악행들 '지배욕'으로 점철된 불행	아우구스티누스의 대안 카리타스의 형식들로 환원 '겸손'을 통한 은혜의 수용

덕으로서의 카리타스가 덕목으로서의 카리타스가 되면, 그 구체적인 내용은 계명의 요점 즉 하나님 사랑 및 이웃 사랑의 실천과 직결된다. 혹은 카리타스가 구현되는 단계는 다음과 같이 구분할 수 있겠다.

(1) 계명에 대한 복종으로서의 사랑 즉 덕목으로서의 카리타스: 하나님 사랑, 이웃 사랑.

(2) 계명을 덕의 인격으로 구현해내는 과정들로서의 사랑 즉 덕목으로서의 카리타스: 믿음, 소망, 사랑의 3덕을 중심으로 갈라디아서의 덕목 목록을 포함한 성경의 권면들

그렇다면, 고전적 4주덕은 어떤 관계인가? 사랑의 덕성을 위한 것으로 전환되어야 한다. 토마스 아퀴나스는 2층집 구조의 7덕목을 종합했지만, 아우구스티누스는 4덕을 흡수하여 전환시키는 형식을 취한다. 말하

자면, 4주덕을 위한 특별 지위 자체를 부여하지 않은 셈이다. 지혜, 용기, 절제, 정의는 카리타스를 구현하는 네 가지 양태로 재해석된다. 나아가, 바울이 요약하여 권한 믿음, 소망의 덕목까지도 사랑의 덕목에 흡수된다. 아우구스티누스의 회심을 두고 말하자면, 덕목들까지도 회심시킨 셈이다. 고전적 4주덕을 카리타스에 속하는 것으로 회심시킨 것이며, 덕과 덕목들의 변혁을 이룬 것이다.

여기에서, 우리는 아우구스티누스가 존재(being)의 문제를 천착했다는 점을 간과해서는 안 된다. 카리타스의 구체화를 위한 실천 덕목들을 제시하기 보다 카리타스의 존재가 되는 것에 주안점을 두고 있었다는 뜻이다. 켄트(Bonnie Kent)의 표현을 사용하자면, 아우구스티누스에게서 덕이란 도덕발달의 종착점이 아니라 문턱(threshold)이다.[317] 아리스토텔레스 및 스토아철학자 등의 이교도의 덕은 인간을 탁월하게 해주는 능력으로 간주된다. 또한 그 본성상 몇 안 되는 엘리트만이 덕스러워질 수 있으며, 오랜 기간의 자기계발을 통해서만 획득될 수 있는 도덕의 종착점이다.

이와 달리, 아우구스티누스 덕 윤리는 고전적 덕윤리가 주장하는 '덕목들의 불가분리성'(inseparability of the virtues)을 거부한다. 사려 깊음의 덕목 없이는 용기, 정의, 절제를 이룰 수 없고 역으로 용기를 비롯한 다른 덕목들 없이는 사려 깊음을 이룰 수 없다고 했던 아리스토텔레스의 관점과는 확연히 다르다.

또한 스토아철학의 '전부 혹은 무'(all-or-nothing)에 대한 주장과도 다르다. 아우구스티누스는 스토아철학의 주장 즉 덕이란 지혜로움에 통합되며, 현자가 되는 것이야말로 행복에 이르는 길이라는 주장에는 내용상으로 동의하지 않는다.[318] 아우구스티누스는 고전적 4주덕이란 본질적으로

---

317) Bonnie Kent, "Augustine's ethics", 229.

318) 같은 책, 226-228.

하나님을 향한 사랑의 네 가지 형태일 따름이라고 말한다.

절제는 온전한 사랑의 대상이 되는 존재에게 드려야 할 사랑을 드리는 사랑이다. 용기는 사랑해야 할 존재를 위해 모든 것을 기꺼이 참아내는 사랑이다. 정의는 사랑받아야 할 존재만을 사랑함으로써 바른 다스림을 구현하고자 하는 사랑이다. 사려 깊음은 온전한 사랑의 대상에 대한 사랑을 방해하는 것과 도움이 되는 것을 지혜롭게 분별해내는 사랑이다. 이러한 사랑을 받으실 분은 최고선이시며 최고의 지혜이시며 완전함 그 자체이신 하나님뿐이시다. 바꾸어 말하면, 이렇게 표현할 수 있겠다. 절제는 하나님을 위해 자신의 순수함을 지켜내고 타락에 이르지 않으려는 사랑이고, 용기는 하나님을 위해 모든 것을 감내하는 사랑이며, 정의는 하나님만을 사랑함으로써 인간에게 속한 다른 모든 것들을 제대로 다스리는 사랑이고, 사려 깊음이란 하나님을 향하게 해주는 것과 하나님께 나아가는 길에 장애가 되는 것들을 바르게 분별해내는 사랑이다.[319]

네 가지 주요 덕목들 즉 지혜, 용기, 절제, 정의는 그 근원에 있어서 하나이다.[320] 절제는 세속적인 욕망을 억제시키고 그것이 정신을 지배하지 않도록 한다. 욕망을 억제함으로써 지혜를 얻는 방도를 준비하는 기

---

319) *De mor. eccl.* 15. 25. ut temperantia sit amor integrum se praebens ei quod amatur, fortitudo amor facile tolerans omnia propter quod amatur, iustitia amor soli amato serviens et propterea recte dominans, prudentia amor ea quibus adiuvatur ab eis quibus impeditur sagaciter seligens. Sed hunc amorem non cuiuslibet sed Dei esse diximus, id est summi boni, summae sapientiae summaeque concordiae. Quare definire etiam sic licet, ut temperantiam dicamus esse amorem Deo sese integrum incorruptumque servantem, fortitudinem amorem omnia propter Deum facile perferentem, iustitiam amorem Deo tantum servientem et ob hoc bene imperantem ceteris quae homini subiecta sunt, prudentiam amorem bene discernentem ea quibus adiuvetur in Deum ab his quibus impediri potest.

320) *De liv. arbit.* II.19.

능을 가진다.[321] 지혜는 선과 악을 분별해낸다. 해야 할 것과 피해야 할 것을 선택함에 있어서 실수하지 않도록 이끌어준다. 또한 죄에 동의하는 것은 악한 것이며 욕망의 유혹에 빠지지 않는 것은 선한 것임을 알려준다.[322] 정의는 각자에게 각자의 몫을 돌려주는 역할을 한다. 정의에 의해 육체가 영혼에게 종속되게 하며 영혼이 하나님께 종속되게 하는 질서가 세워진다. 그리고 용기는 참된 행복을 기다릴 수 있는 인내를 준다.[323]

이것은 다시 사랑의 덕으로 환원된다. 절제는 사랑하는 대상에게 전심으로 자신을 내어주는 사랑이다. 용기는 사랑하는 대상을 위해 무엇이든 견디어 내는 사랑이다. 지혜는 사랑을 돕는 것과 방해하는 것을 분별해내는 사랑이다. 정의는 사랑하는 대상만을 사랑하고 다른 모든 것을 억제하는 사랑이다. 결국 하나님에 대한 바른 사랑의 구성요소가 되는 셈이다. 질송이 네 개의 주요덕목들을 기능 혹은 역할로 설명한 것 역시 이러한 맥락에서 의미 있는 대목이다.[324]

여기에서, 아우구스티누스가 고전적 4주덕을 다룬 의도와 배경에 관해 유의할 필요가 있다. 아우구스티누스를 응용하자면, 인간에게 네 가지 덕목이 필요하다고 말하는 것은 결국 인간의 삶이 그만큼 비참하며 불행하다는 것의 반증이다. 네 덕목들을 통해 자신을 추스르고 악을 극복해야만 하는 처지에 놓여있다는 뜻이 된다. 인생에 덕목들이 도움이 되면 될수록, 그것은 인생이 비참하다는 사실을 더욱 분명하게 입증해주는 셈이다.

아우구스티누스는 질문한다. 덕이 하는 역할은 악덕들과의 영구적

---

321) *De civ. Dei*. XIX.4.3.

322) Étienne Gilson, *Introduction a l'étude de Saint Augustin*, 김태규 역, 『아우구스티누스 사상의 이해』 (성균관대 출판부, 2010), 258.

323) *De civ. Dei*. XIX.4.3.

324) Étienne Gilson, 『아우구스티누스 사상의 이해』, 258.

전쟁 외에 무엇이겠는가? 그것도 외적 악덕이 아니라 내적 악덕과 벌이는 전쟁이며 남의 악덕이 아니라 분명히 우리 자신의 악덕과 벌이는 전쟁이다.[325] 절제(temperantia)는 육체적 정욕들을 제어함으로써 정욕이 지성을 끌어당겨 아무 추행에나 동의하게 만드는 짓을 막는다.

지혜(prudentia)란 어떤 덕인가? 악으로부터 자기 선을 식별하는 전폭적인 경계심이 아니던가? 이를 통해 선을 추구하고 악을 피하는 데 오류에 빠지지 않게 하는 것으로서, 이 덕은 우리가 악 속에 살고 있으며 우리 안에 악이 도사리고 있음을 또한 입증하는 것 아닌가? 이 덕은 죄를 짓는 데 동의하는 것을 악이라고 가르치고, 죄짓는 욕정에 동의하지 않는 것을 선이라고 가르친다. 지혜가 악에 동의하지 말라고 교훈하는 것이라면, 정작 거기에 동의하지 않게 만드는 것이 절제이다.[326]

정의(iustitia)는 무엇인가? 각자에게 자기 몫을 부여하는 것이 정의의 역할이다. 이 덕에 의해 인간 안에 자연본성의 정의로운 질서가 이루어진다. 즉 영혼은 하나님께 복종하고 육체는 영혼에 복종하여 영혼도 육체도 하나님께 복종하게 한다. 용기(fortitudo)라고 불리는 덕목으로 말하자면, 제아무리 출중한 지혜 속에 속한다 해도 용기의 덕이야말로 인간이 불가피하게 악에 매여 있음을 보여주는 분명한 증거이다. 인간은 용기를 통해 인간의 악들을 견뎌내야 하는 처지에 있으니까 말이다.[327]

고전적 4주덕에 관한 아우구스티누스의 반응은 문화비평적이다. 4주덕을 통해 행복에 이르고자 하는 자들은 구원이라는 최종적 행복을 눈으로 보지 않은 탓에 믿지 않으려 하며, 이 세상에 행복이 있다고 거짓된 주장을 늘어놓고 있다는 취지이다. 아우구스티누스가 보기에, 그들이

---

325) *De civ. Dei.* XIX.4.3.

326) *De civ. Dei.* XIX.4.4.

327) *De civ. Dei.* XIX.4.4.

말하는 덕은 참된 행복을 향한 참된 덕이 아니다. 그들이 오만해질수록 그들의 덕도 그만큼 거짓된 덕(mendaciore uirtute)이 되고 만다.[328]

아우구스티누스는 고전적 4주덕에 대한 설명에서, 그 덕목들은 경건한 믿음을 가진 사람들에게서 비로소 참된 덕목이 될 수 있음을 강조한다. 성경의 사도바울이 권면하는 것은 지혜롭지 못하고 인내하지 못하며 절제가 없고 불의한 사람들을 두고 하는 것이 아니라, 참된 신앙으로 가지고 참된 덕을 갖추어 살아가는 사람들을 대상으로 삼고 있다.[329] 말하자면, 아우구스티누스의 고전적 4주덕에 대한 설명은 일종의 문화비평 내지는 실존적 인간학이자 기독교적 덕이야말로 참된 덕이라는 사실을 입증하기 위한 변증인 셈이다.

이것은 아우구스티누스의 덕 윤리 고유의 문제의식과 연관된다. 누군가를 선한 사람인가 묻는 경우에, 우리는 그가 무엇을 믿고 있는지 또는 무엇을 소망하고 있는지를 묻지 않고 그가 무엇을 사랑하는지를 묻는다. 바르게 사랑하는 자는 바르게 믿고 바르게 소망한다.[330] 그 요점은 '동기의 통합'(motivational unity)으로 볼 수 있으며, 그 핵심은 의지의 문제이다.[331] 개별적 덕목들을 습관하여 덕성을 함양하는 것이 문제가 아니라, 근본적인 동기 즉 의지(voluntas)가 어떤 목적을 향하여 있는가 하는 점이 중요하다는 뜻이다.

덕목의 가지 수가 중요한 것은 아니다. 덕을 하나로 통합시킨 것은 덕 그 자체의 회심을 말하는 것이요, 기독교적 변혁이라고 할 수 있다. 덕목들은 덕을 구현하는 하위개념으로서 다양한 내용으로 분화될 수 있

---

328) *De civ. Dei.* XIX.4.5.

329) *De civ. Dei.* XIX.4.5.

330) *Ench.* XXXI.117.

331) Bonnie Kent, "Augustine's ethics", 229.

다. 아우구스티누스의 일생에 나타난 지적 회심 이후의 변화를 두고 말하자면, 영적 회심에 따른 도덕적 회심이다.

이러한 변혁에서 각별히 유의할 것은, '겸손'의 덕목이 제시된다는 점이다. 아우구스티누스에게서 나타난 '겸손'에 대한 강조는 덕과 덕목들의 전환을 바르게 이해하는 과정에서 필수적으로 고려해야 할 요소이다. 고전적 덕 윤리를 넘어 기독교의 덕 윤리로 변혁시키기 위해서는 은혜에 대한 겸손이 반드시 필요하다. 겸손은 고전적 4주덕을 대체하는 덕목이자 카리타스에서 파생된 기독교 고유의 덕목이다.

맥킨타이어가 제대로 지적했듯이, 아우구스티누스의 덕 윤리에서 드러나는 차별성은 의지에 주목했다는 점이다. 또한 이는 덕의 목록을 변경시켜 겸손을 강조하게 된다. 덕에 대한 설명에서 아우구스티누스는 이성 혹은 지성 대신에 의지 즉 악한 의지에 주목한다. 악한 의지는 그 자체로 인간 의지의 현실인 동시에 인간이 극복해야 할 과제라는 점에서, 의지의 방향전환은 무엇보다 중요하다.

아우구스티누스에게서 인간이 가져야 할 가장 바른 태도는 겸손이다. 일반적으로 기독교의 으뜸가는 덕목이 무엇인가 물으면, 첫째도 겸손, 둘째도 겸손, 셋째도 겸손이라고 답하곤 하는 문장은 아우구스티누스의 명언으로 알려져 있다. 아우구스티누스의 서간문(Epistolae) 118번에 담겨있다. 문맥까지 넣으면, 이렇다.

> 하나님께 온전한 경건을 드리기 위하여, 하나님께서 보여주신 진리 즉 우리의 연약함을 알게 하시는 진리 이외의 다른 것에 머물지 마십시오. 이를 위해 필요한 것은 첫째도 겸손, 둘째도 겸손, 그리고 셋째도 겸손입니다.[332]

---

332) *Epistol.* 118. 22. ut tota pietate subdas velim, nec aliam tibi ad capessendam et obtinendam veritatem viam munias, quam quae munita est ab illo qui gressuum nostrorum tamquam Deus

하지만, 겸손이면 다 되는 것일까? 겸양의 덕을 강조하는 것은 아리스토텔레스는 물론이고 아시아적 가치관에서도 볼 수 있지 않은가? 그렇다면, 아우구스티누스를 고대철학자들과 구분 짓는 랜드 마크, 겸손이란 과연 무엇인가? 겸손은 본질적으로 신학적이고 윤리적인 덕목이다. 겸손이란 유순하고 착한 사람들에게서 볼 수 있는 자연적인 것이 아니라 그리스도인이라면 모두가 실천해야 할 덕목이요 성품화 되어야 할 요소이다.

아우구스티누스에게서 겸손은 하나님께 대한 인간의 의존성을 보여준다. 하나님을 향한 관점 혹은 하나님의 은혜를 바탕에 둔 것이라는 점에서 기독교적 의미의 겸손은 은혜지향성 혹은 은혜중심성을 지닌다. 겸손이 기독교적인 것이 되려면 '은혜'로부터 출발해야 한다. 겸손은 인간의 한계에 대한 진정한 수용 및 하나님의 은혜에 대한 바른 응답에서 나오는 것이기 때문이다. 겸손이란 영적 가난함을 인정하는 것이요 하나님의 은혜를 구하는 자세이다.

겸손은 인간이란 하나님께 의존해야만 하는 존재임을 깨닫게 해주며 그리스도께서 하신 것처럼 낮아져야 한다는 점을 일깨워준다. 겸손은 우리에게 주신 모든 것을 은혜의 선물로 바라볼 수 없다면, 결국 우리 자신을 이해할 수 없음을 일깨워준다. 아우구스티누스는 하나님의 은혜는 겸손한 자에게 주어지며 하나님을 향한 사랑 즉 카리타스 또한 겸손 위에서라야 가능하다고 보았다. 모든 것이 하나님께 달려 있다는 사실을 인정하게 하는 경건하고도 긴장감 넘치는 인식이다.

아우구스티누스에게서 겸손이란 교만에 대한 대응전략 그 이상의 의미를 지닌다. 교만하지 않음에 그칠 것이 아니라, 적극적인 겸손의 실천이 필요하다는 뜻이다. 아우구스티누스에게서 겸손은 그리스도께서 보여주신 길이요, 그를 따르는 자들이 마땅히 실천해야 할 '제자도'이다.

---

vidit infirmitatem. Ea est autem prima, humilitas; secunda, humilitas; tertia, humilitas.

마치 도제관계에서 제자가 스승의 모든 것을 본받고 따라야 하는 것처럼 말이다.

무엇보다도, 그리스도의 성육신과 십자가에 죽으심은 겸손의 탁월한 모범이다. 아우구스티누스는 그리스도의 낮아지심의 은혜를 통해 겸손의 참 모습을 보았다. 죽기까지 복종하신 그리스도를 본받아 하나님을 향한 온전한 순종을 통해 진정한 행복에 이를 수 있다는 관점이다.

아이러니하게도, 겸손과 교만은 양극단이지만, 같은 원천에서 나온다. 의지(voluntas)가 그것이다. 문제는 인간이 겸손을 보이기보다는 그 카운터파트인 교만으로 얼룩져 있다는 점이다. 말하자면, 인간의 의지는 왜곡되었으며 쿠피디타스의 상태에 놓인 인간은 카리타스를 향하여 정화되어야 한다. 그 첫 단추가 겸손이다.

아우구스티누스에게서 교만(superbia)은 그 자체로 타락이며 어긋난 자화자찬이다. 직설적으로 말해, 인간의 원죄는 교만이다. 라인홀드 니버(Reinhold Niebuhr)는 이것을 자아중심성(ego-centricity)이라고 보았다. 그가 개인윤리와 사회윤리를 구분하면서, 개인과 개인의 관계에서는 양보와 타협이 가능하지만, 집단과 집단의 갈등은 집단이기주의(collective egoism)가 작용하기 때문에 사회구조의 문제를 다루어야 한다고 말했던 것도 아우구스티누스의 '교만'에 관한 해석에서 나왔다.[333]

말하자면, 아우구스티누스에게서, 겸손이야말로 진정한 덕을 향한 첫걸음이요, 반드시 요구되는 단초이다. 하지만 본질적으로, 겸손의 실천은 결코 쉽지 않다. 교만해지기 쉬운 모습이 의지의 왜곡에 빠진 인간의 정체이자 현실이기 때문이다. 이러한 뜻에서, 겸손은 진정한 실천은 은혜의 주입(infusio gratiae)을 통해 가능하다.

---

333) 이 부분에 문시영, '아우구스티누스의 겸손과 교만' <목회와 신학> 2011년 4월호 부록의 글을 요약하고 수정한 내용이 포함되어 있음을 밝혀둔다.

겸손의 바탕 위에서, 카리타스를 향한 덕의 성숙과 윤리적 실천을 말할 수 있다는 점에서, 겸손은 카리타스의 표현이자 첫걸음이다. 아우구스티누스가 카리타스의 덕 윤리를 통해 주목하고자 했던 핵심이 여기에 있다. 이는 '의지'로 상징되는 인간 내면의 변화 즉 존재(being)의 문제에 깊은 관심을 표명한 것으로서, 현대 덕 윤리의 관심사와 궤를 같이 하는 부분일 듯싶다.

3) 공동체의 변혁:『신국론』과 '교회'

(1) 두 도성의 윤리를 구분하다

아우구스티누스의 덕 윤리는 기독교 공동체를 배경으로 한다. 덕 윤리의 관점에서 보면, 그리스도인의 성품은 내러티브, 제도, 실천 등을 통해 점진적으로 형성된다.[334] 이러한 맥락에서,『고백록』을 중심으로 하는 덕 윤리의 기독교적 변혁을 내러티브,『삼위일체론』을 중심으로 하는 덕의 변혁이외의 또 다른 요소에 대한 관심이 필요하다. 공동체의 문제 즉교회와 덕의 문제가 그것이다.

이 부분에서, 밀뱅크(John Milbank)의 해석을 눈여겨 볼 필요가 있다.『신국론』(De Civitate Dei)의 재해석을 통해 현대사회에서 기독교의 윤리적 과제를 풀어내고자 했던 밀뱅크의 논의에 직접 및 간접적으로 맥킨타이어와 하우어워스의 관점들이 연계되고 있다는 점에서, 아우구스티누스의 현대적 해석에 깊이를 더해줄 것으로 기대된다.

밀뱅크의 아우구스티누스 해석은 계승보다는 단절을 강조한다. 아우구스티누스가 고전적 덕을 계승하여 적절히 변형한 것이 아니라, 전혀새로운 덕을 제시한 것이라는 뜻이다. 밀뱅크는 아우구스티누스가 고전적 정치사회에 대해 그들의 덕은 덕이 아니요, 공동체 역시 공동체가 아니며 그들의 정의 또한 정의가 아니라고 말했다는 점을 강조한다. 이는고전에 대한 단절과 새로운 대항의 뜻을 담고 있다.[335]

'기독교적 대항윤리'(Christian counter-ethics)라는 단어의 인상만으로도

---

334) Jennifer A. Herdt, *Putting on Virtue: The Legacy of the Splendid Vices*, 350.

335) John Milbank, *Theology & Social Theory* (Malden.: Blackwell Publishing, 2nd ed. 2006), 392.

아우구스티누스를 고전에 대한 단절 혹은 대항의 관점에서 해석하려는 취지임이 분명해 보인다. 밀뱅크가 제안하는 '『신국론』 다시읽기'는 대항-내러티브(counter-narrative)의 관점을 반영하고 있다.[336]

기독교는 고전적 덕을 단절시켰고, 현대의 세속성은 기독교를 단절시킨다는 명제는 밀뱅크의 문제의식을 대변해 준다. 밀뱅크는 이러한 단절을 감행한 첫 번 인물로 아우구스티누스를 생각했다. 아우구스티누스가 이교도 로마의 실패를 철학적 논증을 통해 입증하기보다는 로마의 내러티브를 기독교의 내러티브를 통해 평가하려 했다는 해석인 셈이다.[337]

밀뱅크가 아우구스티누스에 주목한 것은 신학의 권위회복 즉 만학의 여왕이자 덕의 교사로서의 지위를 회복시키려는 기획에서 비롯되었다.[338] 이 과정에서, 밀뱅크는 '교회'에 주목한다. 밀뱅크는 교회론을 하나의 사회학으로 간주했으며, 사회와의 연속성보다는 '기독교적 차별성'에 주목했다.[339]

밀뱅크는 자신의 이러한 관점이 맥킨타이어 기조(MacIntyrean voice)와는 다르다고 말한다.[340] 밀뱅크의 '근본정통'(Radical Orthodox) 및 '신성화 이론'(sacralization theory)은 맥킨타이어가 덕 윤리의 역사적 전개과정을 '연속' 혹은 '계승'의 관점에서 해석했던 것과는 상반된다. 맥킨타이어가 고전을 옹호하면서 '덕 일반'을 추천했던 것과 달리, 밀뱅크는 고전적 덕론 자체가 일반성을 결여하고 있다고 지적한다. 예를 들어, 플라톤과 아리

---

336) 같은 책, 152.

337) 이 부분은 밀뱅크의 주장에 대한 하딩(Brian Harding)의 관점으로, Brian Harding, *Augustine and Roman Virtue*, 18에서 인용하였다.

338) Brian Harding, *Augustine and Roman Virtue*, 16.

339) John Milbank, *Theology and Social Theory*, 383.

340) 밀뱅크는 자신의 관점이 맥킨타이어 기조와 같은 것이 아니며, 또한 니힐리즘적 기조(nihilistic voice)와도 다르다고 말한다.

스토텔레스의 덕론은 서로 이율배반적이라고 말한다.[341]

    이와는 달리, 아우구스티누스의 덕론은 각각의 부분들이 전체에 속하게 하되 그 자체로 최종적 전부가 아니라 그것보다 더 상위의 존재인 무한하신 하나님께 이르게 한다. 이는 무한 제국을 꿈꾸고 무제약적 사유재산 및 시장교환의 이념을 품고 있었던 로마의 관점을 단절시키는 것이었다.[342]

    밀뱅크의 제안은 덕과 공동체의 연관성을 생각할 단초를 제공해준다. 덕 윤리에서 성품의 문제는 특정한 내러티브에 따라 살아가려는 습관, 그리고 특정한 관행들에 참여함을 통해 형성된다는 점에서 공동체 문제는 중요한 주제라 할 수 있다.[343] 밀뱅크가 '『신국론』 다시 읽기'에서 두 도성을 대조시켜 두 도성의 덕은 연속 혹은 계승이라기보다 단절적 대조의 모습을 보인다고 말했던 부분 역시 공동체적 배경이 중요하다는 점을 보여준다.

    아우구스티누스가 말한 지상의 도성과 하나님의 도성이라는 개념이 공동체를 지칭하는 것이라는 점에서, 두 도성을 대비시키고 그 각각의 특성을 대조적인 내용으로 다루는 것은 로마의 덕과 기독교의 덕을 대비시킨 것이라 볼 수 있다. 밀뱅크의 표현법을 쓰자면, 두 도성 사이의 연속성보다 단절, 대항, 혹은 다름의 문제에 주목해야 한다.

    밀뱅크는 아우구스티누스의 두 도성 구분을 '로마'와 '교회'의 대조 관계로 파악하고 교회의 사회과학적, 정치적 의의에 주목한다. 표면상으로 밀뱅크의 관점이 교회를 지상의 도성과 동일시하는 경향을 보이고 있다는 점에서 문제의 소지가 있기는 하다. 대부분의 연구가들이 지상의

---

341) John Milbank, *Theology and Social Theory*, 332.

342) 같은 책, 410.

343) Davis Cunningham, *Christian Ethics: The End of the Law* (London; Routledge, 2008), 39.

도성을 교회와 동일시할 수 없다는 의견을 지니고 있다는 점에서, 그들의 관점을 존중할 필요가 있다.

밀뱅크의 아우구스티누스 해석은 두 공동체 즉 로마와 교회의 대조를 통해 교회의 정치적, 사회적 의의를 부각시켜준다. 밀뱅크에 따르면, 아우구스티누스는 공동체, 정의, 평화에 대한 로마의 개념들을 넘어서는 대안적 이상을 제시했다. 그것이 근거가 되어 지상의 도성과 하나님의 도성을 대조시키고 하나님의 도성으로서의 교회의 중요성을 강조했다는 것이다.

눈길을 끄는 것은, 평화에 대한 관심이다. 평화의 상대개념인 폭력의 문제를 다루는 과정에서, 밀뱅크가 로마의 평화는 진정한 평화가 아닌 지상의 평화에 그치는 것이며 본질적으로 '지배욕'(libido dominandi)의 표현이었다는 점에 착안한 것은 앞서 우리가 다루었던 논의와 일맥상통하는 부분이다.

밀뱅크는 지상의 도성이 근본적으로 죄악에 가득 차 있으며 지배(dominium)의 구조에 사로잡혀 있다고 해석한다. 덕과 정의를 명분으로 내세우는 모든 것들이 실상은 지배의 욕망을 추구하는 것에 지나지 않는다. 지상의 도성은 자기사랑 때문에 하나님과 이웃을 부정하고 폭력적인 권력을 향유하려는 지배욕(libido dominandi)에 물들어 있다.[344]

밀뱅크는 아우구스티누스가 폭력의 도성과는 전혀 '다른 도성'(altera civitas)의 평화를 대조시켰다고 해석하면서, 이것을 갈등에 대한 평화의 존재론적 우선성이라고 표현한다. 아우구스티누스가 존재론적 적대감과 존재론적 평화를 대조시켰다는 밀뱅크의 관점은 두 도성의 내러티브 사이의 대조를 보여준다. 하나님의 도성은 비적대적(non-antagonistic)인 평화의 삶이 구현되는 곳으로서, 아우구스티누스의 메타-내러티브의 핵심에 그리스

344) John Milbank, *Theology and Social Theory*, 392.

도와 교회가 있으며, 비적대적인 평화를 추구하는 특성이 나타난다.[345]

물론, 밀뱅크의 주장에 논란의 여지가 있다. 지상의 도성을 교회와 동일시할 수 있는가의 문제, 신학이 한시적인 지상의 도성에서의 순례에 대한 사회과학이요 '다른 도성'(altera civitas) 거주자들을 위한 학문이라고 할 수 있는가에 대해 좀 더 깊은 성찰이 필요하다. 핵심 질문은 이것이다. 아우구스티누스의 기독교적 덕 윤리가 배경으로 삼는 공동체는 고전적 덕 윤리와의 단절을 추구한 것인가? 혹은 진정한 덕 윤리를 위한 공동체의 변혁을 말하는 것인가?

(2) '사랑을 질서 지워 주소서'(Ordinate in me caritatem)[346]

아우구스티누스의 덕 윤리에서 공동체의 문제는 핵심요소이다. 맥킨타이어가 제대로 말했듯이, 아우구스티누스의 덕 윤리는 아리스토텔레스의 배경이 된 폴리스 공동체를 넘어선다. 단지 용어가 'polis'에서 'civitas'로 변혁된 것을 두고 하는 말이 아니다. 덕 윤리를 위한 '지평의 대변혁'에 해당하는 요소가 아우구스티누스의 'civitas'에 반영되어 있다.

아우구스티누스의 덕 윤리를 『신국론』에서 찾아내려는 이유는 단지 대표적인 저술이라는 이유에서가 아니다. 일반적으로 최초의 역사철학 혹은 역사신학으로 평가되는 이 책에는 역사에 대한 이야기와 함께 공동체에 대한 풍요로운 근거들이 담겨 있다. 지상의 도성(civitas terrena)과 하나님의 도성(civitas Dei)의 구별이 그것이다.

이 구분은 『신국론』의 내용과 구조를 가늠하는 기준이 되는 동시에,

---

345) 같은 책, 402.

346) *De civ. Dei.* XV.22.

대조적인 두 배경 즉 로마인들의 공동체와 그리스도인들의 공동체 사이의 덕과 가치에 관한 의미심장한 차이를 담아내고 있다. 지상의 도성으로 대변되는 로마 공동체가 추구하는 행복, 그리고 하나님의 도성으로 상징되는 그리스도인들의 행복 사이의 유사점과 차이점을 통해 아우구스티누스의 덕 윤리를 심층적으로 이해할 수 있을 것이다.

아우구스티누스는 도성(都城, civitas)이라는 개념이 성경에서 왔다고 말한다.[347] 이 단어는 도시국가 혹은 공동체에 가깝다. 현대적 도시(city)와는 사뭇 다르다. 현대인이 생각하는 도시는 고층건물과 교통수단의 발전 등 과학기술의 발전에 수반되는 일종의 도시적 에토스(urban ethos)를 가진다.

그러나 아우구스티누스의 용어는 공동체의 특성에 관계되는 것으로서, 두 도성의 기원 혹은 본질은 '사랑'의 차이에 있다. 하나는 지독한 자기사랑으로 영원한 진리를 외면하고 소멸해버릴 가치에 집착하는 자들의 공동체요, 다른 하나는 영원한 하나님에 대한 사랑으로 진리와 윤리적 완성을 바라보는 공동체이다.

아우구스티누스에 따르면, 하나님의 도성과 지상의 도성 각각은 그 기원과 전개과정 및 결말에서 큰 차이가 난다. 하나님의 도성에 속한 자들은 지상의 가치들에 함몰되지 않고 영원한 도성을 향하여 순례자의 길을 간다. 지상의 도성은 지상에 매여 있다. 그들은 이 세상의 것이 영원한 듯 착각하면서 탐욕과 만용으로 전쟁을 일삼고 심지어 평화를 위해서 전쟁을 벌인다.

두 도성의 차이는 종말에 가장 크게 드러난다. 하나님의 도성은 영원한 진리 안에서 완성될 것이지만, 지상의 도성은 종말의 때에 분명한 심판을 받게 된다. 그렇다고 해서 하나님의 도성에 속한 자들에게 지상의 생활을 떠나 은둔하거나 밀의적인 생활을 하라는 뜻은 아니다. 그들

---

347) 시87:3. 하나님의 성이여 너를 가리켜 영광스럽다 말하는도다.

역시 지상의 평화를 사용하기도 하며 잠정적인 것들을 이용하기도 한다. 그러나 영원한 도성에서 이루어질 평화와 삶의 완성을 바라보며, 마치 나그네처럼 세상을 살아간다는 점에서 다르다.

하나님의 도성과 지상의 도성은 마치 밀과 가라지의 경우처럼, 혹은 알곡과 쭉정이처럼 이 세상에서는 혼재되어 있으나, 결국에는 가려질 것이요 영원한 행복과 영원한 형벌로 결말이 날 것이다. 아마도 아우구스티누스는 이 설명에서 하나님의 도성이 지니는 탁월성과 궁극적인 승리를 강조하고 싶었을 것이다.

유유히 흐르는 장강(長江)처럼, 아우구스티누스의 설명은 두 도성의 역사와 전개과정 그리고 종말에 이르는 일관성을 유지하고 있다. 시작에서 종말로 이어지는 직선사관을 아우구스티누스의 설명법으로 말하는 것은 여기에서 연유한다.[348]

역사는 하나님의 섭리 안에서 운영되며 일정한 목표를 향하여 나아간다. 이것이 아우구스티누스를 역사에 관한 철학적, 신학적 성찰의 효시로 보는 이유이다. 아우구스티누스는 하나님의 도성과 지상의 도성에 관해서, 그리고 종말에 관해서 해박하고도 깊이 있는 이야기를 풀어냄으로써 서양의 샘이 되었다.

그 핵심을 직선적 역사관이라고 부르기도 하지만, 역사란 하나님의 섭리에 속하는 것임을 일깨워 준 것이 더 중요한 포인트일 듯싶다. 역사는 순환하는 것도 아니고 우연발생적으로 흘러가는 것도 아니다. 목적과 방향을 지니고 있다. 하나님께서 섭리하시는 영역이기 때문이다. 역사에 대한 이야기를 하려는 것이 아니다. 인간의 진정한 행복에 관한 이야기에 주목하기 위한 배경이 역사의 이해에 있기 때문이다. 역사 안에 두 도성이 혼재하고 있음을 인식하는 것이 아우구스티누스의 덕 윤리가 지닌

---

348) 이 부분은 문시영, 『고전천줄, 신국론』(서울: 박영률출판사, 2008)의 '해제'를 일부 반영하였다.

공동체적 특성을 이해하는 단초이다.

지상의 도성이 추구하는 행복과 하나님의 도성이 추구하는 행복 사이에 차이가 있다. 지상의 도성은 영원한 절대가치를 무시한다. 한시적이며 소멸하여 상실되고 말 것에 집착하기 때문이다. 그러나 하나님의 도성은 영원한 절대자를 향한 소망으로 살며, 하나님을 뵈옵는 비전(visio Dei)으로 산다.

영원한 삶을 향하는 자들의 행복이야말로 아우구스티누스적인 통찰의 요체이다. 기나긴 논의 끝에 아우구스티누스가 말하고자 했던 것은 진정한 삶의 길을 찾으라는 것이다. 로마인을 포함한, 혹은 로마 시민사회에 섞여 사는 모두가 참된 종교를 찾고 윤리적 성숙에 힘써야 한다는 것이다.

전체의 흐름을 개괄하자면, 먼저 로마의 역사적 현실 즉 이방인들의 침입에 힘없이 무너져 내린 로마의 도덕적 위기에 대한 분석이 나온다. 아우구스티누스는 그 역경의 때에 기독교가 보여준 배려와 포용의 기억을 상기시키면서 로마의 도덕적 타락이야말로 진정한 위기라고 강력하게 주장한다.

특히 로마의 타락은 참된 종교의 부재에서 오는 것임을 지적하면서, 무차별적인 공격에 심취한 안티-기독교세력을 오히려 설득한다. 이 과정에서 그는 플라톤의 철학을 근거로 삼아 로마의 종교와 문화에 깔린 정령숭배 혹은 문란한 신들의 문제를 지적한다. 로마가 위기를 맞이한 근본이유는 도덕적 타락에 있으며, 그 원인은 그들의 종교가 인간의 타락을 경고하지 않은 데 있다고 본 것이다.

아우구스티누스의 시대적 정황은 로마인들이 야만인이라고 부르는 부족들에 의해 침략을 당한 직후 흉흉한 인심이 기독교에 화풀이를 하던 때였다. 로마인들은 기독교를 희생양으로 삼아 온갖 비난을 퍼붓고 강력한 혐오를 토해냈다.

하지만, 기독교는 과거에 로마가 침략당할 때 로마시민들에게 긍휼을 베풀었다. 교회는 로마의 침탈 당시 목숨을 부지하기 위해 신앙인 행세를 하며 교회로 피신해오는 로마 시민들을 흔쾌히 품어 주었고 '야만인'들로부터 목숨을 부지하게 해 주었다.

그러나 로마는 역경이 지난 후 적반하장으로 로마의 고난이 기독교 탓이라고 주장하기 시작했다. 아우구스티누스가 보기에, 나쁘고 불리한 것은 모두 기독교 탓으로 돌리는 로마인들의 어리석음이 도를 넘었다. 아우구스티누스가 보기에 기독교가 로마에 들어오기 전에 로마는 이미 문제를 안고 있었다. 도덕적, 종교적 타락이 문제의 원인인 것을 정작 그들 자신은 모르고 있었다.

아우구스티누스는 독자들로 하여금 남을 탓하는 일방성에서 벗어나 도덕과 종교의 위기를 극복할 대안을 생각하도록 이끌어 준다. 바람직한 사회와 타락한 사회 즉 하나님의 도성과 지상의 도성의 비교를 통해 사회의 윤리적 이상이 어떠해야 하는지를 암시한다.

특히, 성경의 이야기를 소개하면서 역사에 두 도성이 나타났다고 설명한다. 진리를 따르고 윤리적 성숙을 지향하는 도성, 그리고 탐욕과 명예에 집착한 나머지 진리를 외면하고 윤리를 상실한 도성, 이 두 도성의 차이가 바로 역사의 중요한 차이를 만든다는 것이다.

이러한 뜻에서, 기독교를 위한 호교에 초점을 맞추어 읽는 것이 좋겠다. 호교론(護敎論, 혹은 변증론, 'apology'의 번역)이란 기독교에 대한 터무니없는 비방에 대한 응답의 하나로서, 아우구스티누스는 기독교를 위한 합리적 설득과 변호를 시도한다.

변증이라는 말은 구차한 변명을 뜻하지 않는다. 오해를 풀어낸다는 점에서는 소명(疏明)에 가깝고, 진리를 말한다는 점에서는 확신에 가깝다.

이교도의 '화려한 악덕'이라는 표현까지도 변증이다. 아우구스티누스의 관점을 독선으로 다루지 않고 '진정한 덕'을 위한 소명 혹은 확신을 담고 있는 것으로 해석할 수 있기 때문이다.

사실, 『신국론』은 그 내용과 분량의 방대함으로 정평이 나 있으며, 전체를 숙지하는 것 자체가 쉽지 않은 책이다. 일반적으로, 이 책의 내용을 전반부와 후반부로 나눈다. 전반부, Ⅰ~Ⅹ권의 호교론(護敎論)과 후반부, Ⅺ~ⅩⅩⅡ권의 두 도성론이다. 물론 아우구스티누스의 윤리가 구조상, 두 부분이 꼭 들어맞는다는 뜻이 아니다. 그의 윤리는 일정한 구조 속에 갇혀있는 형태로 전개된 것이 아니라 열린 체계에 속한다.

두 부분으로 나누는 것이 크게 잘못된 것이 아니라고 할 수 있다면, 대략 두 가지 관심사를 풀어낸 것으로 읽을 수 있겠다. 하나는 로마를 향한 윤리적 변증이고 다른 하나는 교회를 향한 윤리적 권면이다. 『신국론』을 통해 아우구스티누스가 기독교를 향한 로마 시민사회의 터무니없는 비난에 효과적으로 대응하고 바른 대안을 제시하고자 했다는 점을 놓치지 말아야 할 것이다.

『신국론』의 전반부 Ⅰ~Ⅹ권까지는 로마의 종교가 참된 종교일 수 없음을 논하고, 후반부 Ⅺ~ⅩⅩⅡ권에서는 역사에 대한 성찰을 통해 기독교를 참된 종교로 제시한다. 전반부를 다시 두 부분으로 나눌 수 있다. Ⅰ~Ⅴ권까지는 로마사회에 닥친 재난과 여러 문제들을 빌미삼아 기독교를 공격하는 세력들에 대해, 문제의 핵심은 기독교 때문이 아니라 로마인들의 도덕적 종교적 문제라는 점을 지적한다. Ⅳ~Ⅹ권에서 아우구스티누스는 로마의 종교가 진정한 행복을 줄 수 없다는 점을 논증하면서, 참된 종교와 참된 도덕의 필요성을 강조한다. 후반부는 하나님의 도성에 대한 논의로서, 크게 셋으로 나눌 수 있다.[349] 역사의 기원(Ⅺ-ⅩⅣ), 역사

---

349) Allan D. Fitzgerald, *Augustine through the Ages*, 196.

의 전개(XV-XVIII), 그리고 역사의 종말(XIX-XXII)을 각각 다룬다.

① 로마, '화려한 악덕'의 공동체(I~X)

①-a. 로마와 도덕의 위기

아우구스티누스는 첫머리에서, 『신국론』의 집필 배경 및 앞으로의 계획과 주제를 요약한다. 헌정 형식을 사용하여 책의 수신자에 대한 소개 혹은 집필의 주변정황에 대한 간략한 암시와 함께, 책이 추구하는 주제와 목적을 간결하게 보여준다. 하나님의 도성을 옹호하는 것은 책의 목적인 동시에 하나님을 경멸하는 자들을 향한 설득의 주제이다.[350]

『신국론』은 하나님의 도성에 대한 성찰과 옹호인 동시에, 지상의 도성에 대한 비판적 성찰과 대안제시이다. 아우구스티누스는 '지배욕에 이끌려 사는 지상의 도성'이라는 진단을 통해, 로마로 대변되는 지상의 도성에 대한 윤리적 분석을 시도한다. 특히, '지배욕'(libido dominandi)이라는 단어는 『신국론』 전체를 이끄는 핵심개념의 하나이다. 아우구스티누스는 여러 민족의 지배자이면서도 그 자신이 지배욕에 지배를 당하고 있는 로마에 대해 다룰 것임을 분명하게 말한다.[351]

I권 앞부분에, 『신국론』 집필 당시의 역사적 배경이 묻어난다. 로마가 야만인이라고 부르던 '알라릭'에 의해 침탈 당했을 때, 교회에 숨어든 안티 기독교 추종자들까지도 그리스도의 이름 때문에 살려둔 일에 대한 회상이 그것이다. 교회로 피신해왔던 사람들 중에는 기독교인이 아님에도 불구하고 기독교인이라는 명분으로 침략자들로부터 목숨을 부지한 경우도 있었다. 그럼에도 불구하고, 전쟁이 끝나기 무섭게 적반하장(賊反

---

350) *De civ. Dei.* I.pro.

351) *De civ. Dei.* I.pro.

荷枢)의 경우가 생겨났다.

이러한 한심스러운 일을 보면서, 아우구스티누스는 기독교를 공격하는 로마인들에게 중요한 사실을 회상시킨다. 트로야를 방어해주지 못한 신들을 의지했던 로마인들의 모습은 현명하지 못한 것이었다. 정작 문제를 삼아야 할 것은 자신들의 도덕적 타락이 원인이라는 점을 깨닫지 못한 채, 기독교를 탓하는 로마인들의 모습은 어리석음 그 자체이다.[352]

로마가 침탈당할 때, 그리스도인 역시 침탈되고 고난을 겪었다. 아우구스티누스에 따르면, 복과 불행은 선인과 악인에게 차별 없이 찾아온다. 역경과 재난은 그리스도인에게도 버거운 일임에 틀림없지만, 그 인격 혹은 사람됨의 차이로부터 중요한 차이가 나타난다. 아우구스티누스에 따르면,

중요한 것은 어떤 일을 당하는가 하는 것이 아니라, 누가 어떤 인격으로 겪어내는가 하는 것이다. 예를 들어, 똑같이 흔들어도 오물은 독한 악취를 내고 향유는 고운 향기를 풍기는 것과 같다.[353]

물론, 선인과 악인이 똑같이 환난을 당한다는 점이 억울해 보이기는 하다. 아우구스티누스가 보기에, 거기에는 뜻이 있다. 로마가 침탈당할 때, 그리스도인들도 적군의 파괴로 고난을 당했지만, 그들은 마치 욥의 고난에서처럼 신앙으로 그 어려움 속에서 하나님을 바라보는 자들이었다.

---

352) *De civ.* Dei. I.1.

353) *De civ.* Dei. I.8.2. Tantum interest, non qualia, sed qualis quisque patiatur. Nam pari motu exagitatum et exhalat horribiliter caenum et suauiter fragrat unguentum. 『신국론』의 한글 표현들은 주로 성염의 번역본(분도출판사, 2004)을 기준으로 삼았으며, 일부 내용은 필자의 번역을 포함시켰다.

비록 성도들 역시 세상의 것들을 침탈당하지만, 아우구스티누스에 따르면, 본질상 잃는 것이 없다. 그리스도인들은 역경을 통해 소중한 삶의 가치들을 배우며 극한의 고통 속에서 신앙을 지켜낼 수 있었기 때문이다. 그리스도인들 역시 침략을 당할 때 시체를 매장하는 것조차 불가능했지만, 슬퍼할 일은 아니다. 하나님의 위로가 결코 그들을 버리지 않았기 때문이다.[354]

기독교를 혐오하는 로마인들에게도 포로생활을 참아낸 모범적인 예가 없는 것은 아니다. 예를 들어, 레굴루스는 종교적 신념을 따라 자원해서 포로가 되었으나, 그의 신들은 아무 도움도 주지 못했다.[355] 만일, 로마인들이 레굴루스를 그의 종교 때문에 비난하지 않는다면, 그리스도인들의 신앙에 대해서도 비난할 자격이 없다. 그리스도인들은 레굴루스를 지켜주지 못한 우상들이 아닌 진정한 하나님을 섬기고 있다는 점에서, 로마인들이 기독교를 혐오하는 것은 옳지 않다. 그리스도인들은,

> 참된 신앙으로 위에 있는 도성을 기대하면서, 머물고 있는 땅에서는 스스로를 나그네라고 인식하는 사람들이다.[356]

아우구스티누스가 보기에, 기독교를 비난하는 자들은 그들 스스로의 도덕성이 문제이다. 자신들의 육체적 쾌락은 제어하지 않은 채 방탕하게 살아가는 자들로서, 지배욕에 사로잡혀 탐욕으로 치닫고 있다. 그들은 로마가 로마의 신들을 섬기지 않고 기독교를 받아들였기 때문에 로

---

354) *De civ. Dei.* I.14.

355) *De civ. Dei.* I.15.1.

356) *De civ. Dei.* I.15.2. qui supernam patriam ueraci fide expectantes etiam in suis sedibus peregrinos se esse nouerunt.

마가 위기에 빠졌다고 비난하지만, 정작 자신들의 문제 즉 지배욕과 방탕의 악덕을 바로잡으려 하지 않는다. 로마가 멸망해가는 모습을 보면서도 악덕을 바로잡기는커녕, 오히려 기독교를 탓하기만 하는 어리석음에 빠져있다.

이러한 진단을 통해, 아우구스티누스는 기독교를 혐오하는 로마를 향하여 하나님의 도성에 관한 확신들을 담대하게 말한다. 하나님의 도성에 속한 자들은 세상에서 혼재되어 있는 동안, 하나님의 도성에 대한 확신을 가지고 지상의 도성이 퍼붓는 비난들을 극복해 내야 한다는 것이다. 이러한 싸움은 단숨에 끝나지 않는다.

> 이 세상에서는 두 도성의 경계가 모호하고, 최후의 심판으로 양측 모두가 드러나기 전까지 혼재되어 있다.[357]

『신국론』의 첫 권을 마감하는 부분에서, 아우구스티누스는 하나님의 도성과 지상의 도성 사이의 구분을 상기시킨다. 하나님의 도성에 속하는 자들에게, 참된 믿음과 참된 예배에 최선을 다하라고 권한다. 지상의 도성이 하나님의 도성을 비난하고 혐오하고 있음에도 불구하고, 하나님의 도성에 절대로 변하지 않는 진리 그 자체가 있으며, 영원한 행복이 약속되어 있기 때문이다.[358]

이러한 확신을 토대로, 아우구스티누스는 로마를 향하여 도덕적 성찰을 촉구한다. 로마가 겪은 재난에 대해 터무니없이 기독교를 탓할 것이 아니라, 내부의 문제 즉 로마인들 자체의 문제를 성찰하라는 것이다.

---

357) *De civ. Dei.* I.35. Perplexae quippe sunt istae duae ciuitates in hoc saeculo inuicemque permixtae, donec ultimo iudicio dirimantur.

358) *De civ. Dei.* I.36.

로마사회 스스로의 타락을 문제 삼아야 한다는 뜻이다. 아우구스티누스가 보기에, 로마의 재난에는 로마적 원인이 있다.

> 로마의 함락에서는 무너진 것이 돌과 목재였지만, 정작 그들에게서 무너진 것은 도시의 성벽이 아니라 도덕의 성벽과 자부심이었다.[359]

아우구스티누스는 반문한다. 기독교가 과연 로마사회에 해악을 끼친 종교인가? 이어서 그는 기독교가 로마에서 공인되기 이전의 역사를 회상시킨다. 기독교 시대 이전에 로마가 여러 신을 섬겼을 때에도 재난이 있었다. 하지만 로마의 신들은 도덕에 관한 경고를 전혀 주지 않았으며, 외설스러운 공연예식들이 난무하면서 로마가 도덕적 타락의 길로 접어들고 있음에도 반응이 없었다. 로마의 신들은 로마와 로마시민들의 도덕에 아무 관심도 없었다.[360]

아우구스티누스가 보기에, 로마사회는 로마의 신들이 외설적인 공연을 즐기는 신들이라면, 신으로서의 영예를 받기에 부당한 존재이므로 신들에 대한 숭배를 중단했어야 마땅하다.[361] 따지고 보면, 신들을 숭배하는 외설적인 시인들에게 공직을 주지 말라고 했던 플라톤 철학을 따르는 것이 로마의 신들을 숭배하는 것보다 훨씬 나았을 것이다.

로마의 사상가들 중에, 로마가 도덕적으로 타락해가고 있다는 점을 인지한 경우가 있었다. 놀랍게도 그들은 기독교가 로마에 들어오기 훨씬 이전에, 로마의 문제들을 인식하고 있었다.[362] 대표적으로, 키케로가 그

---

359) *De civ. Dei.* II.3. quando quidem in ruina eius lapides et ligna, in istorum autem uita omnia non murorum, sed morum munimenta atque ornamenta ceciderunt,

360) *De civ. Dei.* II.6.

361) *De civ. Dei.* II.13.

362) *De civ. Dei.* II.19.

렇다. 키케로는 스키피오를 인용하면서, '국민의 것'으로서의 공화국은 정의를 통해 다스려져야 하지만, 로마의 역사를 보면 이미 오래 전에 로마는 공화국의 자격을 갖지 못했다고 지적한다.

아우구스티누스는 키케로의 인용들을 재인용하면서 로마가 지닌 도덕적 문제점을 부각시킨다. 기독교에 대한 일방적 혐오를 그치고 로마의 자기성찰에 힘쓰라고 강조한다.

> 로마 공화국이 살루스티우스가 말해준 시절의 국가였다면, 그가 평가했던 것처럼 로마는 최악의 수치스러운 국가도 아니고 결코 공화국이라 할 수 없다.[363]

아우구스티누스가 보기에, 로마는 공화국의 최소조건을 충족시키지 못했고, 엄밀한 의미에서 공화국이라 불릴 자격이 없었다. 이것은 정치현실에 대한 도덕적이고 종교적인 진단이기기는 하지만, 국가의 국가됨을 위해 현대사회에서도 귀담아 들어야 할 요소임에 틀림없다. 정의가 없다면 공화국은 성립될 수 없으며, 정의야말로 국가의 본질적 과제라는 점에서 더욱 그렇다.[364]

진정한 의미에서, 공화국이란 진정한 정의가 실현되는 곳 즉 하나님의 도성뿐이다. 아우구스티누스가 보기에, 정작 문제를 삼아야 할 것은 완전한 정의를 추구하는 기독교가 아니다. 로마의 신들이 정의를 세우지 않는 로마사회를 향해 전혀 반응을 하지 못하는 악령들에 불과하다.[365]

---

363) *De civ. Dei.* II.21.3. Quando ergo res publica Romana talis eratm qualem illam describit Sallustius, non iam pessima ac flagitiosissima, sed omnino nulla erat secundum istam rationem.

364) *De civ. Dei.* II.21.4.

365) *De civ. Dei.* II.22.1.

아우구스티누스는 로마가 재난의 원인으로 기독교를 탓하는 것은 불합리하다는 점을 지적하면서, 로마의 문제를 요약한다.

하나님의 섭리에 근거해 볼 때, 참된 종교를 선택하지 못하고 있었다.[366]

기독교를 비난하는 로마는 그 자체의 역사부터가 문제투성이였다. 예를 들어, 로마의 창건자들이 보여준 형제살해의 사건 자체가 이미 재난의 불씨였다. 이는 형제를 죽인 것에 그치지 않고 로마라고 하는 도성의 어버이를 죽인 것이나 다름없다.[367] 건국 자체가 죄악으로 시작된 로마에서 온갖 사악한 일들이 자행되어 왔다.

특히 지배욕을 채우기 위한 로마의 전쟁들은 로마가 추구하는 영광이 무엇인지를 대변해준다. 로마사회는 전쟁의 흉포함에서 오는 쾌감과 지배욕으로 점철된 승리에 심취한 나머지, 정작 자신들의 문제가 무엇인지도 모르고 있었다. 지배욕이라는 것은 쉽게 떨쳐내기 어려운 욕망이다. 그것은 로마의 시민적 명예와 연계되어 있는 것이기도 하고, 결정적으로는 로마 역사를 파멸로 몰아간 요인이다.

지배욕이 허다한 악을 초래하고 인류를 두렵게 한다.[368]

실제로, 로마의 통치자들은 지배욕에 눈이 멀어 전쟁을 일삼은 것은 물론이고 로마 정치세력 간의 암투와 살해를 벌였고, 그 와중에 자신들도 비참하게 암살당하는 일들이 반복되었다. 로마에 도덕성이 강조되던

---

366) *De civ. Dei.* II.29.1. sed occulto iudicio diuinae prouidentiae uera religio quam eligeres defuit.
367) *De civ. Dei.* III.6.
368) *De civ. Dei.* III.14.2. Libido ista dominandi magnis malis agitat et conterit humanum genus.

시기가 없었던 것은 아니지만, 정복전쟁으로 점철된 로마의 역사는 지배욕과 학살로 사악해지고 있었다.[369)]

아우구스티누스가 보기에, 로마제국이 누려왔던 것들 자체가 본질적으로 정복전쟁을 통한 세력확장의 결실이었다. 로마의 신들을 숭배함으로써 얻은 혜택이 아니라, 제국의 확장에 집착하는 군사력과 지배욕의 승리일 뿐이다. 정복전쟁에 집착해온 로마의 모습은 강력한 군사력을 앞세워 이웃을 억압하고 침탈함으로써 자신들의 지배욕을 채우는 거대한 무리와 다를 바 없다. 이점에서, 로마는 강도떼와 다르지 않다.

> 정의가 없는 왕국이란 거대한 강도떼가 아니고 무엇인가? 강도떼 역시
> 나름대로 작은 왕국이 아닌가?[370)]

아우구스티누스의 비유는 로마가 추구해온 정복전쟁이 명예로운 것이 아니라, 집요한 지배욕의 소산임을 일깨워준다. 로마가 마치 탁월한 덕성을 바탕으로 성장한 것처럼 말하는 모든 것은 위선이요 가식일 뿐이며, 지배욕이야말로 로마의 공동체적 특성이었다.

아우구스티누스가 이러한 논지를 펼치는 이유는 로마의 신들이 수호신으로서의 능력이 있어서가 아니라 로마사람들의 지배욕을 정당화시키는 선전도구에 불과하다는 점을 지적하려는 것이었다. 로마가 정복한 여러 나라들의 흥망성쇠 또한 신들의 도움이나 버림을 받은 것이라고 하기보다는 로마사회를 이끌어간 지배욕에 좌우된 것이라고 해야 한다.

로마가 재난을 겪은 것 자체는 안타까운 일이지만, 그것이 기독교

---

369) *De civ. Dei.* III.23.

370) *De civ. Dei.* IV.4. Remota itaque iustitia quid sunt regna nisi magna latrocinia? Quia et latrocinia quid sunt nisi parua regna?

때문에 제신숭배를 금한 결과라고 억지를 부려서는 안 된다. 중요한 것은 재난을 통해 하나님의 뜻을 아는 것이요, 로마의 문제가 무엇인지를 깨닫는 것이다.

이 일에 숨겨진 하나님의 뜻을 깨달아야 하지 않겠는가?[371]

이러한 맥락에서, 아우구스티누스는 로마의 신관 그 자체에 대한 문제를 제기한다. 로마인들은 각각의 일들을 각각의 신들이 주관한다고 믿고 있으며, 모든 신을 주관하는 최고의 신을 유피테르라고 상정하고 있지만, 과연 로마인들의 신관은 타당할 것인가? 아우구스티누스는 신이 세계혼이고 세계가 신의 몸이라고 생각하는 사람들, 이성적 동물만 유일한 신의 지체라고 주장하는 사람 등 여러 견해들을 살펴 본 후, 그들의 허점을 논박한다.

이를 통해 아우구스티누스가 말하고 싶었던 것은 로마의 신관 자체가 허구라는 사실이다.[372] 펠리키타스, 포르투나, 그리고 비르투스 역시 마찬가지이다. 로마는 행복, 행운, 그리고 덕까지도 신들의 대열에 끼워 넣었지만, 결국 중요한 것을 놓치고 말았다. 덕과 행복은 그 각각을 관할하도록 할당된 여신들이 주는 것이 아니라, 참된 하나님께서 주시는 선물임을 깨닫지 못하고 있다는 것이다.[373]

본질적으로, 로마인들은 비르투스와 펠리키타스에 대한 자신들의 개념규정이 잘못된 것인지도 모른 채 신들에 대한 이야기에 빠져 각각의 것들에 각각의 신들을 할당하기에 급급했다. 더욱이, 로마인들은 덕과

---

371) *De civ. Dei.* IV.7. Quis enim de hac re nouit uoluntatem Dei?

372) *De civ. Dei.* IV.17.

373) *De civ. Dei.* IV.18.

행복이 하나님의 선물임을 깨닫지 못한 채 신들에 관한 허구에 놀아났다. 그들은 제신숭배에 집착한 나머지, 행복과 덕에 관한 사유에서조차 진실을 놓치고 있었다.

한마디로, 잘못된 신관 및 잘못된 숭배가 문제이지, 기독교가 문제라고 하는 것은 옳지 않다. 로마인들에게 필요한 것은 기독교 시대 이전이 제신숭배로 되돌아가는 것이 아니라, 참된 하나님을 바르게 섬기는 것이다. 아우구스티누스에 따르면, 참으로 행복을 원하는 자들은

행복을 주시는 유일하신 하나님을 섬겨야한다.[374]

아우구스티누스의 진단에 따르면, 로마의 종교는 본질적으로 지배자들의 통치수단이었을 뿐이다.[375] 고대 로마가 융성했던 이유는 제신숭배에 따른 대가도 아니고 운명 혹은 별자리에 따른 것도 아니다.

다만, 고대 로마인들이 참 하나님을 경외하지 않았음에도 하나님께서 그들의 제국을 확장시켜주신 데에는 이유가 있다. 고대 로마는 다른 나라들에 비해 쾌락에 대한 탐욕에 이끌리기보다 명예를 추구했다는 점에서,[376] 역사의 도구로 사용될 수 있었다.

물론, 명예욕 그 자체는 악덕이지만, 더 큰 악덕들을 억제한다는 점에서 차선의 덕으로 여겨질 수 있었다. 이 부분은 로마의 덕이 지닌 특성 혹은 로마인들이 추구한 덕의 내용을 보여준다.

그들은 명예와 영광을 위해 조국에 헌신했고, 조국이 주는 영광 그 자

---

374) *De civ. Dei.* IV.25. seruiat uni Deo datori felicitatis.

375) *De civ. Dei.* IV.32.

376) *De civ. Dei.* V.12.3.

체에 탐닉했다. 그들은 조국의 안녕을 자신의 안녕보다 앞세우는 데 주저하지 않았고, 이 하나의 악덕, 곧 명예에 대한 사랑을 위해 돈에 대한 탐욕을 비롯한 다른 악덕들을 스스로 절제했다. 나아가, 건전한 안목을 가진 사람이라면 명예에 대한 사랑마저 악덕임을 인식하게 될 것이다.[377]

가장 큰 문제는 고대 로마인들이 영광 그 자체에 집착하여 명예욕과 지배욕에 탐닉하고 있었다는 점이다. 아우구스티누스가 보기에, 고대 로마의 번영은 차선의 덕에 대한 하나님의 보상이었다. 적어도 그들은 쾌락에 빠지지 않았다는 점에서, 나름의 가치를 지니고 있었다. 고대 로마인들은 아우구스티누스 당대의 로마인들에 비해 차선의 덕을 지니고 있었다.[378]

고대 로마인들의 덕에 대한 이야기에는 두 가지 함의가 있다. 하나는 자신들의 재난을 두고 기독교를 탓하는 아우구스티누스 당시의 로마인들에게 최소한의 덕성이라도 구현했던 고대 로마인들만도 못한 상태임을 일깨워주는 것이다. 다른 하나는 그리스도인들에게 간접적인 교훈을 주는 것이다. 영원한 도성의 거룩한 시민들이 받은 상급은 지상의 도성에서의 현세적인 상급에 비교할 수 없을 정도이지만, 적어도 고대 로마인들의 경우에서 차선의 모범사례를 볼 수 있다는 뜻이다.[379]

고대 로마인들이 인간의 영광과 지상의 도성을 위해서 엄청난 일을 했다면, 그리스도인들이 영원한 조국에 대한 사랑으로 무슨 공로를 세웠

---

377) De civ. Dei. V.13. qui causa honoris laudis et gloriae consuluerunt patriae, in qua ipsam gloriam requirebant, salutemque eius saluti suae praeponere non dubitauerunt, pro isto uno uitio, id est amore laudis, pecuniae cupiditatem et multa alia uitia conprimentes. Nam sanius uidet, qui et amorem laudis uitium esse cognoscit,

378) De civ. Dei. V.15.

379) De civ. Dei. V.16.

다 해도 자랑할 것은 못 된다. 아우구스티누스는 고대 로마의 번영과 융성에 대한 설명을 통해 하나님의 보편적 섭리를 제시하는 동시에, 그리스도인들로 하여금 하나님의 도성을 향한 삶의 방식을 교훈한다. 특히 기독교에 대한 박해가 오더라도 신앙의 길을 가야 함을 강조한다.

> 하늘의 조국에 대한 충성을 위한 것이라면 그 어떤 고난도 기꺼이 감수해야 하지 않겠는가? 바로 그 믿음이 우리를 행복으로 인도해 주지 않겠는가?[380)

더욱이, 지상의 도성을 살고 간 고대 로마인들에게서 볼 수 있는 차선의 모범들은 그리스도인들을 위한 교훈을 주고 있음에 유의하면서, 아우구스티누스는 진정한 덕으로서의 기독교적 덕 윤리의 실천을 적극 권장한다. 여기에서, 진정한 의미에서의 명예와 탐욕으로서의 지배욕을 구분하고 있다. 이를 바탕으로, 아우구스티누스는 그리스도인이 추구해야 할 진정한 덕이란 무엇인지를 요약한다.

> 참된 경건 없이는 즉 참된 하나님께 대한 참된 예배가 없이는 참된 덕을 가질 수 없다. 비록 인간적 영광에 기여하는 덕이라 해도 그것은 진정한 덕이라 할 수 없다. 하지만, 성경에서 하나님의 도성이라 말하는 영원한 도성의 시민이 되지 못하는 자들에게는 그런 덕이라도 있는 것이 그것을 전혀 가지지 않는 것보다는 지상도성에 더 유용할 것이다.[381)

---

380) *De civ. Dei.* V.18.2. qui cruciatus non sunt pro fide illius patriae contemnendi, ad cuius beatitudinem fides ipsa perducit?

381) *De civ. Dei.* V.19. neminem sine uera pietate, id est ueri Dei uero cultu, ueram posse habere uirtutem, nec eam ueram esse, quando gloriae seruit humanae; eos tamen, qui ciues, non sint ciuitatis aeternae, quae in sacris litteris nostris dicitur ciuitas Dei, utiliores esse terrenae ciuitati,

이 대목에서, 화려한 악덕의 문제 혹은 이교도의 덕에 대한 아우구스티누스의 관점을 엿볼 수 있는 단초들을 찾을 수 있다. 진정한 덕은 하나님을 향한 경건을 전제로 하며, 하나님의 도성을 향한 순례의 길에서도 결코 그 비전을 잃지 않는 신앙이 반드시 필요하다는 점을 암시해 준다.

이어서, 아우구스티누스는 고대 로마인들에게서 모범이 될 만했던 사항들 즉 쾌락에 놀아나기 보다는 명예를 추구했던 점을 차선의 덕으로 보았던 것에서 다소 표현을 바꾸어 소극적인 평가를 내놓는다. 덕을 정욕을 위해 사용하든 인간적 영광을 위해 사용하든 간에 본질적으로 진정한 덕이라기보다 추악한 것에 불과하다는 것이다.

철학자들의 경우도 예외는 아니다. 아우구스티누스가 보기에, 철학자들은 선의 목적을 덕 그 자체에 두고 있다.[382] 덕 그 자체를 목적으로 삼는 것은 진정한 의미에서의 덕 윤리에 해당할 수 없다. 진정한 덕은 하나님의 도성을 향하는 자들의 경건에서 나오는 덕이요, 그것은 지상의 도성에서 현세적 상급을 받는 자들의 덕과는 차원이 다르다.

고대 로마의 번영은 결국 그들이 덕스러워서가 아니라, 하나님의 역사를 운행하는 섭리의 일부분이었다. 아우구스티누스는 모든 권세는 하나님께로부터 오는 것이며, 만유가 하나님의 섭리로 다스려 진다는 점을 말하면서, 본질적으로 로마 자체를 세우신 분은 로마인들이 아니라 하나님이심을 일깨워준다. 이는 인간을 역사의 주인공으로 보던 관점에서 하나님을 역사의 주(主)로 변혁시키는 중요한 단초이다.

아우구스티누스는 로마 역사에 대한 평가를 바탕으로, 그토록 기독교를 혐오하는 적대자들을 향하여 구체적인 예증을 통해 하나님께서 역사의 주(主)이심을 강조한다. 기독교 시대의 그리스도인 황제들의 행복에

---

quando habent uirtutem uel ipsam, quam si nec ipsam.

382) *De civ. Dei.* V.20.

대한 이야기가 그것이다. 아우구스티누스는 특히 그리스도인 황제 콘스탄티누스에게 하나님께서 번영을 주셨던 사실을 회상시킨다.[383]

로마가 기독교 시대를 맞이했다고 해서 재난이 생긴 것도 아니며, 제신숭배를 금했다고 해서 로마가 침탈을 당한 것도 아니다. 로마를 포함하는 역사 자체가 하나님의 섭리 안에 있는 것이며, 로마는 자신들이 재난을 기독교 탓으로 돌리기보다 내적 부패와 타락이라는 도덕적이고 영적인 문제를 직시해야 한다는 것이다.

특히, 아우구스티누스는 로마의 제신숭배자들에 대한 논의를 통해 로마의 흥망성쇠가 로마의 신들에 숭배에 따른 것이 아니라는 점을 일깨우고 로마종교의 허구성을 논박한다. 아우구스티누스가 의도한 것은 로마에 대한 공격이 아니라, 참된 종교를 찾아야 한다는 깨달음을 주려는 것이었다.

①-b. 로마의 종교적, 도덕적 실패

로마의 제신숭배를 논박하고 참된 종교를 찾으라고 권하는 아우구스티누스의 논의에 중요한 전제가 있다. 아우구스티누스에 따르면, 참된 종교는 지상의 도성이 제정하는 것일 수 없다.[384]

아우구스티누스는 로마의 종교를 좀 더 깊이 진단한다. 종교에 대한 로마인들의 생각에 크게 두 부류가 있었다. 하나는 현세적 상급을 위해 제신숭배가 필요하다는 입장 즉 현세적 종교관이고, 다른 하나는 영원한 생명을 위해 신들을 섬겨야 한다는 부류이다.

『신국론』 I권~V권에 나오는 논의들은 현세적 종교관에 대한 논박이다. 이들은 로마가 재난을 당한 이유를 기독교 시대를 맞이하여 제신

---

383) *De civ. Dei.* V.25.
384) *De civ. Dei.* VI.4.1.

숭배를 금지한 탓에 로마가 제신들의 보호를 받지 못했다는 논리를 펴는 부류이다. 다른 또 하나의 부류, 즉 현세적 유익을 위해서가 아니라 영원한 생명을 위해 제신숭배를 이어가야 한다는 로마인들에 대한 진단이 『신국론』IV권~X권에 나타난다.

　　로마인들의 존경을 받았던 바로(Varro)에 따르면, 신학에는 세 종류가 구분된다. 신화신학, 자연신학, 시민신학이다.[385] 바로는 신화적 신들에 대한 숭배를 반박하면서 신화의 신들은 극장에나 어울린다고 평가했고, 자연의 신들은 자연세계에, 그리고 시민의 신들은 국가와 정치에 어울린다고 말했다. 아우구스티누스가 보기에, 바로가 반박한 신화의 신들 즉 극장에서 외설스러운 공연을 통해 조롱거리가 되는 신들이 곧 신전에서 숭배 받는 신들과 다르지 않으며, 본질적으로 인간들에 의해 만들어진 신들일 뿐이다.[386]

　　바로에게는 시민신학이 설화신학과 본질적으로 동일한 것임을 알면서도 시민신학을 비판할 용기가 없었다. 아우구스티누스가 보기에, 시민신학을 반박하면서 정치적 신전에서 미신을 숭배하지 말라고 비판한 세네카의 관점이 훨씬 낫다. 아우구스티누스에 따르면, 바로의 관점도 세네카의 관점도, 참된 종교가 아닌 신들에 대한 숭배를 말하고 있다는 점에서 어리석은 일이다.[387]

　　이러한 평가의 근거는 로마의 신들을 통해 영생을 기대하는 것은 불가능하다는 점에 있다. V권까지의 논의에서 드러난 것처럼, 현세적인 수호신 역할도 못하는 판에, 영원한 생명을 주리라 기대하는 것 자체가 문제가 있다.

---

385) *De civ. Dei.* VI.5.1.

386) *De civ. Dei.* VI.9.5.

387) *De civ. Dei.* VI.12.

영원한 생명, 곧 끝없이 행복한 삶은 참 행복을 베푸시는 분만이 베풀수 있다.[388]

이 부분에서, 아우구스티누스의 초점은 '행복'에 맞추어져 있으며, 로마인들의 종교가 참된 종교라고 할 수 없는 근거들을 성찰하고 참된 종교의 필요성을 역설하고 있다. 아우구스티누스에 따르면, 인간이 종교를 추구하는 이유는

죽을 인생의 물거품 같은 무상함 때문이 아니라, 행복한 삶 때문이다. 행복한 삶은 영원한 것이어야만 한다.[389]

아우구스티누스는 로마가 숭배하는 신들을 통해서는 영원한 생명을 기약할 수 없다고 단언한다. 정치신학 혹은 시민신학에서 말하는 신들을 통해서는 영원한 생명에 이를 수 없다.[390] 시민신학에서 추구하는 그 어떠한 신들도 인간에게 영원한 생명과 행복을 줄 수 없다.

아우구스티누스는 로마종교에 대한 해박한 지식을 바탕으로, 로마의 신들에 관한 여러 논점들을 살펴보고 로마의 종교와 신학을 대표하는 바로의 관점에 일관성이 없다고 평가한다. 아우구스티누스가 보기에, 자연신학에서 추구했던 사항들은 한 분 참 하나님께 귀속시켜야 마땅하다.[391] 바로의 관점과는 달리, 창조주와 피조물을 구분해야 하며 한 분 조

---

388) De civ. Dei. VI.12. Vitam igitur aeternam, id est sine ullo fine felicem, solus ille dat, qui dat ueram felicitatem.

389) De civ. Dei. VII. Praefatio. non tamen propter mortalis uitae transitorium uaporem, sed propter uitam beatam, quae non nisi aeterna est.

390) De civ. Dei. VII.1.

391) De civ. Dei. VII.29.

물주의 피조물들이라고 설명하는 것이 옳다.[392]

　아우구스티누스에 따르면, 영생은 참된 하나님께서만 주신다.[393] 그리스도를 통한 구원의 신비는 이제까지 지속적으로 시대마다 여러 표징들로 나타났다. 아우구스티누스는 참된 종교에 대한 논의를 통해 로마를 포함한 여러 민족들이 숭배해온 신들이 본질적으로 악령이라고 그 정체를 폭로한다.[394] 로마를 향하여 참된 종교를 권하는 이유가 바로 여기에 있다.

　아우구스티누스가 보기에, 로마의 관점들 중에서 그나마 쓸 만한 것을 찾으라고 한다면 자연신학을 생각해 볼 수 있다. 참된 종교를 알아가는 과정에서 그나마 유용한 디딤돌이 될 수 있으리라 기대한 것이다. 아우구스티누스가 말하는 자연신학은 철학자들의 관점으로서, 플라톤 철학에 대한 각별한 관심을 보여준다.

　　철학자라는 명사 자체를 라틴어로 푼다면 지혜에 대한 사랑이라는 뜻을 담고 있다. 만일 지혜가 곧 하나님이시라면, 신적 권위와 진리가 입증하는 바와 같이 그분을 통해 만유를 창조하신 하나님이시라면, 진정한 철학자는 하나님을 사랑하는 사람이다.[395]

　아우구스티누스는 철학에 관한 설명에서, 이탈리아 학파와 이오니아학파 및 피타고라스와 탈레스를 비롯한 초기의 철학자들을 소개한다.

---

392) *De civ. Dei*. VII.30.

393) *De civ. Dei*. VII.31.

394) *De civ. Dei*. VII.33.

395) *De civ. Dei*. VIII.1. sed cum philosophis est habenda conlatio; quorum ipsum nomen si Latine interpretemur, amorem sapientiae profitetur. Porro si sapientia Deus est, per quem facta sunt omnia, sicut diuina auctoritas ueritasque monstrauit, uerus philosophus est amator Dei.

그 후에 특히 소크라테스의 학설에 주목한다. 아우구스티누스가 보기에, 소크라테스는 최초로 모든 철학을 도덕적 행실을 교정하고 규정하는 일로 전환시켰다.[396]

소크라테스에 주목한 것은 그의 수제자 플라톤에 대한 관심 때문이다. 아우구스티누스는 플라톤 학파에 각별한 관심을 가진다. 아우구스티누스가 보기에, 플라톤 학파는 하나님을 향한 사유에서 매우 탁월한 길을 제시해주었다.[397]

플라톤이 가변적 영역을 넘어선 영역에서 최고선에 대해 성찰했다는 점은 높이 평가할 수 있다. 하지만, 유일하고 선한 하나님에 관해 알고 있었으면서도 여러 신들을 숭배하는 것 자체를 묵인했다는 점은 큰 아쉬움으로 남는다.[398]

특히, 플라톤의 제자 중 가장 탁월하다고들 하는 아풀레이우스에 대한 아우구스티누스의 실망감은 매우 크다. 신들을 선한 존재이자 덕의 친구라고 생각했던 부분, 이성적인 혼에는 하늘의 신들과 인간과 정령이 포함된다고 보았던 부분 등에서 특히 그렇다.

아우구스티누스에 따르면, 정령들은 정념에 시달리는 존재들이자 인간을 기만하는 술수를 부리는 존재들로서 사악함과 악덕의 존재들이다. 따라서 정령숭배는 마땅히 배척되어야 한다.[399] 아우구스티누스가 보기에, 플라톤 철학자들이 이 부분을 제대로 지적하지 않았다는 것은 실망스러운 일이다.

아우구스티누스는 아풀레이우스의 문제점을 부각시키기 위해 구체

---

396) *De civ. Dei.* VIII.3.

397) *De civ. Dei.* VIII.6.

398) *De civ. Dei.* VIII.12.

399) *De civ. Dei.* VIII.22.

적인 질문을 제기한다. 과연 로마가 지정한 신들보다도 하위에 있는 정령들이 인간을 행복으로 이끌어 줄 수 있을까? 아우구스티누스가 보기에, 정령숭배는 부질없는 짓이다. 정령들 자체가 사악하고 악덕으로 가득 찬 존재들이기 때문이다. 행복은 정령들을 통해서 이루어질 수 없다. 오직 참된 종교가 말해주는 참된 하나님을 통해서만 가능하다.[400]

아풀레이우스보다 플로티누스가 훨씬 더 플라톤을 완벽하게 이해한 인물일 듯싶다.[401] 특히, 플로티누스는 인간이 육체를 지니고 있는 까닭에 가련한 인생의 비극에 영원히 사로잡혀 있지 않을 것이라고 주장했다. 불사하는 정령들보다 인간이 낫다는 뜻이다. 이는 또한 아풀레이우스의 관점이 잘못되었다는 반증이다. 아우구스티누스가 보기에, 사악한 정령들을 인간과 신들의 중개자로 숭배하는 것은 옳지 않다. 진정한 의미에서, 하나님과 인간의 중개자는 오직 예수 그리스도뿐이다.[402]

아쉽게도, 플라톤 학파는 우주의 조물주에 대한 인식을 가지고 있었음에도 불구하고 정령숭배를 용인함으로써, 하나님께만 드려야 할 참된 예배의 가치를 놓치고 말았다.[403] 참된 종교란 하나님을 인식하고 사랑하는 것이며,[404]

> 그분이 우리들 행복의 원천이시며, 우리의 궁극적 소망이시다. 그분을 선택하거나 (소홀히 하는 와중에 상실했기에) 다시 선택한다는 한다는 뜻에서 '종교'라는 말이 유래했다. 우리는 사랑을 품어 그분께 향한다. 이렇게 하는 것은, 그분께 도달함으로써 안식을 얻기 위함이고, 그분을 목표로 삼아

---

400) *De civ. Dei.* IX.2.
401) *De civ. Dei.* IX.10.
402) *De civ. Dei.* IX.15.2.
403) *De civ. Dei.* X.3.1.
404) *De civ. Dei.* X.3.2.

도달하여 완전한 자가 됨으로써 행복에 이르려 하는 것이다. 철학자들은 오랫동안 선의 최종목적에 대해 격론을 벌여 왔지만, 우리가 보기에, 최고 선이란 그분과 합일하는 것 외에 다른 것이 아니다.[405]

이처럼, 아우구스티누스는 플라톤 학파의 주장들을 적절히 인용하고 반박하면서, 인간이 진정한 행복에 이르기 위해서는 참된 하나님께로 돌아가야 하며, 참된 종교를 찾아야 한다고 말한다. 유일하신 하나님께 돌아가는 것만이 인간을 행복하게 한다.[406]

결과적으로, 아우구스티누스는 천사와 정령의 대조를 통해 참된 하나님을 예배하는 참된 종교를 향한 관심이 필요하다는 점을 일깨워준다. 아우구스티누스에 따르면, 인간이 진정으로 숭배하고 예배해야 할 하나님을 향한 참된 예배는 예수 그리스도를 향한 것이어야 한다고 주장했던 점이다.[407]

이러한 관점을 토대로 아우구스티누스는 성도들의 삶에 대해 성찰한다. 지상의 도성을 사는 기간에는 사악한 정령들 때문에 성도들이 고난을 당할 수 있다. 하지만, 아우구스티누스는 성도들이 승리할 것이라고 확신한다. 정령숭배자들의 주장처럼 정령들과 타협을 통해서 재난을 피하는 것이 아니라, 하나님을 향한 신앙을 가졌기 때문에 반드시 성도들이 승리한다는 것이다.

성도들은 공중권세를 잡은 정령 즉 사악한 영들에 대항하여 승리할

---

405) *De civ. Dei.* X.3.2. Ipse enim fons nostrae beatitudinis, ipse omnis appetitionis est finis. Hunc eligentes vel potius religentes (amiseramus enim neglegentes) hunc ergo religentes, unde et religio dicta perhibetur, ad eum dilectione tendimus, ut perveniendo quiescamus, ideo beati, quia illo fine perfecti. Bonum enim nostrum, de cuius fine inter philosophos magna contentio est, nullum est aliud quam illi cohaerere,

406) *De civ. Dei.* X.12.

407) *De civ. Dei.* X.20.

것이다. 성도들은 하나님을 향해 기도하며 예수 그리스도를 통해 죄를 용서 받는 존재들이기 때문이다. 덕 윤리와 연관 지어 설명하자면, 기독교의 덕이야말로 진정한 덕이라 할 수 있는 중요한 요건을 지니고 있다. 영생과 궁극적 행복을 제시하고 있기 때문이다.

더구나, 인간 영혼의 진정한 해방의 길은 그리스도의 은총을 통해서만 가능하다.[408] 회개와 죄의 용서에 대한 성경의 언약을 믿음으로써만 하나님을 뵙게 되며 영원한 행복에 이를 수 있다.[409] 로마인들이 혐오하는 기독교야말로 실상은 참된 종교이며 참된 행복을 기약해 준다는 점을 강조한 셈이다.

『신국론』의 후반부로 넘어가기 전에 전반부를 마무리 짓는 중요한 질문이 있다. 로마시민사회의 터무니없는 기독교 혐오에 대한 아우구스티누스의 변증은 기독교야말로 참된 종교로서 참된 도덕을 지니고 있음을 강조한다. 이것을 강력하게 변증하기 위해 사용된 단어가 '화려한 악덕'(splendida vitia)이다. 과연, 기독교 이외의 덕은 화려한 악덕일 뿐일까?

아우구스티누스 자신이 이러한 표현을 『신국론』에서 명시적으로 사용한 것은 아니다. 후대 해석가들에 의해 제안된 것으로 여겨지는 이 단어, '화려한 악덕'이라는 개념은 『신국론』의 전반부와 후반부를 잇는 중요한 연결고리이다.[410] 사실, 『신국론』이 로마의 도덕적 위기를 질타하고 기독교를 변증하기 위해 집필되었다는 점에서, 이 단어는 로마의 덕과 철학자들의 덕에 대한 평가를 통해 기독교의 덕이야말로 참된 행복에 이르게 하는 참된 덕이라는 사실을 강조해 주는 의미가 있다.

---

408) *De civ. Dei.* X.32.1.

409) *De civ. Dei.* X.32.3.

410) 전반부와 후반부의 변혁점이라 할 수 있는 '화려한 악덕'에 대한 해석상의 문제들에 대해서는 『신국론』의 현대적 의의를 평가하는 부분에서 다루고자 한다.

② 교회, '참된 덕'의 공동체 (XI~XXII)

아우구스티누스는 『신국론』을 통해 로마와 철학자들의 덕을 '유사
덕'(quasi-virtue)이라고 평가하고 그 대안으로 기독교의 덕 윤리에 주목하도
록 이끌어 간다. 교회에 참된 행복, 참된 덕이 있다는 뜻이다. 사실, 후대
의 학자들이 사용한 '화려한 악덕'(splendida vitia)이라는 표현은 본질적으로,
'이교도'로 표현되는 로마인들과 철학자들의 덕을 문제시하는 관점인 동
시에 그 경계심의 표현이다.

②-a. 하나님의 도성, 그 기원

로마의 덕을 넘어설 진정한 덕의 공동체에 관한 논의는 『신국론』 후
반부 XI권부터 진행된다. 내용상 구분으로는 제3부에 해당하는 XI권에
서 XIV권까지 두 도성의 기원에 대한 설명에서, 두 도성의 대조가 나타
난다.

XI권에서 XIV권까지는 두 도성의 기원을, XV권부터 XVIII권까지는
두 도성의 역사적 전개과정을, 그리고 XIX권에서 마지막 XXII권까지는
두 도성의 종말을 다룬다. X권까지, 로마의 내러티브가 절대적인 것이 아
니라는 점을 보여주었고, 이후에는 기독교가 제시하는 교회의 내러티브를
다루고 있다는 점 또한 참고할 부분이다.

X권까지의 논의에서 참된 종교와 로마종교의 대조, 하나님께 대한
예배와 신들 및 정령에 대한 숭배 사이의 대조, 그리고 정령과 천사의 대
조, 무엇보다도 로마인들과 그리스도인들의 대조가 이어져 왔던 것을 고
려한다면, 두 도성의 기원에 대한 논의는 당연한 수순이다.

이것을 『신국론』 편성구조상의 대조라고 할 수 있다. X권까지는 로
마에 대한 윤리적 진단과 기독교의 변증을 다루었다. 혹은 지상의 도성

에 나타난 특성들과 그 속에 살아가는 그리스도인의 책무에 대한 성찰이다. 이와는 대조적으로 XI권부터는 하나님의 도성에 대한 본격적인 논의가 전개된다.

『신국론』의 전반부에서, 로마를 향하여 참된 종교와 윤리를 찾아야 한다고 주장했다면, 후반부에서는 로마를 향해 기독교를 참된 종교로 제시하는 데 초점을 맞추고 있다. 특히 하나님의 도성의 현재적 단면을 보여주는 공동체로서의 교회에 집중함으로써, 로마인들에게는 교회가 로마의 종교와 윤리의 대안이라는 점을, 그리스도인들에게는 대안 공동체가 되어야 한다는 점을 강조하고 있다.

아우구스티누스는 XI권의 첫머리에서부터 『신국론』이 다루고자 하는 진정한 주제가 하나님의 도성이라는 점을 천명한다. 또한 하나님의 도성에 관한 성찰이 아우구스티누스의 상상력으로 지어낸 이야기가 아니라 성경 내러티브에 근거한 비전이라는 점을 강조한다.[411] 하나님의 도성이라는 개념과 비전 자체가 이론을 위한 이론이 아니라, 성경의 내러티브를 반영하고 있다.

아우구스티누스는 로마의 종교와 문화와의 대조, 지상의 국가들과의 대조, 그리고 지상에 속한 삶에서 참된 종교를 알지 못하는 자들과의 대조 혹은 차이를 풀어내고자 했다. 이는 내러티브의 대조 혹은 차이를 말해주는 것으로서, 로마가 지닌 제신숭배 및 정령숭배의 헛된 종교와 헛된 윤리에 대조되는 참된 종교와 윤리의 비전을 보여준다.

덕 윤리의 문제와 관련하여 생각한다면, 아우구스티누스의 관점은 지상의 도성이 보여주는 윤리적 한계에 대한 기독교적 대안 제시인 동시에 참된 종교가 제시하는 참된 행복을 향한 덕 윤리는 어떤 것인지를 보여준다. 특히 지상의 도성에서 내세우는 로마인다운 덕성(Romana virtus)가

---

411) *De civ. Dei.* XI.1.

인간과 사회를 진정한 행복으로 이끌어줄 수 없다는 한계를 폭로함으로써, 대안이 필요하다는 사실을 강조한다.

이러한 이야기들을 풀어내기 위해, 가장 먼저 착수한 주제가 하나님에 대한 지식의 문제이다. 아우구스티누스는 X권까지의 논의에 등장했던 주제를 이어간다. 중보자에 대한 논의가 그것이다. 우선, 눈에 들어오는 것은 로마인들이 신들과 인간의 중보자로 정령들을 숭배했던 것과 기독교는 분명한 차이가 있다는 것이다.

X권에서, 아우구스티누스는 하나님과 인간 사이의 진정한 중보자는 정령들이 아니라 예수 그리스도임을 확인했다. 이것을 하나님에 대한 지식의 문제로 확장시킨다. 아우구스티누스에 따르면, 예수 그리스도를 통하지 않고는 하나님을 알 수 없으며, 하나님께 나아갈 수 없다.[412]

성경은 하나님을 아는 지식의 기록이라는 점에서,[413] 하나님의 도성에 관한 성찰을 성경에 근거하여 전개하는 근거가 된다. 하나님의 도성에 대한 설명이 창세기로부터 이어지는 성경의 내러티브에 근거하는 이유도 이것이다. 이는 로마의 종교와 문화를 지배하던 신화적 내러티브 혹은 로마의 시민적 내러티브와는 전혀 다른 덕 윤리를 다루고 있음을 암시한다. 말하자면, 지상의 도성과 하나님의 도성 사이의 대조는 내러티브의 대조 혹은 갈등이 있는 셈이다.

아우구스티누스는 성경의 내러티브를 따라, 모든 것의 시원을 '창조'의 관점에서 풀어낸다. 창조론을 따라 두 도성의 역사를 풀어간다는 것은 세계의 시원에 대한 또 하나의 견해를 추가하는 것이 아니라, 우주와 역사의 주(主)되시는 하나님을 향한 종교와 윤리를 제안하는 의의가 있다. 아우구스티누스가 제시하려는 참된 종교는 성경 내러티브를 가진 기

---

412) *De civ. Dei.* XI.2.
413) *De civ. Dei.* XI.3.

독교라는 뜻이 되는 셈이다.

『신국론』 XI권에 제시된 창조의 이야기들은 성경 창세기의 그것과 같다. 아우구스티누스에 따르면, 하나님은 시간까지도 창조하신 분이시다. 창세기에 기록된 아침과 저녁이라는 표현은 태양의 시간운동을 전제로 하는 인간의 개념으로 곡해해서는 안 된다.[414] 예를 들어, 일곱째 날 안식하셨다는 것은 인간의 수준에서 엿새 동안의 수고를 말한다기보다 진정한 안식의 근거를 마련하신 것이라고 보아야 한다.[415]

천사들에 대한 부분에서, 두 도성의 구분에 관한 중요한 단서가 나타난다. 선한 본성으로 창조된 천사들 중에서 악한 천사들이 나타났다. 플라톤 철학의 용어로 정령들에 해당하는 악한 천사들은 창조된 선으로부터 돌이켜 선을 상실한 존재들이다.[416] 이는 정령들의 기원이 자의에 의한 선의 상실에 있음을 보여준다.

성경이 말하는 하나님은 삼위일체의 하나님이며, 단일하고 불변한 존재이다. 하나님은 불변하는 선이기에, 창조된 모든 것은 그 본성상 선한 존재로 지음 받았다. 다만, 피조물들은 하나님처럼 불변하는 존재가 아니라, 가변적이다. 하나님의 창조가 불완전하다는 뜻이 아니라, 피조된 모든 존재의 실존적 정체성을 보여주는 표현이다.[417]

이어지는 이야기에서, 천사와 악령 즉 정령들에 대한 이야기에 그치지 않고 인간을 포함하여, 선으로부터 벗어난 죄의 문제를 풀어내는 단초가 나타난다. 하나님의 창조는 선하고 완전하며 행복을 누릴 수 있는 것이었다. 천사는 물론이고 최초의 인간 역시 그 행복의 주인공이었다.

---

414) *De civ. Dei.* XI.7.

415) *De civ. Dei.* XI.8.

416) *De civ. Dei.* XI.9.

417) *De civ. Dei.* XI.10.1.

문제는 그들이 자신들의 의지에 따라 하나님께서 주신 행복을 버리고 죄에 빠진 데 있다.

천사들은 지극한 행복의 상태에 있었으나, 그 중에서 타락한 천사가 생겼다. 마귀 혹은 정령은 진리의 빛에서부터 벗어나 타락함으로써 파멸하고 말았다. 마귀에게는 진리가 없으며 진리 안에 머물지 못한다.[418] 이는 천사의 타락에 관한 이야기인 동시에, 행복과 죄의 문제를 가름할 근거가 되는 '가치의 질서'에 대한 논의로 이어진다.

아우구스티누스에 따르면, 모든 피조물에는 가치에 따른 등급이 있다. 이용가치 혹은 이성의 높고 낮음이 그 척도가 된다.[419] 예를 들어, 진리로부터 벗어난 악한 천사의 타락에서 볼 수 있듯이 피조물이 악하게 된 것은 의지를 남용한 데 있다.[420]

아우구스티누스는 창조의 완전성을 고백할 뿐 만 아니라, 하나님을 통해서만 행복을 얻을 수 있다는 점을 강조한다. 창조에 관한 내러티브에서 행복을 말하는 것은 전혀 어색한 것이 아니다. 인간의 진정한 행복은 로마가 숭배한 신들을 통해서 혹은 정령들을 통해서 구현되는 것이 아니라, 세상을 선하게 창조하신 삼위일체 하나님을 통해서만 가능하다. 말하자면, 창조의 내러티브 안에 행복에 관한 내러티브가 담겨 있다.

행복은 어디에서 오는가? 하나님을 향유해야 행복해진다.[421]

아울러, 아우구스티누스는 철학의 삼분법 즉 형이상학(자연철학), 논리

---

418) *De civ. Dei.* XI.14.

419) *De civ. Dei.* XI.16.

420) *De civ. Dei.* XI.17.

421) *De civ. Dei.* XI.24. si unde sit felix: Deo fruitur;

학(이성철학), 윤리학(도덕철학)의 구분법을 응용한다. 철학을 세 분야로 나눈 것처럼, 하나님의 영원하심, 참되심, 선하심은 인간을 위한 진정한 행복의 근거가 된다는 점을 말하고 싶었던 것이다. 다만, 인간이 하나님을 어떻게 대하느냐의 문제가 남는다. 여기에서 향유와 이용의 구분을 참고할 필요가 있다.

> 향유하는 것은 향유하는 사람의 몫이고 사용하는 것은 사용하는 사람의 몫이라는 것을 모르는 것은 아니지만, 둘 사이에 차이가 있다. 그 사물을 다른 것과 연관시키지 않고 그 자체로 즐기는 것을 향유한다고 말하고, 다른 것 때문에 그 사물을 추구하는 것을 사용한다고 말한다.[422]

강조점은 영원한 것을 향유하려는 자세가 필요하다는 데 있다. 돈은 향유하고 하나님을 사용하려는 사람은 가치가 전도된 사람의 경우일 것이다. 아우구스티누스에 따르면, 하나님을 위해 돈을 사용하는 것이 아니라, 돈 때문에 하나님을 숭배하려는 것은 옳지 않다.[423]

이 대목에서, 데카르트를 연상시키는 아우구스티누스의 유명한 구절, '내가 속임수에 넘어가고 있다면, 그것은 내가 존재한다는 증거이다' 혹은 '내가 속고 있다면, 나는 존재한다'는 문장이 나온다.[424] 이 문장에 대한 해석의 문제보다 중요한 것은 아우구스티누스가 특히 사랑의 문제를 다루고 있다는 점이다.

사랑의 질서에 사고가 발생했다. 선한 천사와 악한 천사의 구분은

---

422) *De civ. Dei.* XI.25. Nec ignoro, quod proprie fructus fruentis, usus utentis sit, atque hoc interesse uideatur, quod ea re frui dicimur, quae nos non ad aliud referenda per se ipsa delectat; uti uero ea re, quam propter aliud quaerimus

423) *De civ. Dei.* XI.25.

424) *De civ. Dei.* XI.26. Si enim fallor, sum.

바로 여기에서 비롯된다. 빛과 어둠이 나뉘게 된 셈이다. 이 구분은 결과적으로 천사들의 구분을 넘어 인간들의 구분 즉 두 도성의 구분으로 이어진다.[425]

선한 천사와 악한 천사의 본성은 동일하지만, 그들의 사랑에 따라 선한 천사와 악한 천사로 나뉜다. 사랑의 질서와 대상에 따라 두 부류가 나뉘고, 그것이 결국 두 도성을 구분하는 근거가 된다.[426] 천사들의 두 부류가 나뉘는 과정에서 선행하는 원인을 찾으려 할 때, 악한 의지 그 이상의 다른 것을 찾으면 안 된다. 이에 대해 아우구스티누스는 아래와 같이 언급했다.

> 의지가 스스로 상위의 선을 버리고 하위의 것들로 향하면, 악해진다. 의지가 방향을 바꾸는 대상이 악하기 때문이 아니라, 방향을 바꾸는 것 자체가 어긋난 것이기 때문이다. 따라서 하위의 사물이 의지를 악하게 만든 것이 아니라, 의지 자체가 악해져서 무질서하게 하위의 사물을 추구하는 것이다.[427]

말하자면, 악한 의지의 외부 작용인을 찾아서는 안 된다는 것이다. 악한 의지에는 작용인이라는 것이 없다. 악의 문제에서 작용인을 말하는 것은 자칫 마니교적 설명법에 유혹받게 만드는 오류일 수 있다. 악한 의지 그 자체가 문제의 원인이다.

아우구스티누스는 작용인 대신에 결함인(缺如因)을 문제 삼는다. 아우

---

425) *De civ. Dei.* XI.34.

426) *De civ. Dei.* XII.1.1.

427) *De civ. Dei.* XII.6. Cum enim se uoluntas relicto superiore ad inferiora conuertit, efficitur mala, non quia malum est, quo se conuertit, sed quia peruersa est ipsa conuersio. Idcirco non res inferior uoluntatem malam fecit, sed rem inferiorem praue atque inordinate.

구스티누스에 따르면, 악한 의지란 결함이기 때문이다. 최고로 존재로부터 그보다 더 못하게 존재하는 사물을 향하여 전락해버리는 것이야말로 치명적 결함이자 죄의 원인이다.[428]

결함인이라는 것도 외부 작용인에 대한 설명과 마찬가지로, 특정한 실체를 지칭하는 것은 아니다. 의지 자체가 불변하는 선에서 떨어져 나가 가변적인 선을 지향한 사랑의 왜곡 혹은 질서를 어긴 사랑이 문제이다. 아우구스티누스의 비유에서 볼 수 있듯이,

> 탐욕은 황금 자체의 부패가 아니라, 정의롭지 못한 방식으로 황금을 추구하는 어긋난 사랑을 지닌 인간의 부패이다.[429]

의지의 문제 즉 사랑의 문제가 핵심이다. 아우구스티누스가 보기에, 하나님은 의지 자체를 선하게 창조하셨으나, 의지를 부여받은 존재들이 잘못된 방향으로 의지를 사용함으로써 문제가 발생했다.[430] 이러한 뜻에서, 선이 악의 원인이 아니라, 선의 결여가 악의 원인(ut mali causa non sit bonum, sed defectus a bono)이다.[431]

아우구스티누스의 초점은 창조와 원죄, 그리고 구원에 맞추어져 있다. 원죄에 관한 부분에서, 아우구스티누스는 기독교 신학의 근간이 될 중요한 요점들을 정리해주었다. 아우구스티누스에 따르면, 최초의 사람들이 불순종함으로써 인류 자체가 죽음으로 내몰리게 되었다.[432]

---

428) *De civ. Dei.* XII.7.
429) *De civ. Dei.* XII.8. Neque enim auri uitium est auaritia, sed hominis peruerse amantis aurum iustitia derelicta
430) *De civ. Dei.* XII.9.1.
431) *De civ. Dei.* XII.9.2.
432) *De civ. Dei.* XIII.1.

원죄에 대한 아우구스티누스의 설명은 탁월한 관점으로서, 창조, 죄, 그리고 구원의 문제를 성경 내러티브로 풀어냈다. 또한 인간의 원죄에 관한 성찰에는 생명과 죽음의 문제가 포함된다. 인간이 영원한 생명을 누리지 못하는 이유는 창조에 결함이 있어서가 아니라, 죄에 따른 형벌이다.[433]

아우구스티누스는 인간의 죽음은 죄 때문에 생겨난 것이며 구원의 은혜를 통하지 않고서는 영원한 생명에 이를 수 없고 진정한 행복을 얻을 수 없다는 점을 강조한다. 인간이 행복을 상실한 것은 하나님 때문이 아니라, 인간 자신에게 그 원인이 있다는 것이다.

사실, 기독교 내러티브에서 죄의 문제는 인간의 행복을 추구하는 과정에서 반드시 해결해야 하는 핵심적인 문제이다. 이에 관한 아우구스티누스의 관점은 다음과 같이 요약될 수 있겠다.

> 하나님은 인간을 바르게 창조하셨다. 하나님은 만물의 창조자이시다. 하나님은 악덕의 창조가가 아니라, 인간이 자발적으로 타락하여 그에 따른 정죄를 받았다. 나아가 인간은 타락하고 정죄 받은 자들을 낳았다. 그 한 사람이 우리 모두였을 때 우리들 모두가 그 한 사람 안에 있었다.[434]

아우구스티누스의 설명에서, 최초의 사람 아담의 죄는 문제의 중요한 단초이다. 인간은 죄를 지음으로써 하나님에게서 떠나갔고, 인간의 첫째 죽음은 이 죄에 대한 형벌이다.[435] 플라톤 학파에서는 영혼이 육체

---

433) *De civ. Dei.* XIII.3.

434) *De civ. Dei.* XIII.14. Deus enim creauit hominem rectum, naturarum auctor, non utique uiriorum; sed sponte deprauatus iusteque damnatus deprauatos damnatosque generauit. Omnes enim fuimus in illo uno, quando omnes fuimus ille unus.

435) *De civ. Dei.* XIII.15.

에서 분리되는 것은 형벌이 아니라고 주장하면서, 영혼불멸을 위해서는 육체가 없어야 한다는 주장을 펼치는 부류도 있지만,[436] 이는 성경의 내 러티브와 어울리지 않는다.

성경의 내러티브는 플라톤을 비롯한 로마문화의 내러티브에 반격을 가하는 근거가 된다. 육체적 죽음은 누구도 피할 수 없는 분명한 사실이 며, 죄로 인한 형벌이라는 것 역시 성경 내러티브에서 왔다.

선하게 창조된 인간이 죄를 지어 타락함으로써 죽음에 이르게 되었 고, 인간은 구원의 은혜가 필요한 존재라는 점을 일깨워준 것 역시 성경 내러티브이다. 성도들의 육체적 죽음과 낙원에서의 쉼, 그리고 부활의 소망에 대한 이야기들 모두가,[437] 성경 내러티브에 속한다.

아우구스티누스는 죄에 대한 분석을 심화시켜, 창조와 구원의 내러 티브에 따른 두 도성의 구분으로 논의를 이어간다. 최초의 인간이 죄를 지음으로써 모두가 죄인이 되었지만, 하나님의 은혜를 구하는 자와 그렇 지 않은 자가 있다. 이것이 두 도성의 영적이고 도덕적인 구분기준인 셈 이다.

분명히, 세상에는 두 가지 사회가 존재한다. 성경에 의하면 이를 두 도성이라고 부를 수 있다. 하나는 육에 따라 사는 인간들의 도성이고 다 른 하나는 영에 따라 사는 인간들의 도성이다. 둘 다 그 나름의 평화 속 에 살고 싶어 하며 기대하던 바를 획득하며 그 나름의 평화 속에서 살아 가는 도성이다.[438]

이것을 성경의 표현대로 표현하자면, 육을 따라 사는 사람과 영을

---

436) *De civ. Dei.* XIII.19.

437) *De civ. Dei.* XIII.23.1.

438) *De civ. Dei.* XIV.1.

따라 사는 사람으로 표현할 수 있다.[439] 육을 따라 산다는 것은 바울이 말한 것처럼, 육체의 쾌락에 집착하여 온갖 악행을 일삼고 살아가는 것을 뜻한다. 이것은 육체 그 자체가 곧 죄의 원인이라는 뜻이 아니다. 플라톤 철학에서 육체를 죄의 원인으로 간주하던 것과 달리, 창조의 내러티브에서는 죄의 원인을 영혼 즉 의지의 문제에 주목한다.

무엇보다도, 문제가 되는 것은 의지이다. 죄의 원인은 육체를 지니고 있기 때문이 아니라, 사랑의 질서를 어긴 채 인간 스스로 지어낸 잘못된 선택에 있다. 아우구스티누스는 단호하게 말한다.

> 인간이 행복해질 가능성을 보여주지 못하며 살고 있으면서도 행복하기를 바라는 의지야말로 지독한 거짓 아닐까? 모든 죄가 거짓이라는 말은 그릇된 소리가 아니다. 의지에 의해서가 아니면 죄가 생겨나지 않는다.[440]

아우구스티누스가 경계하는 것은 마니교와 플라톤 학파의 관점으로 죄의 문제를 설명하려는 시도이다. 물론, 플라톤 학파에게는 죄라는 개념 자체가 없기는 하지만, 아우구스티누스는 기독교 고유의 죄에 대한 설명을 통해 로마의 그것과는 전혀 다른 내러티브를 주목하게 했다. 플라톤과 마니교의 내러티브가 아니라, 기독교와 성경의 내러티브를 따라 인간과 죄의 문제를 설명해야 한다는 것이다.

아우구스티누스가 의지와 죄의 문제를 통해 성경 내러티브를 강조하는 이유는 무엇인가? 기독교를 혐오하는 로마를 향하여 참된 종교를 찾으라고 권하는 동시에, 그리스도인들을 향하여 기독교신앙이야말로

---

439) *De civ. Dei*. XIV.1.

440) *De civ. Dei*. XIV.4.1. Beatus quippe uult esse etiam non sic uiuendo ut possit esse. Quid est ista uoluntate mendacius? Unde non frustra dici potest omne peccatum esse mendacium. Non enim fit peccatum nisi ea voluntate,

진정한 행복의 길이라는 사실을 독려하려는 두 가지 의도 모두를 지니고 있다.

아우구스티누스가 말하고자 했던 것은 악에 대한 정죄와 낙인이 아니라 악의 치유 즉 구원의 가치였다. 아우구스티누스에 따르면, 악덕이 치유되면 모든 것이 사랑해야 할 대상들이고, 미워해야 할 것은 아무것도 남지 않는다.[441] 사랑의 질서를 왜곡한 의지의 타락을 바로 잡아 진정한 사랑을 향하도록 이끌고 싶었던 셈이다.

여기에서 말하는 사랑은 바른 의지를 뜻한다. 야스퍼스(K. Jaspers)의 해석처럼 의지의 핵심을 사랑이라고 할 수 있다면,[442] 아우구스티누스의 윤리는 의지의 윤리이자 사랑의 윤리인 셈이다. 혹은 의지의 바른 질서 내지는 바른 사랑의 윤리라 할 수 있다.

> 올바른 의지는 곧 선한 사랑이며 비뚤어진 의지는 곧 악한 사랑이다. 따라서 사랑하는 바를 갖고자 탐하는 사랑이 탐욕이다. 또 사랑하는 대상을 소유하고 향유하는 사랑은 기쁨이다. 자기에게 상반되는 바를 기피하는 사랑은 두려움이다. 그것이 자기에게 닥칠 때 느끼는 사랑이 슬픔이다. 사랑이 나쁘면 이것들이 나쁘고 사랑이 좋으면 이것들도 좋다.[443]

이 부분에서, 내러티브 차이 혹은 대조가 또다시 드러난다. 감정 혹은 정서의 문제에 대한 스토아 철학의 내러티브와의 차이가 그것이다,

---

441) *De civ. Dei.* XIV.6.

442) Karl Jaspers, *Augustin*(München: R. Piper Verlag, 1976), S.51.

443) *De civ. Dei.* XIV.7.2. Recta itaque uoluntas est bonus amor et uoluntas peruersa malus amor. Amor ergo inhians habere quod amatur, cupiditas est, id autem habens eoque fruens laetitia; fugiens quod ei aduersatur, timor est, idque si accidit sentiens tristitia est. Proinde mala sunt ista, si malus amor est; bona, si bonus.

스토아 철학에서는 현자란 마음에 찾아오는 동요를 이겨내는 덕을 지닌 자들로서, 고통과 슬픔을 느끼지 않는 존재라고 말했지만, 성도들의 경우는 다르다. 스토아 철학에서는 모든 감정들을 이겨내고 달관의 상태 즉 아파테이아에 도달하는 것을 강조했지만, 기독교는 다른 내러티브를 가지고 있다. 성경의 가르침을 따르자면, 하나님 도성의 시민들에게도 두려움과 아픔과 즐거움이 있다.

성도들의 사랑은 올바른 목적을 향한 것이기 때문에, 그 모든 감정에 대해서도 올바른 태도를 지닌다. 그들은 진정으로 두려워하는 것은 현세적인 상실의 두려움이 아니라 영원한 벌을 두려워하는 것이며, 그들이 즐거워하는 것은 현세적인 쾌락이 아니라 영원한 생명이다.[444]

스토아 철학에서 말하는 아파테이아는 살아 있는 자의 몫이 아니다.[445] 솔직히, 성도들은 스토아철학자들처럼 감정 자체를 부정하는 비정상적인 행복을 추구하는 자들이 아니다. 성도들은 자신이 감정을 사랑의 질서와 연관 지어 바른 사랑을 추구하는 자들이다. 하나님 도성의 시민들은 하나님을 따라 살고 사람을 따라 살지 않는 사람들이기 때문이다.[446]

그렇다면, 최초의 인간들은 타락하기 전에 감정의 동요를 느끼며 살았을까? 아우구스티누스의 설명법대로 하자면, 최초의 인간들은 하나님에 의해 선하게 창조되었으나 그 본성이 타락하여 부패하고 말았다. 또한 하나님은 이러한 인간의 죄와 타락을 예지하셨고 그들이 타락했을 때, 구원하시기로 작정하셨다.[447]

아우구스티누스가 스토아 철학을 인용하면서 감정의 문제와 사랑의

---

444) *De civ. Dei.* XIV.9.1.

445) *De civ. Dei.* XIV.9.4.

446) *De civ. Dei.* XIV.9.6.

447) *De civ. Dei.* XIV.11.1.

문제를 언급한 것은 기독교가 말하는 구원이란 무엇인지를 설명하려는 것이었다. 이는 스토아 철학의 '아파테이아'에 관한 내러티브와 근본적으로 차이가 있다. 아우구스티누스는 기독교 내러티브에 의해 인간과 구원의 문제를 설명하고 기독교야말로 참된 종교라는 점을 강조하고 싶었다.

스토아 철학자들의 정념 혹은 감정에 대한 관점과 대조되는 기독교 내러티브를 살펴 볼 때, 눈여겨 볼 부분은 '원죄'의 본질이다. 아담의 범죄에서, 가장 중요한 요인은 악한 의지 즉 '교만'(superbia)이다. 이 부분은 아우구스티누스의 천재성을 빛나게 해주는 대목 중 하나일 듯싶다. 교만은 겸손과 카운터파트가 되어 두 도성을 구분하는 중요한 근간이 된다. 아우구스티누스에 따르면,

처음 사람들은 은연중에 악한 사람들이 되기 시작하여 노골적으로 불순종으로 타락하고 말았다. 악한 의지가 먼저 작용하지 않았다면 악한 행위를 저지르지 않았을 것이다. 따라서 악한 의지의 근원은 교만이 아니라면 과연 무엇이겠는가? '모든 죄의 원인은 교만(superbia)이다.' 그리고 교만은 뒤집혀진 우월감을 향한 욕구가 아니라면 과연 무엇이겠는가? 마음이 지켜야 할 원리를 저버리고 그 자신이 스스로 원리가 되어 버리는 바로 그것이 뒤집혀진 우월감이다.[448]

교만의 상대어라 할 수 있는 겸손은 어긋난 사랑 혹은 사랑의 무질서와 왜곡을 바로잡기 위한 대안이다. 이는 참된 덕의 구현을 위해 적극

---

448) *De civ. Dei.* XIV.13.1. In occulto autem mali esse coeperunt, ut in apertam inoboedientiam laberebtur. Non enim ad malum opus perueniretur, nisi praecessisset uoluntas mala. Porro malae uoluntatis initium quae potuit esse nisi superbia? Inintium enim omnes peccati superbia est. Quid est autem superbia nisi peruersae celsitudinis appetitus? Perversa enim est celsitudo deserto eo, cui debet animus inhaerere, principio sibi quodamnodo fieri atque esse principium..

적으로 실천해야 할 덕목으로 권장된다. 말하자면, 교만을 특성으로 하는 부류와 겸손을 실천하는 부류로 인간의 두 부류를 구분해야 한다.

최초의 사람들이 저지른 원죄는 교만에서 비롯된 것이지만, 근본적으로 하나님의 명령에 대한 위반이라는 점에서 원죄 그 자체가 교만보다 더 악하다. 아우구스티누스는 이것을 불순종의 문제로 설명한다. 명령을 내리신 하나님께서 경멸을 당하신 것이라고도 할 수 있다.[449]

인간의 원죄는 교만한 마음에서 비롯되어 하나님의 명령에 불순종함으로써 하나님을 경멸한 사악함이다. 이는 하나님을 마땅히 사랑하고 자기 자신을 낮추어야 하는 인간이 그 본연의 자세를 망각한 채, 자기를 높이고 사랑하기 위해 하나님을 경멸한 사건이다. 따라서 죄는 가장 근본적인 사랑의 왜곡이며, 죽음은 죄에 대한 형벌이다.[450]

인간의 교만에 대해 하나님께서 내리신 죄벌은 지극히 당연한 것이며, 결과적으로 죄로 인한 최대의 피해자는 죄를 지은 인간 자신이다. 아우구스티누스의 표현대로 하자면, 우리가 하나님께 순종하지 않을 때, 우리가 하나님께 힘겨운 존재가 되는 것이 아니라 결과적으로 우리가 우리 자신에게 힘겨운 존재가 되고 말았다.[451]

그 결과, 인간은 감정에 휩쓸리는 존재로 전락해버렸다. 스토아 철학자들이 다루었던 정념 혹은 감정의 문제에 대한 아우구스티누스의 해법이 여기에 있다. 인간은 여러 정념들에 이끌리고 정욕에 따라 살아가는 어리석음에 처하게 되었다. 아우구스티누스에 따르면, 무엇보다도 정욕이 문제일 수 있다. 특히 음욕과 연관이 있다. 최초의 사람들이 남자와 여자로 서로에게 부끄러운 존재가 된 것에는 이러한 상징성이 담겨 있다.

---

449) *De civ. Dei.* XIV.15.1.

450) *De civ. Dei.* XIV.15.1.

451) *De civ. Dei.* XIV.15.2.

아우구스티누스에 따르면, 인간이 죄를 짓기 전에는 인간의 본성 또한 온전했고 정욕 때문에 힘겨워질 필요가 없었다. 하지만, 죄를 범한 이후 인간은 정욕에 휩쓸리는 존재로 전락해 버렸고, 결과적으로 정욕 때문에 괴로움을 당하고 만다. 천사의 타락이든 혹은 인간의 범죄이든 간에 그것이 하나님의 섭리를 훼손하는 것이 되지는 못하며, 죄를 지은 자들에게 해악이 될 뿐이다.[452]

여기에서 가장 두드러진 강조점은 두 도성의 구분에 관한 것이다. 아우구스티누스에 따르면, 천사와 인간들 사이에 두 부류가 나뉜다. 그들의 사랑에 따라, 그들의 부류가 나뉜다.

> 두 사랑이 두 도성을 이루었다. 하나님을 멸시하기까지 하는 자기사랑이 지상도성을 만들었고, 자기를 멸시하기까지 하는 하나님 사랑이 천상도성을 만들었다.[453]

②-b. 역사적 전개와 종말론적 비전

아우구스티누스는 『신국론』 XV권부터 XVIII권까지의 논의에서 두 도성의 전개과정을 다룬다. 해박한 지식을 동원하여 세계사의 흐름과 성경의 역사를 연관 시키면서 지상의 도성에서 전개된 역사적 사건들과 그 의미를 설명하는 방식이다.

두 도성은 그 기원으로부터 각각의 종말을 향하고 있다. 시간의 창조에 관한 설명에서 다루었던 것처럼, 순환의 역사관으로 설명하는 것은 적절하지 않다. 정확하게 말하자면, 직선사관을 따라 그 전개과정을 살

---

452) *De civ. Dei.* XIV.27.

453) *De civ. Dei.* XIV.28. Fecerunt itaque ciuitates duas amores duo, terrenam scilicet amor sui usque ad contemptum Dei, caelestem uero amor Dei usque ad contemptum sui.

펴보는 것이 옳다.

두 도성은 종말을 향하여 가고 있지만, 종말의 내용은 전혀 다르다. 하나는 멸망으로, 다른 하나는 승리로 결말이 나게 될 종말을 향하고 있다.[454] 이러한 예견은 애초부터 두 도성이 각각 하나님을 배신한 부류와 하나님을 경배하는 부류 사이의 구분이라는 점에서 충분히 예측 가능한 대목이다.

한 가지, 하나님의 도성에 속한 사람들이 살고 있는 현세에 대한 설명은 그리 간단하지 않다. 더구나 지상의 도성이 멸망을 향하고 있기는 해도 당장 멸망하는 것은 아니라는 점에서, 복합적이고 변증법적이다.

하나님의 도성에 속한 사람들이 사용해야 할 것들을 구비하고 있기에, 지상의 도성에 대한 설명에는 복합적인 요소들이 담겨있다. 두 도성의 혼재와 긴장관계 및 변증법적 상호작용에 관해서는 역사가 전개되고 있는 한, 두 도성이 각각의 정체성을 가지고 혼재되어 있다고 보는 것이 좋겠다.

두 도성의 전개과정은 성경의 역사에 나오는 가인과 아벨의 이야기로부터 시작된다. 둘 사이의 대조는 두 도성의 분명한 대조를 보여준다. 인류의 두 시조에게서 인간의 도성에 속하는 가인이 태어났으며, 하나님의 도성에 속하는 아벨이 태어났다.[455]

기이하게도, 이러한 현상은 로마인들의 역사에서도 재현되고 있다. 두 형제 사이의 대립과 갈등에 관한 내용까지도 닮아있다. 지상의 도성의 시조는 형제살해자였다. 그는 시기심에서 자기 동생을 죽였다.

이것은 성경이 말하는 역사와 세계사의 전개가 전혀 무관한 것이 아니라는 점을 반증해준다. 인간에 대한 성경의 내러티브는 세계사의 여러

---

454) *De civ. Dei.* XV.1.1.
455) *De civ. Dei.* XV.1.2.

측면들에서 입증된다. 예를 들어, 레무스와 로물루스의 사건은 지상도성이 어떻게 내부로부터 스스로 분열되는지를 보여주었다. 마찬가지로, 가인과 아벨의 사건은 하나님의 도성과 인간의 도성 사이에 존재하는 적대관계를 보여준다.[456]

하나님의 도성과 지상의 도성은 서로 갈등하며 혼재하고 있다. 이것을 아우구스티누스는 하나님의 도성이 지상의 도성을 지내는 동안 순례중에 있음을 표현해주는 상징들이라고 말한다. 가인과 아벨의 경우, 질투에 의해 살인죄를 저지른 가인의 심리에서도 두 도성의 대조가 드러난다.

> 선한 사람들은 하나님을 향유하기 위하여 세상을 사용한다. 악한 사람들은 세상을 향유하기 위하여 하나님을 사용하려 든다.[457]

가인이 도성을 창건한 이후에, 아벨을 대신하여 셋이 태어났다. 이후 노아의 방주가 나타난 대홍수시대에 이르기까지 인류의 두 계보가 이어졌다. 이 과정을 설명하면서 무드셀라의 장수와 연대 계산법을 다루기도 하지만, 주된 논지는 가인의 계보와 아벨을 대신한 셋의 계보가 각각 구분되어 이어져 왔다는 것이었다.

여기에서 아벨과 셋, 그리고 셋의 후손 에노스에 이르는 계보는 상징성을 가진다. 하나님의 도성이 지상에서 나그넷길을 가는 동안 소망을 가지고 살아간다는 사실과 지상에서의 소망을 넘어 영원한 도성을 향한 소망을 가져야 함을 일깨워 준다.[458]

---

456) *De civ. Dei.* XV.5.

457) *De civ. Dei.* XV.5.

458) *De civ. Dei.* XV.7.1. Boni quique ad hoc utuntur mundo, ut frauntur Deo; mali autem contra, ut frauntur mundo, uti uolunt Deo.

또한 노아의 방주 이전까지의 성경인물들에 대한 성찰은 두 도성에 속하는 사람들의 삶을 대조적으로 설명해준다. 인류의 역사가 전개되는 과정에서, 자유의지를 어떻게 사용하느냐에 따라 두 도성의 구분이 드러나기도 하고 혼재된다는 점을 보여주는 사례들인 셈이다.

아우구스티누스는 창세기의 족장시대 이전 성경의 인물들에 대한 성찰을 통해 중요한 덕 윤리적 교훈을 준다. 하나님의 도성에 속한 자들의 후손들도 사랑의 질서를 어기고 나그넷길을 가는 이 세상에 얽매일 수 있다는 점을 경고한 것이다.

> 만일 창조주를 사랑한다면, 즉 창조주 대신 그분 아닌 다른 것을 사랑하지 않고 그분을 사랑한다면, 악하게 사랑하는 것은 불가능하다. 이렇게 말하는 이유는 사랑 자체도 질서가 있게 사랑해야 하기 때문이다. 그렇게 해야, 사랑해야 할 것을 선하게 사랑하게 되고, 선하게 살아가는 덕이 생기기 때문이다. 내가 보기에, 덕에 관한 정확하고 간결한 정의가 있다면, 그것은 사랑의 질서다. '아가서'에서 그리스도의 신부, 곧 하나님의 도성이 이렇게 노래한다. '내 안에 사랑을 질서 지워 주소서.'[459]

이어서, 노아의 방주에 대한 성찰을 통해 아우구스티누스는 노아와 방주가 그리스도와 교회를 상징하는 것이라고 해석한다. 방주를 나무로 지었던 것처럼, 나무에 달리신 예수 그리스도의 예표가 되며, 교회의 모형이기도 하다.

특히 하나님의 도성이 대홍수 같은 악한 세상에서 나그네살이 하고

---

459) *De civ. Dei.* XV.22. Creator autem si ueraciter ametur, hoc est si ipse, non aliud pro illo quod non est ipse, ametur, male amari non potest. Nam et amor ipse ordinate amandus est, quo bene amatur quod amandum est, ut sit in nobis uirtus qua uiuitur bene. Vnde mihi uidetur, quod in sancto cantico canticorum cantat sponsa Christi, ciuitas Dei: Ordinate in me caritatem.

있다는 사실(Dei ciuitatem in hoc saeculo maligno tanquam in diluuio peregrinantem)에 주목할 필요가 있다.[460] 방주와 대홍수 사건에 대한 해석에서 방주 안에 여러 종류의 짐승과 먹이들이 혼재하고 있었다는 점에서, 교회 안에 여러 부류의 사람들이 섞여있음을 말해주는 부분도 있다.

이후 노아부터 아브라함까지의 시기까지 하나님을 따라 산 사람들이 있었는가를 살펴보는 부분에서, 노아의 세 아들과 바벨탑 사건이 다루어지고 인류의 언어에 대한 고찰이 병행된다. 하나님의 도성은 노아의 자손 중 셈의 후손들을 통해 유지되어 왔으며 아브라함에게서 거룩함의 새로운 계보가 시작된다.[461] 이 시기는 앗수르 제국의 시대에 해당하며, 하나님의 명령을 따라 하란을 떠난 아브라함에게 하나님께서 언약을 주신 사건이 이때에 해당된다.[462]

하나님의 도성에 관한 아우구스티누스의 성찰은 성경의 족장시대로부터 왕정 및 선지자의 시대를 거쳐 그리스도의 시대까지 이어진다. 특히, 사울에게서 시작된 이스라엘의 왕권, 다윗을 이어 솔로몬 이후에 이스라엘이 두 왕국으로 분열된 과정에 대한 설명을 통해 중요한 교훈을 준다. 지상에서의 왕권은 영원한 것일 수 없다.[463]

아우구스티누스는 성경의 역사에 대한 성찰을 세계사의 전개과정과 비교하여 설명한다. 이를 통해 두 도성의 역사적 전개과정을 요약하고 그 의미를 찾는다. 『신국론』 XVIII권은 XVII권까지의 내용들을 토대로, 각각의 시대와 통치자들의 이름을 대입하는 작업을 통해 로마의 역사가 성경의 역사와 무관하지 않음을 입증하고자 했다.

---

460) *De civ. Dei.* XV.26.2.

461) *De civ. Dei.* XVI.12.

462) *De civ. Dei.* XVI.16.

463) *De civ. Dei.* XVII.7.4.

말하자면, 로마인들로 하여금 성경의 내러티브가 전해주는 의의를 깨닫게 함으로써, 참된 종교와 참된 행복을 향한 바른 길을 찾으라고 권하려는 의도를 담고 있다. 동시에, 그리스도인들에게 기독교 신앙의 진리를 재확인하고 그들의 신앙을 독려하려는 의도는 두말할 나위 없이 중요한 주제이다.

아우구스티누스가 아브라함의 이야기로부터 시작하는 것은 세계사의 구체적인 기록들과 맞아떨어지는 부분들을 예증함으로써, 성경의 내러티브가 역사성을 지닌 것임을 입증하려는 의도로 보인다. 예를 들어 로마의 역사가 마르쿠스 바로가 『로마민족사』(De gente populi Romani)를 앗수르의 기록부터 시작했다는 점과 시대적으로 맞아 떨어진다.[464]

이 시기가 아브라함 시대의 기록이 대입된다는 사실을 통해 『신국론』에서 전개하는 역사에 대한 성찰이 허구가 아닌 역사적 기록을 토대로 하는 것임을 보여준다. 아우구스티누스의 역사에 대한 논의가 로마인들에게 충분한 설득력을 가질 수 있도록 하려는 의도가 작용했다.

아우구스티누스의 계산에 따르면, 앗수르인들에게는 14대 왕 사프루스가 통치하고, 시키온에서는 12대 왕 오르토폴리스가 통치하고, 아르고스에서는 5대 왕 크리아수스가 통치하고 있을 때, 이집트에서 모세가 태어났다.[465] 모세의 출생과 출애굽 사건이 허구가 아닌 역사적 기록임을 방증자료를 통해 보여준 셈이다.

아울러, 아테네의 창건에 대한 이야기를 대조시킴으로써, 아우구스티누스는 고대 세계사의 횡적 흐름 속에서 성경의 내러티브를 읽어낸다. 예를 들어, 모세의 출애굽 사건은 케크롭스라는 왕이 재위할 때 비로소 아테네라는 도시이름을 얻게 된 그리스 왕국의 역사와 동시대에 있었던

---

464) *De civ. Dei.* XVIII.2.2.
465) *De civ. Dei.* XVIII.8.

일이었다.[466]

　아테네의 기원에 대한 바로의 설명을 소개한 것도 이 대목이다. 이 것은 로마인들이 자긍심을 갖고 있는 로마의 역사와 성경의 역사가 구체 성에서 있어서 대등할 뿐 아니라, 그 기원과 흐름에 있어서 로마의 역사 보다 훨씬 더 장구하고 근원적인 것임을 암시해준다.

　성경역사의 출애굽 이후 여호수아 시대에 로마민족사에서는 통치자 들에 의해 제신숭배가 제정되었고, 히브리 사사시대에 로마민족사에서 는 여러 신화들이 유포되어 있었다. 이 부분은 기독교를 탓하며 로마의 전통적인 제신숭배를 주장하는 세력들을 의식하면서 일종의 내러티브 대결을 시도한 것이라는 인상을 준다. 성경의 내러티브와 신화의 내러티 브 사이의 대결이 그것이다.

　로마 역사에서, 주목할 사건은 아마도 로마의 창건일 것이다. 아우 구스티누스에 따르면, 이스라엘에서 아하스와 히스기야가 유대 왕으로 재위할 무렵에 로마가 창건되었다.[467] 로물루스가 통치할 때, 탈레스를 비롯한 일곱 명의 현자들이 있었으며, 이스라엘의 열 지파가 포로생활을 시작하던 시기와 맞물린다.

　흥미로운 것은, 로물루스 역시 그의 사후에 신으로 추앙받게 되었다 는 점이다.[468] 로마인들이 숭배하는 신들의 본질이 왜 허황된 것인지, 왜 그들의 종교를 참된 것이라고 말할 수 없는지를 보여주는 근거 중 하나 일 듯싶다.

　이후 로마에서 탈레스와 피타고라스 등의 철학자들이 활동했을 때, 성경 역사에서는 시드기야 왕 때에 예루살렘이 함락되고 성전이 파괴되

---

466) *De civ. Dei.* XVIII.8.
467) *De civ. Dei.* XVIII.22.
468) *De civ. Dei.* XVIII.24.

었다. 이후, 히브리 민족은 페르시아의 고레스 왕에 의해 70년간의 포로기를 마치고 귀환하기 시작하여 성전을 재건했다. 여러 선지자들에게 주신 그리스도에 관한 예언의 말씀들이 기록되는 시기에, 로마의 왕권이 강화되기 시작했다.[469]

아우구스티누스는 구약 선지서의 예언들을 각각 요약하고 그 의미를 성찰한 후에, 그리스도와 교회에 관한 예언들이 여타의 문학들과는 달리 신적 권위를 배경으로 한다는 점을 부각시킨다. 말하자면, 성경의 내러티브는 로마나 이집트의 문학들을 넘어서는 진리를 담고 있으며, 행복의 문제에 관해 가장 확실하고 분명한 답을 줄 것이라는 신념을 표현한 셈이다.

특별히, 진정한 행복의 문제와 관련하여, 아우구스티누스는 앞서 VIII권에서 논의하다가 보류해둔 주제 즉 철학자들의 견해가 지나치게 다양한 형태로 나타난다는 점에 대해 재론한다.[470] 이는 철학자들의 행복 담론을 다시 구체적으로 다루겠다는 뜻이라기보다, 철학자들의 의견과 성경을 대조시키는 일종의 해석 과정이다.

아우구스티누스는 예언의 일관성에 대해 다룬 후, 역사대조 작업을 신약의 사건들로 이어간다. 신약시대에 교회의 확산 및 성장과정에서, 여러 부류의 사람들이 뒤섞이게 되었다. 이것은 하나님의 도성이 구약을 관통하여 이어져오다가 신약의 '교회'로 이어져 왔다는 뜻인 동시에, 교회 안에도 하나님의 도성에 속한 사람과 지상의 도성에 속한 사람이 혼재되어 있음을 암시해준다.

현세에서의 모든 과정이 끝난 후 승리하기까지, 교회 안에는 버림받은 자들이 선한 사람들과 섞여있을 것이다. 아우구스티누스에 따르면,

---

469) *De civ. Dei.* XVIII.27.

470) *De civ. Dei.* XVIII.41.1-2.

사악한 세대, 악한 세월 속에서 교회는 현재의 비천함을 통해 장차 올 영광을 대비하고 있다. 두려운 충격과 고통스러운 역경과 험난한 수고와 위험천만한 유혹을 견뎌내면서 훈육을 받고 있는 셈이다.[471]

더욱이, 교회는 잔혹한 박해와 순교자들의 죽음을 통해 복음을 온 세상에 선포하고 있다는 사실에 주목해야 한다.[472] 이 세상에서 나그넷길을 가는 하나님의 도성은 교회의 적, 이단의 공격과 의견분열을 통해서도 신앙이 오히려 강하게 성숙되기도 한다. 아우구스티누스가 보기에, 그리스도 안에서 경건하게 살고자 하는 사람들은 이런 사람들의 악행이나 오류로 인해 박해를 받는다.[473]

분명한 것은, 교회가 비록 박해와 수난을 당한다 해도, 마침내 승리할 것이며 그리스도인의 신앙은 더욱 성숙하게 된다는 점이다. 이러한 뜻에서, 박해와 수난은 신앙을 순수하게 하며 성숙시키는 계기로 인식될 필요가 있다.

아우구스티누스에 따르면, 교회는 나그넷길을 가고 있다. 사도들의 시대 뿐 아니라 아벨 즉 첫 의인을 불경스러운 형이 때려죽인 아벨의 시대로부터, 마지막까지 교회는 세상의 박해와 하나님의 위로 사이에서 나그넷길을 갈 것이다.[474]

여기에서 생각해야 할 것이 있다. 로마가 기독교 시대를 맞이했다고 해서 그리스도인들이 신앙적으로 안일해져서는 안 된다는 점이다. 기독교를 공인한 로마에서, 기독교가 박해받던 시대에서처럼 신앙의 역경을 극복해야 할 공동체적 과제가 남아있다.

---

471) *De civ. Dei.* XVIII.49.

472) *De civ. Dei.* XVIII.50.

473) *De civ. Dei.* XVIII.51.2.

474) *De civ. Dei.* XVIII.51.2.

과거 로마의 통치자들에 의해 자행된 열 차례의 박해가 있었기 때문에 최종적으로 적그리스도에 의한 박해만 남았을 뿐, 더 이상의 박해는 없을 것이라고 생각하는 것은 옳지 않다. 아우구스티누스에 따르면, 언제라도 복음을 전하는 길에는 박해가 있게 마련이며, 교회는 그러한 박해를 통해 훈련을 받게 될 것이다.[475]

중요한 것은, 박해의 시기와 내용에 관한 여러 주장들에 대한 해석이 아니라, 그리스도인들이 지상의 도성에서 '나그네처럼 지나가는' 과정으로 하나님의 도성에 속해있음을 인식하는 것이다. 이는 역사의 전개 과정을 통해 확인한 것이요, 앞으로도 전개될 과정임에 틀림없다. 두 도성은 그 시원으로부터 종말에 이르기까지 혼재되어 있다.

『신국론』의 배경으로부터 생각해보자. 로마는 가짜 신들을 만들어 숭배하면서, 자신들이 당한 재난을 두고 기독교를 탓하고 있다. 하지만, 기독교는 하나님을 섬기는 자들로서, 그들 역시 로마에 거주하는 사람들로서 그들 역시 로마인들과 동일한 재난을 당했다. 당한 재난은 동일하지만, 어떤 자세로 살아가느냐 하는 것은 중요한 차이를 만들어 낼 것이다.

> 두 도성 모두 현세적 선을 똑같이 이용하고 똑같이 악을 겪는다. 서로 다른 믿음, 서로 다른 소망, 서로 다른 사랑으로 이용하고 겪는다는 것이 다를 뿐이다.[476]

이러한 기조를 유지하면서, 『신국론』 마지막 네 권은 두 도성의 종말 혹은 두 도성의 목적에 대해 말한다. 종말에 관한 내용이라는 제목 때

---

475) De civ. Dei. XVIII.52.2

476) De civ. Dei. XVIII.54.2. Ambae tatem temporalibus uel bonis pariter untuntur uel malis pariter affliguntur, diuersa fide, diuersa spe, diuerso amore,

문에, 자칫 종교적 교리 혹은 신학적 논쟁으로 오해받을 수 있는 이 부분은 본질적으로 행복에 관한 논의인 동시에 그 결론이다. '행복론' 안에 불행한 세상에서 행복을 얻으려는 노력이 집약되어 있기 때문이다.[477]

로마인들은 재난이라는 불행을 겪으면서, 불행을 이겨내거나 혹은 회피하고 행복에 이르기 위해서는 자신들의 신들을 숭배해야 한다고 생각했다. 그들이 기독교의 제신숭배 금지가 불행을 자초한 원인이라고 생각하고 있었다는 점에서, 아우구스티누스의 관심은 기독교야말로 참된 행복에 이르게 하는 참된 종교라는 점을 입증하는 데 집중되어 있다.

아우구스티누스가 보기에, 행복에 대한 논의에서 주목할 만한 상대는 억지스럽고 일방적인 혐오를 쏟아내는 감정적 로마인들이 아니다. 오히려 로마인들의 신뢰를 한 몸에 받는 바로가 더 큰 문제이다. 바로는 로마를 대표하는 철학자 중 한 사람으로서, 고전적 철학자들의 행복론에 주목하고 있었다.

바로에 따르면, 행복 즉 최고선에 대한 철학자들의 견해를 나누면 무려 288개의 학파가 있다고 할 정도로 다양한 의견들이 제시되었다. 그 핵심주제는 선의 목적에 관한 것이었다. 이것을 요약하면서 아우구스티누스는 철학자들의 행복론이 '선의 결말 혹은 목적'(finis boni)을 추구하는 것이라고 해석한다.[478]

선의 결말 혹은 목적에 대한 이해는 쉽지 않다. 선의 목적에 대한 의견들은 무척이나 다양하다. 예를 들어, 선에 관한 성찰을 대표하는 여러 철학자들의 관점은 너무도 다양하여 일목요연하게 정리하는 것조차 쉽지 않다.

이 부분에서, 아우구스티누스는 바로의 견해를 인용하여 자신의 입

---

477) *De civ. Dei.* XIX.1.1.

478) *De civ. Dei.* XIX.1.1.

장을 간접적으로 보여준다. 그토록 복잡하고 다양한 선의 목적에 관한 철학적 논의들도 결국은 본질의 파악에 이르지 못하고 있다는 논박인 셈이다.

어떤 이는 정신에, 어떤 이는 육체에, 어떤 이는 양편과 선과 악의 목적을 설정하기도 했다. 일반적인 학파의 세 가지 분류를 토대로 마르쿠스 바로는 『철학』에서 천차만별한 양상을 일일이 세부적으로 조사한 결과, 무려 288개 학파가 있다는 사실을 파악해냈다.[479]

아우구스티누스는 여러 학파들의 의견들을 종합하여, 철학을 하는 이유와 목적이 행복에 있다는 사실을 강조한다.[480] 특히 관심을 가져야 할 것은 여러 학파들의 견해들을 나열하는 것이 아니라, 기독교가 철학자들과 다른 관점에서 행복을 말하고 있다는 점이다. 기독교 행복론의 요점을 정리하면,

우리는 영원한 생명이야말로 최고선이며 영원한 죽음이야말로 최악의 것이라고 답할 것이다. 앞의 것 즉 영원한 생명을 얻고 뒤의 것 즉 영원한 죽음을 피하려면 바르게 살아야만 할 것이다.[481]

---

479) *De civ. Dei.* XIX.1.1. ut non alii in animo, alii in corpore, alii in utroque fines bonorum ponerent et malorum. Ex qua tripertita uelut generalium distriutione sectarum Marcus Varro in libro de philosophia tam multam dogmatum uarietatem diligenter et subtiliter scrutatus aduertit, ut ad ducentas octoginta et octo sectas.

480) *De civ. Dei.* XIX.1.3.

481) *De civ. Dei.* XIX.4.1. respondebit aeternam uitam esse summun bonum, aeternam uero mortem summum malum; propter illam proinde adipiscendam istamque uitandam recte nobis esse uiuendum.

기독교가 철학자들의 관점과는 확연하게 차이가 나는 부분들 중에서 더욱 강조되어야 할 것이 있다. 기독교 행복론이 행복 자체를 인간의 노력으로 성취되는 것이라기보다 '주어지는 것' 혹은 '받는 것'으로서의 '복'이라고 생각한다는 점이다. 기독교적 덕 윤리에서 간과되어서는 안 될 중요한 요소이다.

> 우리는 우리 힘으로는 올바르게 살지 못한다. 우리가 믿고 또 기도할 때 믿음을 준 바로 그분이 도와주시지 않으면 올바르게 살 수 없다.[482]

철학자들이 인간의 성취를 강조하는 덕 윤리를 추구하는 것과 기독교가 은혜와 겸손을 행복의 조건으로 강조하는 것은 결정적 차이점이다. 철학자들이 추구한 행복과 덕은 기독교의 그것은 같은 것일 수 없다. 형식상 유사한 측면들이 있지만, 내용에 있어서 행복과 덕에 관한 기독교의 관점은 결코 같지 않다.

이 부분에서, 아우구스티누스가 행복의 공동체적 지평에 관심을 가진다는 사실은 큰 의의가 있다. 『신국론』이 지상의 도성과 하나님의 도성 사이의 대조를 다루고 있다는 점에서, 당연하다. 지상의 도성이 추구하는 행복과 하나님의 도성이 추구하는 행복의 대조는 결과적으로 두 공동체 사이의 대조이다. 동시에 두 내러티브 즉 지상의 도성이 가진 내러티브와 하나님의 도성이 가진 내러티브 사이의 대조이다.

평화의 문제는 두 도성 사이의 대조를 가장 잘 보여주는 주제이다. 아우구스티누스가 보기에, 의로운 전쟁의 경우에도 전쟁 그 자체는 비참하고 불행한 일이다. 안타깝게도, 지상의 도성에서는 악령들의 기만에

---

482) *De civ. Dei.* XIX.4.1. neque ipsum uiuere nobis ex nobis est, nisi credentes adiuuet et orantes qui et ipsam fidem dedit, quia nos ab illo adiuvandos esse credamus.

놀아나 진정한 우정을 찾아볼 수 없고 서로 어긋나 전쟁을 일삼는다.[483] 이와는 달리, 하나님의 도성에 속한 성도들은 세상에서의 모든 유혹을 이겨내고 영원한 평화의 행복을 누리게 되는 것이야말로 진정한 목표이며 완성이다.[484]

평화는 지상의 도성과 하나님의 도성 모두가 추구하는 가치이다. 지상의 도성에서는 전쟁을 즐겨하는 사람들조차도 평화를 말한다.[485] 평화를 바라지 않는 사람은 없다. 신체적 평화, 가정의 평화, 사람과 사람 사이의 평화, 시민들 사이의 평화에 이르기까지 모든 분야에서 평화가 요구되며, 완전한 평화를 누리지 못하는 사람들은 불행하다.[486]

진정하고도 완전한 평화는 하나님의 도성에서 이루어진다.[487] 질서의 개념은 평화의 유사어로 사용된다. 질서가 지켜지는 곳에 평화가 깃든다는 생각이다. 여기에서, 아우구스티누스가 생각한 질서는 권위적이고 억압적인 강요를 뜻한다기보다 사랑에 따른 질서를 지키는 데 핵심이 있다. 하나님의 명령을 순종하고 지킬 때 평화가 오며, 그 반대의 경우는 최초의 범죄에서처럼 심각한 문제를 낳을 것이다.

가정의 평화는 사회의 평화를 위해 긴요하다. 아우구스티누스가 생각하는 가정의 질서 개념을 미루어 볼 때, 명령에 순종하고 질서가 서야 가정이 평화로울 수 있으며 이는 사회의 경우에서도 마찬가지이다.[488] 이러한 질서와 순종은 최종적으로 하나님을 향한 순종과 질서로 이어진다. 이점에서, 하나님의 도성과 지상의 도성 사이의 삶의 태도는 큰 차이가

---

483) *De civ. Dei.* XIX.9.

484) *De civ. Dei.* XIX.11.

485) *De civ. Dei.* XIX.12.1.

486) *De civ. Dei.* XIX.13.1.

487) *De civ. Dei.* XIX.13.1.

488) *De civ. Dei.* XIX.16.

난다. 아우구스티누스에 따르면,

> 신앙 없이 살아가는 사람들의 집은 현세에서 오는 편리한 사물들을 통해 평화를 추구한다. 그러나 신앙으로 살아가는 사람들의 집은 장차 영원한 것으로 언약된 것들을 기다리며 지상적이고 현세적인 사물들을 사용하되 나그네처럼 사용한다.[489)

아우구스티누스의 평화 개념은 명령에 대한 순종의 관점에서 이해된다. 가치의 질서에 순종을 따라 점차 그 대상과 범위가 확대되는 현상으로 나타난다. 하나님의 계명에 대한 순종은 개인의 내면에서 가정으로, 가정에서 사회로, 하나님의 도성에서의 순종으로 이어진다.

이러한 뜻에서, 하나님의 도성을 향한 순례의 길에 오른 신앙인들은 모든 것에 대해 회의적인 태도를 지녔던 신(新) 아카데미아 학파와는 상반된다.[490) 신앙인들은 하나님의 말씀과 그 나라에 대한 절대적 확신을 가지고 살아가며, 영원한 평화의 행복을 향하여 소망을 품고 살아간다. 아우구스티누스에 따르면, 신앙인은

> 지금의 현실이 행복해서가 아니라, 미래에 대한 소망 때문에 행복하다. 미래에 대한 소망이 없는 것은 거짓 행복이요 지독한 비참함에 지나지 않는다. ... 그곳에서는 확실한 영원 속에서, 완전한 평화 속에서, 하나님께

---

489) *De civ. Dei.* XIX.17. Sed domus hominum, qui non uiuunt ex fide, pacem terrenam ex huius temporalis uitae rebus commodisque sectatur; domus autem hominum ex fide uiuentium expectat ea, quae in futurum aeterna promissa sunt, terrensique rebus ac temporalibus peregrina utitur,

490) *De civ. Dei.* XIX.18.

서 모든 것 안에서 모든 것이 되어 주실 것이다.[491]

특이한 것은 아우구스티누스가 평화에 대한 이야기를 전개하던 와중에 갑자기 정의에 대한 이야기를 꺼내드는 대목이다. 이 부분을 이해하기 위해서는 II권 21.4에서 다루었던 문제를 상기할 필요가 있다. 아우구스티누스 자신이 표현했듯이, 이것은 문제제기만 해놓고 해답을 잠시 미루어 두었던 주제였다.

지상의 도성에서의 정의와 하나님의 도성에서의 정의를 비교했던 것과 유사하게 평화 역시 중요한 대조를 이룬다. 아우구스티누스에게서 정의의 개념이 평화의 개념과 밀접하게 연관된다는 점을 참고하면, II권에서 남겨두었던 문제를 이 부분에서 왜 다시 다루는지를 이해하는 데 도움이 될 듯싶다.

하나님의 도성에서는 하나님의 계명에 대한 온전한 순종이 이루어진다는 점에서, 평화가 이루어진다. 이는 올바른 가치의 질서를 따라 순종하는 것을 뜻한다. 하나님께 마땅히 돌려야 할 순종과 예배를 드리는 것이야말로 진정한 정의에 해당한다. 말하자면 질서 개념을 매개로 정의와 평화가 개념상으로 상호통약되는 셈이다.

키케로의 이름도 재등장한다. II권에서 아우구스티누스는 스키피오의 관점을 인용하여 키케로가 정의와 공화국에 대해 말했던 것과 연관지어 과연 정의가 실현된 공화국이 있었는지를 질문했었다. 이 질문에 대한 답이 XIX권에서 제시되고 있다.

---

491) *De civ. Dei.* XIX.20. non absurde dici etiam nunc beatus potest, spe illa potius quam re ista. Res ista uero sine spe illa beatitudo falsa et magna miseria est. ... ubi erit Deus omnia in omnibus, aeternitate certa et pace perfecta.

정의가 없는 곳에는 공화국이 있을 수 없다. 정의는 각자에게 각자의 몫을 돌리는 덕이다. 인간을 하나님에게서 탈취하여 정령들에게 굴종시키는 것은 과연 정의라 할 수 있는가? 그것이 과연 각자에게 각자의 몫을 돌리는 것인가?[492)

아우구스티누스는 II권에서 제기된 질문에 답을 주는 동시에 XIX권에서 계속 다루어왔던 문제 즉 평화에 대한 논의를 이어간다. '각자에게 각자의 몫'을 돌리는 것이 정의라고 한다면, 정의가 없는 곳은 공화국이라고 할 수 없다.

그리고 올바른 질서를 따라 순종하는 것이 평화라고 한다면, 이러한 요건들은 하나의 명제로 종합될 수 있다. 하나님께만 예배하는 것이야말로 하나님께 해당하는 몫을 마땅히 하나님께 돌리는 것이요 각자에게 각자의 몫을 돌리는 것의 진정한 모습이다. 이것이 정의로움이요, 그 질서를 따르는 데서 오는 평화로움이다.

로마가 하나님께 예배하지 않고 제신숭배에 빠진 것은 하나님의 몫을 하나님께 돌리지 않는 것이라는 점에서 정의롭지 못하다. 키케로의 관점까지 동원하면, 로마는 공화국이라고 할 수 없다. 진정한 정의 즉 하나님께 해당하는 몫이라할 참된 예배가 없기 때문이다. 또한 로마에는 진정한 평화도 없다. 하나님께 대한 예배가 없다는 것은 하나님의 계명에 순종해야 하는 질서를 지키지 못한 것이며, 결국 평화를 말할 수 없다.

로마뿐 아니라 다른 왕국의 경우도 마찬가지이다. 하나님을 향한 예배와 하나님의 계명에 대한 순종이 없는 곳에 대해 국민과 공화국이라는

---

492) *De civ. Dei.* XIX.21.1. ubi iustitia non est, non esse rem publicam. Iustitia porro ea uirtus est, quae sua cuique distribuit. Quae igitur iustitia est hominis, quae ipsum hominem Deo uero tollit et inmundis daemonibus subdit? Hocine est sua cuique distribuere?

명칭을 정당하게 사용할 수 없다. 이러한 뜻에서, 지상의 도성에서는 정의도 평화도 기대할 수 없다. 본질적으로, 참된 종교가 없는 곳에 참된 덕성이 있을 수 없다.[493] 이것을 아우구스티누스의 표현대로 말하자면,

> 행복한 삶을 살게 하는 것은 인간에게서 오지 않고 인간 위에 있다.[494]

지상의 도성에서 정의도 평화도 기약할 수 없는 것과는 달리, 진정한 평화와 정의는 하나님의 도성에서라야 구현될 수 있다. 지상의 도성에서 말하는 평화와 정의가 불완전한 것이라는 뜻이다. 다만, 지상의 도성에서 나그넷길을 가는 동안 지상의 평화를 잠정적으로 이용할 따름이다.

> 두 도성이 혼재하는 동안은 우리도 바빌론의 평화를 이용한다. 하나님의 백성은 신앙에 힘입어 바빌론으로부터 벗어나지만 임시적으로 바빌론 땅에서 나그넷길을 가고 있다.[495]

악인들에 대해서는 하나님의 심판이 기다리고 있다.[496] 하나님의 심판은 인간사의 세세한 부분에서 보이지 않게 임하고 있다. 심판의 날 혹은 주님의 날이 임하면 모든 것이 지극히 공정하게 심판을 받게 될 것이다.[497] 이러한 맥락에서, 현세에서 선을 얻거나 악을 얻거나 하는 것보다

---

493) *De civ. Dei.* XIX.25.

494) *De civ. Dei.* XIX.25. sic non est ab homine sed super hominem, quod hominem facit beata uiuere.

495) *De civ. Dei.* XIX.26. quamdiu permixtae sunt ambae ciuitates, utimur et nos pace Babylonis: ex qua ita per fidem propulus Dei liberatur, ut apud hanc interim peregrinetur.

496) *De civ. Dei.* XX.1.1.

497) *De civ. Dei.* XX.2.

더 본질적으로 중요한 것은 참된 종교에 참여하느냐 참여하지 않느냐의 문제이다.[498]

최후의 심판에 대해 살펴보면, 신약성경에서는 심판의 날에 알곡과 가라지가 구분될 것임을 말하고 있으며, 선한 사람과 악한 사람들이 구분되고 분리될 것이다. 심판의 날에 관해, 아우구스티누스는 복음서와 요한계시록의 기록을 따라 첫째 부활과 둘째 부활이 일어날 것이며 천년 왕국이 실현될 것이라는 점을 말하고,[499] 새 하늘과 새 땅을 향한 소망을 일깨워준다.[500] 이러한 최후의 심판 때에 교회는 중요한 의의를 지닌다.

교회의 중요성을 말한다는 것은 교회가 하나님의 도성을 향한 공동체라는 점에 대한 재확인에 그치지 않는다. 교회 안에서 바른 기독교적 덕 윤리를 가지고 살아가는 것이 더욱 중요하다. 아우구스티누스에 따르면, 추수꾼들이 가라지를 거두는 것도 교회 안에서이며, 이 가라지는 주인이 추수 때까지 밀과 함께 자라도록 묵인해둔 것이었다.[501] 종말의 때에 거짓 신앙의 정체가 드러나게 될 것이다. 아우구스티누스가 자주 사용하는 가라지의 비유는, 겉으로 신앙을 고백하는 것처럼 보이지만 불신앙으로 살아가는 사람들에게서 드러나는 위선을 꼬집는 개념이다. 그들은 진실한 모습으로서가 아니라, 거짓된 모습으로 그리스도인이라고 불리는 자들이다.[502]

아우구스티누스에 따르면, 종말의 때에 최후의 심판이 끝난 이후 새 하늘과 새 땅이 임할 것이며,[503] 교회는 끝없는 영광을 누리게 될 것이

---

498) *De civ. Dei.* XX.3.

499) *De civ. Dei.* XX.7.1-2.

500) *De civ. Dei.* XX.16.

501) *De civ. Dei.* XX.9.1.

502) *De civ. Dei.* XX.9.3.

503) *De civ. Dei.* XX.14.

다.[504] 이러한 논의 끝에, 신약에 대한 요약의 말미에 했던 설명이 또 한 번 나온다. 아우구스티누스에 따르면, 최후의 심판에 관한 일들에 관해 어떤 순서로 닥칠 것인가의 문제를 포함한 모든 내용들에 호기심을 가질 필요가 없다. 그때에 가서 일을 겪어 보고서야 비로소 알 수 있을 것이기 때문이다.[505]

아우구스티누스는 자신이 말하고 있는 최후의 심판에 관한 모든 설명은 성경을 근거로 한 것이라는 점에서 분명하고도 확실한 것이라고 말한다. 아우구스티누스에 따르면, 신약과 구약을 통해 성경에 기록된 일들에 대한 하나님의 도성에 속한 자들의 확신은 흔들림이 없다.[506]

최후의 심판에 관한 아우구스티누스의 기본적인 관점은 두 도성 모두 예수 그리스도에 의해 심판을 받는다는 것이다. 하나님의 도성에 속한 자들에게는 영원한 행복이, 지상의 도성에 속한 자들에게는 영원한 형벌이 임할 것이다.[507]

XXI권에서 설명된 악인들에 대한 형벌 중에서, 강조되는 것은 불에 의한 형벌이다. 악인들은 최후의 심판 때에 꺼지지 않는 불에 태워지는 고통스러운 형벌을 받게 된다는 것이다. 이 부분에서 아우구스티누스의 해박한 지식이 생태계에까지 미친다. 불 속에서 살아가는 불도마뱀의 사례,[508] 불의 기운을 내재하고 있는 생석회의 경우[509] 등은 꺼지지 않는 불 속에 던져진 악인들의 육체가 죽는 것이 아니라 고통스러운 형벌을 받게 된다는 점을 설명해줄 사례로 소개된다.

---

504) *De civ. Dei.* XX.17.
505) *De civ. Dei.* XX.30.5.
506) *De civ. Dei.* XX.30.6.
507) *De civ. Dei.* XXI.1.1.
508) *De civ. Dei.* XXI.4.1.
509) *De civ. Dei.* XXI.4.3.

중요한 것은 성경이 말하는 형벌들이 상식적으로 맞는 현상인가 아닌가의 문제가 아니라, 악마와 악인에게 영원한 형벌이 가해진다는 점이다. 죄에 대한 심판과 징벌이 내세에서만 이루어지는 것이 아니라, 현세에서 이미 시작되었다. 현세에서는 벌을 받지 않고 내세에서만 벌을 받는 경우는 극히 드물다. 이러한 뜻에서,

죽을 인생인 우리들이 살아가는 것 자체가 온통 시련이다.[510]

그 원인은 죄에 있다. 인간은 하나님의 뜻에 순종하지 않고 교만함으로써 그 명령을 어기고 잘못된 사랑에 빠져 죄를 짓고 말았다. 아우구스티누스에 따르면, 인간이 행복한 가운데 하나님과의 평화를 유지하려하지 않았기 때문에, 불행 속에서 자신과 더불어 싸우고 있다.[511]

이러한 상태로부터의 구원은 오직 은혜를 통해 주어진다.[512] 인간은 하나님의 은혜를 통해 구원받고 거듭난 존재가 될 수 있다. 세례를 받은 자도 진정한 회개와 악행의 청산을 통해 그리스도의 진정한 지체가 되지 못한다면, 누구도 구원을 장담할 수 없다.[513] 이러한 삶의 가치를 표현하여, 아우구스티누스는 '그리스도를 기초로 삼아 살아가는 삶'(habere in fundamento Christum)이라고 한다.[514]

또한 아우구스티누스는 말세에 적그리스도에 의해 불같은 시험을 당할 때, 예수 그리스도를 기초로 모시고 살아가는 사람 즉 그리스도를

---

510) *De civ. Dei.* XXI.14. quamquam vita ipsa mortalium tota poena sit, quia tota temptatio est.

511) *De civ. Dei.* XXI.15.

512) *De civ. Dei.* XXI.16.

513) *De civ. Dei.* XXI.25.4.

514) *De civ. Dei.* XXI.26.2.

터로 삼아 살아가는 사람만이 살아남을 수 있을 것임을 강조한다.[515] 진정한 그리스도인이려면 그리스도보다 더 사랑하는 것이 없는 사람이어야 한다는 뜻이다.

이는 아우구스티누스 당시의 이단들, 예를 들어 다른 죄인을 위해 중보기도를 하거나 심지어 공적을 쌓기 위해 자선행위를 하면 구원을 장담할 수 있다고 주장하는 사람들에 대해 분명한 답을 준 것이다.[516] 동시에, 아우구스티누스는 그리스도인들로 하여금 '불로 얻은 것 같은 구원의 약속'과 '그리스도의 터 위에' 인생의 집을 짓고 살아가는 사람이 될 것을 권한다.[517]

마지막 XXII권에서, 아우구스티누스는 하나님의 도성의 영원한 행복에 관해 말한다.[518] 아우구스티누스의 전제는 하나님은 천지를 창조하시되 선하게 지으셨으며, 영원한 행복의 공동체를 지향하셨다는 것이다. 문제는 자신들의 선택에 의해, 천사들 중 일부와 인간들이 죄를 지어 악에 빠지고 말았다는 점이다. 아우구스티누스에 따르면, 악이란 본래 무(無)이며, 가변적 존재들이 범죄 함으로써 자행한 것일 뿐이다.[519]

이러한 불순종의 사악한 죄에 대해 하나님은 구원의 계획을 통하여 구원받은 성도들에게는 영원한 행복을 약속하셨고 악인들은 영원한 형벌을 예고하셨다.[520] 특히 세상의 마지막에 하나님은 성도들에게 그 약속을 따라 영원한 행복을 허락하실 것이다. 기독교의 관점을 반대하는 자들은 지상에서 거하는 인간의 육체는 하늘로 옮겨갈 수 없다는 반론을

515) *De civ. Dei.* XXI.26.4.

516) *De civ. Dei.* XXI.27.1.

517) 고전3:10-15

518) *De civ. Dei.* XXII.1.1.

519) *De civ. Dei.* XXII.1.2.

520) *De civ. Dei.* XXII.3.

늘어놓지만,[521] 기독교의 내러티브에서는 영원한 행복을 확신하고 있다.

따지고 보면, 로마인들이 로마를 건국한 로물루스를 신격화하고 신화를 만들어 신성시하지만, 이리의 젖을 먹고 자라난 그가 신이 되었다는 것을 과연 믿을 수 있겠는가? 로마인들은 로물루스를 사랑했다는 명분에서 그를 신으로 만들어냈지만, 기독교는 다르다. 그리스도인은 하나님의 도성의 창건자인 그리스도께서 하나님이심을 믿는 자들이다.[522]

기독교의 내러티브에서 중요한 것은 바로 이 '믿음'이다. 믿음을 통해 구원을 받을 수 있다는 확신이 기독교의 기초이자 진리인 셈이다. 아우구스티누스가 강조하는 것처럼, 믿음을 잃으면 누구도 그 도성에 이를 수 없다.[523] 그의 덕 윤리를 기독교적 덕 윤리의 대표적인 경우라고 말하는 이유 역시 '믿음'에 관한 강조에 있다.

이 부분에서 아우구스티누스가 그리스도인들의 신앙적 특성에 대해 말한 내용들에 유의할 필요가 있다. 그리스도인들이 그리스도를 믿는 것은 인간적 설득에 의해서가 아니며, 하나님의 권능으로 행하신 일에 속한다고 보았던 부분,[524] 순교자들이 그리스도의 이름으로 행한 기적들 모두가 하나님을 향한 그들의 믿음을 반증하는 것임을 말한 부분,[525] 그리고 최후의 심판 때에 성도들이 부활할 것이며, 성도들의 육신은 신령한 몸으로 변화될 것이라고 말했던 부분 등이 그렇다.[526]

이것은 하나님의 도성에 속한 자들에게 주실 영원한 행복의 약속과 맞물려 있다. 기독교는 성경의 약속 그대로, 험난한 세상의 삶을 넘어 부

---

521) *De civ. Dei.* XXII.4.

522) *De civ. Dei.* XXII.6.1

523) *De civ. Dei.* XXII.6.2.

524) *De civ. Dei.* XXII.7.

525) *De civ. Dei.* XXII.9.

526) *De civ. Dei.* XXII.21.

활을 통한 영원한 행복의 약속을 믿는다. 그 영원한 행복에 이르기 전까지, 살아 있는 한 이 삶에서는 아무리 선에 정진한다고 해도 시험당하는 일이 결코 그치지 않을 것이다. 어쩌면 이 세상에서의 삶 전체가 하나의 시험이다.[527)]

이러한 실존적 현실들은 죄 때문에 생겨난 것이며, 그리스도의 은혜를 통하지 않고서는 누구도 벗어날 수 없다.[528)] 선한 자 즉 성도에게도 삶의 실존적 어려움은 면제되지 않는다. 다만, 성도들은 죄에 대한 민감성을 가지고 험난한 삶의 현실 속에서 죄 용서 받기를 구하며 최후의 승리를 향하여 나아간다. 아우구스티누스에 따르면,

> 우리가 그 어떤 덕으로 악습에 대항하여 싸우든지 간에, 그렇게 해서 악습을 극복하고 복종시키는 일이 있더라도, 우리는 이 육체 속에 머물러 있는 동안은 하나님께 '죄 짐을 벗겨 주소서'라고 고백해야 한다는 것을 안다.[529)]

부활을 믿지 않는 사람들이 완강하게 반론을 제기하고 있지만, 정작 중요한 것은, 부활 그 자체에 대한 사변과 토론이 아니다. 하나님의 도성에 속한 성도들이 부활이후에 누리게 될 행복이란 과연 무엇인지를 바르게 인식해야 한다. 아우구스티누스에 따르면, 성도들은 하나님의 도성에서 '하나님을 뵈옵는 복'(visio Dei)을 누리며, 하나님을 상급으로 얻게 될

---

527) *De civ. Dei.* XXII.21.

528) *De civ. Dei.* XXII.22.4

529) *De civ. Dei.* XXII.23. quantalibet uirtute proeliandi uitiis repugnemus uel etiam uitia superemus et subiugemus, quamdiu sumus un hoc corpore, nobis deese non posse unde dicamus Deo: Dimitte nobis debita nostra.

것이다.[530]

　이는 고전적 덕 윤리와는 분명하게 구분되는 대목이다. 덕 그 자체가 보상 혹은 상급이 되는 것이 아니라, 하나님께서 덕의 원천이시며 하나님께서 덕의 보상 혹은 상급이시라는 점을 보여주고 있다. 여기에 아우구스티누스의 중요한 강조점과 차이점이 있다.

　덕의 완성 즉 하나님께서 주시는 지극한 행복을 누리는 기간에 대한 상징적 표현에도 유의할 필요가 있다. 그 행복은 인간의 시간관념을 초월하는 영원의 계기에 들어가게 될 것이다. 성도들이 누릴 행복은 끝없는 안식일에 해당하는 행복일 것이다. 아우구스티누스는 이것을 다음과 같이 표현한다.

　　그때는 저녁이 없는 참으로 위대한 안식일이 될 것이다.[531]

　이러한 행복의 영원성과 완전성은 은혜를 통해 회복되는 새로운 존재의 행복이며, 이 세상에서의 모든 시련 속에서도 믿음을 따라 살아간 사람들에게 주어진다. 하나님의 도성에서 얻게 될 행복의 완성은 현세의 삶에서 죄로 인한 비참함과 안티세력에 의해 고난 받는 중에서도 신앙을 유지한 그리스도인들에게 주시는 위대한 안식이요, 영원한 안식이라는 점에서 고전적 덕 윤리와는 큰 차별성을 보여준다.

　　하나님께서 회복시키시고 더 큰 은혜로 완성시키심으로 우리는 영원히 쉬게 되리라. 그분이 우리 하나님이심을 우리가 볼 것이며 그분이 모든 것

---

530) *De civ. Dei.* XXII.30.1.

531) *De civ. Dei.* XXII.30.4. quod erit uere maximum sabbatum non habens uesperam,

안에서 모든 것이 될 때까지 우리가 그분으로 충만해지리라.[532]

『신국론』의 시대는 기독교를 향한 로마인들의 억지스럽고 가혹한 혐오와 공격의 시기였지만, 아우구스티누스는 하나님의 도성의 영원한 승리와 행복을 결론짓는다. 지상의 도성을 나그넷길 가는 순례자로서 지내는 동안, 믿음을 상실하지 않도록 격려하고 그것이 참된 행복의 길이라는 것이다.

이것은 로마인들이 고집하는 정령숭배 및 제신숭배의 내러티브에 대한 대조와 갈등을 통해, 기독교의 내러티브가 지닌 탁월성과 궁극적 완성의 소망을 자신감 있게 풀어낸 것이라 하겠다. 아우구스티누스는 『신국론』 전체에 흐르는 변증과 설득의 기조를 넘어서, 하나님을 향한 찬양으로 『신국론』을 맺는다.

그때 우리는 안식하며 직관하리라. 직관하면서 사랑하리라. 사랑하며 찬양하리라.[533]

---

532) *De civ. Dei.* XXII.30.4. A quo refecti et gratia maiore perfecti uacabimus in aeternum, uidentes quia ipse est Deus, quo pleni erimus quando ipse erit omnia in omnius,

533) *De civ. Dei.* XXII.30.5. Ibi uacabimus et uidebimus, uidebimus et amabimus, amabimus et laudabimus.

(3) 'civitas'의 덕 윤리

『신국론』을 통해 요약할 수 있는 아우구스티누스의 윤리는 '키비타스'의 덕 윤리이다. 아우구스티누스가 키비타스를 말한 것은 인류 즉 모든 인간에게 의지의 왜곡으로서의 죄가 문제라는 사실을 일깨워주고, 은혜에 의한 구원을 받아야 할 존재임을 전제하고 있다. 죄인으로서의 인간 모두가 구원받아야 하며, 카리타스의 공동체를 통하여 진정한 덕에 이르러야 한다는 뜻이다. 아리스토텔레스로 대변되는 고전적 덕 윤리가 폴리스의 면접적 공동체를 배경으로 삼아 유덕한 사람들의 범위를 폴리스의 엘리트에게 제한했던 것과는 분명한 차이가 있다.

① '화려한 악덕'을 넘어서는 윤리

『신국론』을 덕 윤리의 관점에서 읽어갈 때, 덕 윤리의 기독교적 변혁과 관련하여 주목할 문제는 '화려한 악덕'(splendida vitia)의 해석에 관한 것이다. 과연 아우구스티누스가 이 용어를 사용했는가를 두고 아우구스티누스 연구가들 사이에서는 부정적인 답이 주류를 이루고 있기는 하다. 허트의 표현처럼, 이것은 아우구스티누스 자신의 것이라기보다, '사이비 아우구스티누스주의자들의 표현'(pseudo-Augustinian phrase)일 가능성도 충분히 있다.[534]

과연, 고전적 덕을 포함한 다른 덕목들 모두는 '이교도의 덕'이며 본질상 '화려한 악덕'일 뿐인가? 만일, 카리타스만이 진정한 행복에 이르게 하는 진정한 덕이라는 뜻이라면, 이 문제는 무척이나 복합적인 특성을 지닌 핵심적인 시비 거리가 될 듯싶다.

---

534) Jennifer A. Herdt, *Putting on Virtue: The Legacy of the Splendid Vices*, 3.

앞서 살펴본 것처럼, 아우구스티누스는 고전적 덕목들까지도 카리타스로 환원시켰다. 문제는, 카리타스를 '유일의 진정한' 덕으로 해석하면 기독교 이외의 덕 윤리는 무의미하다는 해석으로 확대되고 곡해될 가능성이 없지 않다. 자칫, 기독교의 독선으로 비춰질 가능성이 다분하다. 이 부분에 대해 아우구스티누스의 진의가 무엇이었는지를 성찰할 필요가 있다.

바른 해석을 위해 관심을 가져야 할 단어는 '이교도'라는 표현이다. 아우구스티누스에 따르면, 성경이 말하는 이방인(gentiles)이란 이방 그리스도인(gentile Christian)을 포함하는 것일 수 있고 이교도(pagan)를 말하는 것일 수 있다.

아우구스티누스가 보기에, 이교도 철학자들은 덕과 행복에 관해 다루기는 했지만, 그 각각의 답은 매우 달랐다.[535] 아우구스티누스가 이교도의 덕에 대해 '화려한 악덕'이라고 말한 것은 이러한 다양한 '덕들에 대한 재평가(re-evaluation)'라고 할 수 있다.[536] 여기에는 아리스토텔레스는 물론이고 스토아 철학자들 및 로마의 그것까지 포함된다.

말하자면, 로마를 포함한 이교도의 덕 전반을 '화려한 악덕'(splendid vices) 내지는 '거짓 덕'(pseudo-virtue)이라고 지칭했다고 해석하기도 하며,[537] '겉치레 덕'(a mere semblance of virtue)이라는 용어를 사용하기도 한다.[538] 이 대목에서, 화려한 악덕으로 분류된 측에서 기독교의 독선을 문제 삼을 여지가 충분해 보인다.

이 표현의 진정한 의도는 무엇일까? 로마의 덕이야말로 '참된 덕'이

---

535) Bonnie Kent, "Augustine's ethics", 205.

536) Jean Porter, "Virtue Ethics" Robin Gill ed., *The Cambridge Companion to Christian Ethics* (Cambridge: Cambridge University Press, 2001), 100.

537) Brian Harding, *Augustine and Roman Virtue*, 93.

538) Jennifer A. Herdt, *Putting on Virtue: The Legacy of the Splendid Vices*, 46.

라고 자부했던 키케로의 자극이 작용했던 측면이 없지 않다. 여기에서, 이교도의 덕에 관한 아우구스티누스의 평가를 기독교의 독선에 관한 논란으로 몰아가기보다는 아우구스티누스가 말하려 했던 진의가 무엇인가에 초점을 맞추는 것이 좋겠다.

어윈(Terence H. Irwin)의 비판적 견해에 따르면, 이 표현은 이교도의 덕에 관한 아우구스티누스의 언급들을 오도(mislead)하게 만들어서 결과적으로 아우구스티누스가 본래 말하고자 했던 것과는 어긋나 버렸다.[539] 어윈이 보기에는 이교도의 덕을 통째로 비하한 것이라기보다 수용할 수 있는 것과 수용할 수 없는 것 사이의 구분으로 해석해야 한다.[540]

어윈에 따르면, 아우구스티누스의 논지 자체에 모호한 점이 배태되어 있었으며, 이교도의 도덕에 관한 아우구스티누스의 구분법 자체가 지나치게 단순했다. 아우구스티누스의 논법대로 하면, 이교도의 덕은 한 가지(one) 능력에 대해서는 좋은 상태이지만 다른(another) 능력에 대해서는 악한 상태가 되어 버린다는 해석이다.[541]

어윈은 아우구스티누스가 모호하게 남겨둔 문제를 명료하게 해결해 준 해법을 토마스 아퀴나스에게서 찾는다. '획득된 덕'(the acquired virtues)과 '주입된 덕'(the infused virtues)을 구분한 토마스 아퀴나스의 경우, 굳이 화려한 악덕이 논변에 휘둘릴 필요가 없이 덕에 관한 기독교적 핵심과 이교도의 덕이 지닌 한계를 효과적으로 설명할 길을 열어두었다는 것이다. 이교도의 덕은 '획득된 덕'으로서, 비록 불완전한 것이기는 해도 자신들이 추구하는 행복개념의 범위 안에서만 덕으로서의 의의를 지닌다는 해

---

539) Terence H. Irwin, "Splendid Vices? Augustine For and Against Pagan Virtues" in *Medieval Philosophy and Theology* Vol.8 (1999), 108.

540) 같은 글, 117.

541) 같은 글, 120.

석이다.

어원의 경우처럼, 비판적 관점만 있는 것은 아니다. 아우구스티누스의 진의를 이해하는 데 도움이 될 해석들이 있다. 화려한 악덕의 문제를 종교의 차이에서 해석해야 한다고 보았던 켄트(Bonnie Kent)는 아우구스티누스의 문제제기가 지극히 타당했다고 해석한다. 아우구스티누스의 요점은 하나님을 향한 기독교적 비전과 대중적 이교도의 종교적 차이점을 집중적으로 조명한 데 있었다는 해석이다.[542)]

관심 있게 보아야 할 해석은 하딩(Brian Harding)의 관점이다. 하딩은 아우구스티누스가 이교도의 덕에 도사리고 있는 지배욕을 문제 삼았다는 점에 유의한다. 하딩에 따르면, 아우구스티누스에게서 기독교는 참된 철학(true philosophy)으로 표현되며, 그의 문장에서 일반적으로 철학이라는 말을 썼을 경우는 이교도 철학(pagan philosophy)을 뜻하는 것이었다. 참된 것과 거짓된 것 사이의 차이로 설명하면, 아우구스티누스의 핵심을 볼 수 있다는 것이다.[543)]

특히 아우구스티누스가 이교도의 철학을 '거짓'이라고 지목한 핵심을 지배욕(lust for domination)의 문제로부터 추적해가는 관점은 의의가 있어 보인다. 하딩에 따르면, 『신국론』은 기독교의 덕이야말로 하나님을 향한 겸손을 기초로 진정한 행복에 이르게 하는 진정한 덕(true virtue)이라는 사실을 입증해주고 있다. 이를 하딩은 위해 『신국론』을 삼단계의 구조로 해석한다.

1단계: 로마의 시민적 덕은 거짓 덕이다.
2단계: 철학자들의 덕 역시 거짓 덕이다.

---

542) Bonnie Kent, "Augustine's ethics", 219.

543) Brian Harding, *Augustine and Roman Virtue*, 103.

3단계: 기독교의 덕이 진정한 덕이다.

이 각각의 내용들을 살펴보면, 아우구스티누스의 신국론이 덕 윤리에서 어떤 의의를 지니고 있는지 가늠할 수 있을 듯싶다. 아우구스티누스의 초점은, 기독교의 덕이 로마의 시민적 덕과 철학자들의 덕을 넘어서는 대안적 의의를 지닌다는 사실에 맞추어져 있다. 각각의 내용들을 풀이하면 다음과 같다.

• 1단계, '로마의 시민적 덕은 거짓 덕이다'
하딩은 그리스-로마(Greco-Roman)라는 약칭을 사용할 때 로마의 덕을 그리스의 관점 안에서 해석하려는 것은 잘못이라고 지적한다.[544] 로마의 덕에 대한 아우구스티누스의 관점을 해석한다. 로마의 덕은 그리스적 기원과는 전혀 다르며, 아우구스티누스가 이점을 놓치지 않고 로마의 덕에 관한 로마적 토론(Roman discussion)을 제대로 분석해 냈다는 것이 하딩의 요점이다.

사실, 로마의 철학자들과 작가들은 그리스의 덕과 로마의 덕의 차이점을 간과하지 않았다. 하딩에 따르면, 스키피오는 로마의 문화는 외부 즉 그리스로부터 유입된 것이 아니라, 로마인들의 고유한 덕목들로부터 성장했다고 했을 정도로 로마 문화에 대한 애착이 컸다. 또한 키케로는 로마의 철학을 연구하고자 한다면 그리스 철학자들의 책에서 찾을 것이 아니라 로마의 법률과 기념비적 사건들, 그리고 지도자들의 삶에 주목해야 한다고 했다.

키케로는 로마의 덕이 그리스의 덕과 다를 뿐 아니라, 더 우월한 것이라고 주장한다. 키케로가 보기에, 토착적인 로마의 시민적 덕이 그리

---

544) 같은 책, 37.

스 철학자들의 그것보다 탁월하다. 그리스 철학자들은 덕을 이론적으로 추천하기만 하고 정작 실행에 옮기지 못했지만, 로마인들은 구체적으로 실행에 옮기고 있다는 점에서 탁월성을 지니고 있다는 것이다. 그래서 키케로는 로마의 십이법전이 그 권위와 유용성에서 그리스 철학자들의 업적을 압도한다는 상징적인 말을 하기도 했다.[545]

하딩은 아우구스티누스가 이러한 로마의 관점을 제대로 파악하고 있었음을 강조한다. 아우구스티누스는 로마의 덕이 그리스의 덕과 같지 않으며, 도시를 위해 봉사하는 시민적 덕(civic virtue)이라는 특징을 지니고 있다는 점에 주목했다. 큰 틀에서, 아우구스티누스의 '로마니타스'에 대한 이해는 키케로의 관점에 동의하고 있는 셈이다. 예를 들어, 키케로가 로마의 덕이 참된 덕이며 철학적 해석을 위해 도움을 받을 뿐이지 그리스 철학이 말하는 근거를 가질 필요가 없다고 생각했던 것처럼, 아우구스티누스 역시 그리스 철학에 경박하고도 음탕한 측면이 있다고 비판한다.

이는 아우구스티누스가 로마의 시민적 덕을 그리스적 덕의 연장선 상에서 읽은 것이 아니라, 로마적 관점에서 해석했다는 뜻이다. 사실, 키케로는 시민적 덕이 관조적 삶에 반대되는 것이라고 간주했다. 플라톤의 책과 동일한 이름의 『공화국』에서, 키케로는 그리스의 관조적 삶에 비해 로마의 공적 헌신이라는 실천적인 삶이 우월한 것이라고 보았다. 그가 정치인의 삶으로 대변되는 실천적 삶(vita activa)이 철학자들의 관조적 삶(vita contemplativa)을 압도하는 최선의 삶이라고 말한 것도 이러한 이유에서 이다.[546]

키케로는 야심을 따라 사는 정치꾼(the politician)과 로고스를 따라 사는

---

545) 같은 책, 38.

546) Cicero, Republic, III.3.6 Brian Harding, *Augustine and Roman Virtue* (New York: Continuum International Publishing Group, 2008), 44에서 재인용.

정치인(the statesman)을 구분하면서 정의와 조국에 대한 사랑으로 행하는 것이 영원한 행복에 이르는 길이라고 생각했다. 이는 정치계급에게 한시적 영광보다 영원한 행복을 성취하려는 비전을 따라 정의를 실천하고 조국(patria)에 봉사하도록 고취하려는 취지를 담고 있었다. 따라서 로마의 관점에서, 덕이란 관조를 통해서가 아니라 실천 즉 조국을 위한 봉사를 통해 구현되는 것이라 하겠다.

이러한 로마의 덕이 지닌 시민적 특성은 장점인 동시에 비판받을 대목이기도 하다. 아우구스티누스는 로마의 건국역사를 검토하면서, 로마의 시민적 덕이 본질상 살인과 불경건의 열매라고 보았다. 로마건국 초기 역사에 나타난 형제살해는 로마가 덕에 의해 건국된 것이 아님을 보여주는 머릿돌과도 같으며, 로물루스는 결코 덕스럽지 못했다. 로마인들은 건국 초기부터 진정한 덕을 결여하고 있었던 셈이다.

아우구스티누스가 보기에, 지배욕(libido dominandi)이 가장 큰 문제요소였다. 로마 발전의 원동력은 지배욕이었다. 아우구스티누스의 지배욕 개념은 살루투스(Salutus)에게서 온 것으로서, 살루투스는 지배욕이 시민적 차원에서 덕스러운 행위의 기폭제가 된다고 보았으며, 이것이 로마의 시민적 덕의 근간이 된다고 보았다. 아우구스티누스는 살루투스가 지배욕이야말로 시민적 덕을 이끌어준다고 주장했던 점을 문제 삼았다.

로마의 지배욕은 특히 전쟁을 통해 드러난다. 로마인들은 정복전쟁을 통해 이 세상을 안식할만한 곳으로 만들어갈 수 있으리라 생각했다. 시민적 덕은 이러한 정복전쟁을 위해 로마인들에게 요구된 덕이었다. 말하자면, 로마인들에게 있어서 덕이란 시민의 덕으로서, 영광을 얻기 위한 지배욕의 표현이며, 덕의 반대 개념은 악덕이 아니라 지배욕을 실현시키지 않는 것이다.

로마가 쟁취한 전쟁의 승리들은 사악한 적들에 대한 시련과 정의로운 승리의 이야기도 아니고 로마의 도덕적 발전의 상징일 수 없다. 시민의 덕을 함양한다는 명분하에 자행된 정복전쟁을 미화한 것에 불과하다.

아우구스티누스가 보기에, 이 모든 것은 사악함의 위장일 뿐이며 형제살해, 부친살해와 같은 악행을 덕이라는 이름으로 미화시켜놓은 것에 지나지 않는다. 한 마디로, 로마의 시민적 덕은 정치 영역에서 전쟁의 폭력성을 미화시키고 종교 영역에서 불경건을 미화시킨다.

로마적인 것, 즉 '로마니타스'(Romanitas)라는 것은 외부의 침공에 대한 두려움과 침략을 받아 노예가 되는 등 불명예에 이를 수 있다는 두려움을 극복하고 예방하기 위한 방편이었다. 아우구스티누스가 로마니타스 혹은 로마 시민의 덕은 진정한 덕일 수 없다고 말한 핵심이 여기에 있다.[547]

로마는 정치에서만 아니라 종교에서도 문제가 있다. 로마의 종교는 정치 혹은 사회적 근거에서 '발명'된 것으로서, 로마인들은 종교가 방부제 역할을 해 줄 것으로 기대했다. 하지만, 그들의 종교는 그리스 신화를 변용시켜 로물루스(Romulus)를 로마의 신으로 대체한 것에 지나지 않았다. 종교의 이름으로 형제살해를 정당화시키고 로마의 시민적 덕을 고취하는 데 이용하는 것은 덕을 함양하는 것이 아니라 오히려 덕을 훼손한다.

아우구스티누스가 보기에, 로마의 덕은 본질적으로 화려한 악덕이다. 전쟁을 통한 지배욕과 영광에 대한 탐닉으로 변장된 지배욕을 참된 덕의 동기라고 할 수 없다. 오히려, 지배욕이란 아우구스티누스가 죄의 원인으로 주목한 의지의 교만에서 나온다. 하나님을 향하지 않고 자기 자신을 주장하고자 하는 욕망이요, 의지의 질서왜곡이다. 한 마디로, 지배욕을 동기로 삼는 덕은 화려한 악덕일 뿐이다.

로마의 시민적 덕은 영광을 추구하는 욕망을 지니고 있었으며, 로

---

547) Brian Harding, *Augustine and Roman Virtue*, 92.

마의 지배욕을 품고 있다. 지배욕을 영광의 추구로 변장시킨 것이고, 여기서 영광은 지배욕을 감추어주는 가면이다. 따라서 로마의 덕은 진정한 덕일 수 없으며, 덕의 빛을 희미하게 지니고 있을 뿐이다.[548]

로마인들의 정신과 윤리에 있어서 로마적 특성(romanitas)을 지닌 덕이 없는 것보다는 나을 것이다. 아우구스티누스에 따르면, 성경에서 하나님의 도성이라 일컫는 영원한 도성의 시민이 되지 못하는 자들에게는 그런 덕성이나마 가지고 있는 것이 아예 없는 것보다는 지상도성에 유용할 것이다.[549]

아우구스티누스는 로마인들의 덕에 대해 두 가지 관점을 지니고 있었던 듯싶다. 덕이 아예 없는 것보다는 덕을 추구하는 것이 낫다는 것이 그 하나이고, 다른 하나는 로마의 덕이 진정한 덕인 것은 아니라는 관점이다. 그들의 덕은 로마라는 공동체를 위한 시민영웅의 화려한 덕처럼 보일지 모르나, 근본동기에 있어서는 진정한 덕이라고 할 수 없다.

역사적으로, 로마가 영토를 확장하고 패권을 차지한 것은 지상의 도성에서 누릴 수 있는 영화로움이지만, 그것은 하나님의 도성에서 누리는 것에 비해 볼 때 초라하기 짝이 없다. 심지어 부끄러운 일이다. 로마의 덕에는 지배욕이 도사리고 있기 때문이다. 로마인들이 수행한 전쟁의 배경에는 지독한 지배욕이 작용하고 있었으며, 그것이 수많은 비참함을 낳은 원인이 되었다는 점을 상기할 필요가 있다.[550]

아우구스티누스는 로마인들이 자랑으로 삼는 건국의 이야기에 추악한 지배욕이 잠재되어 있었다는 사실을 지적하면서, 로마 자체가 이

---

548) 같은 책, 79.
549) *De civ. Dei.* V.19.
550) *De civ. Dei.* III.14.2.

미 도덕적으로 온전하지는 못했던 사실을 상기시킨다.[551] 이것은 로마를 향한 윤리적 호교에 있어서 일종의 충격요법인 동시에 참된 종교와 참된 윤리의 필요성을 강력하게 제기하는 것으로 해석되어야 할 것이다.

• 2단계, '철학자들의 덕도 거짓 덕이다'

아우구스티누스는 철학자들의 덕 역시 거짓 덕이라고 평가한다. 아우구스티누스의 '철학'개념은 기독교신앙을 아우르는 광범위한 의미에서의 '진리에 대한 사랑'이며, 참된 철학이란 곧 기독교를 말한다. 그가 철학자라는 단어를 사용한 것은 기독교 이외의 진리를 추구하는 자들, 즉 '이교도'를 지칭한 것이라고 볼 수 있다.

철학자들의 덕이란 '이교도 철학(pagan philosophy)이 말하는 덕'이라는 표현이 좀 더 정확한 것일 듯싶다. 아우구스티누스가 '이교도들 중 "덕스러운"자들'이라고 표현한 대상에는 로마의 덕스러운 시민을 포함하여 주로 철학자들이 포함된다.[552] 또한 '이교도 철학자'에는 아우구스티누스 자신이 극찬해 마지않는 플라톤과 플로티누스를 비롯한 고전 및 로마의 철학자들도 포함된다.

철학적 덕 혹은 철학자들의 덕에 대한 평가에는 시민적 덕에 대한 평가와 다른 기준이 적용된다. 철학자들이 '덕'을 말하기는 했지만 진정한 최고선 즉 진정한 행복에 대한 인식에 이르지 못한 채 덕을 말한 것이 문제이다. 아리스토텔레스와 스토아철학자들은 덕이 행복에 필수적인 것 혹은 행복을 구성하는 것이라고 보았다. 스토아철학자들은 아리스토텔레스보다 한 걸음 더 나아가, 덕을 행복의 충분요건이라고 주장했다. 하지만, 아우구스티누스가 보기에 행복이란 덕과 도덕적 운에 좌우되는

---

551) *De civ. Dei.* III.6.

552) Jennifer A. Herdt, *Putting on Virtue: The Legacy of the Splendid Vices*, 46.

것일 수 없다. 행복이 도덕적 운에 따르는 것이라면 그것은 확실한 행복일 수 없다. 현세적인 행복은 행복이라는 이름을 사용할 뿐, 진정한 행복의 자격에 미달된다.

아우구스티누스는 행복이란 확실하고 상실될 위험이 없는 것이어야 한다는 스토아철학의 관점에 동의한다. 하지만, 덕이 행복의 유일한 조건이라는 점에는 동의하지 않는다. 그들은 행복의 또 다른 측면 즉 하나님께서 허락하시는 영생에 대한 관심이 없었고, 자신의 덕으로써 현세의 삶을 통해 행복해지고자 했을 뿐이다.[553] 아우구스티누스가 인간의 최종 목적은 인간의 힘으로 성취될 수 있다는 관점 및 외부의 것보다 우리 자신의 자족성을 통해 행복에 이를 수 있다는 관점 모두를 거부하는 이유가 여기에 있다.

스토아철학에서는 덕과 행복이 동일한 것이라고 생각했기 때문에 덕을 행하는 것이 행복의 유일한 구성요소라고 말한다. 행복한 삶(beata vita)을 목표로 삼되, 덕의 실천이 곧 행복이라고 생각한 셈이다. 이러한 스토아의 덕론에는 절대성과 통일성이라는 두 가지 특징이 있다.[554]

절대성이란, 덕스럽거나 혹은 사악하거나 둘 중 하나이지 그 혼합은 없다는 것을 뜻한다. 통일성이란, 덕목들을 전체로 소유하거나 혹은 전혀 소유하지 못하거나 둘 중 하나라는 생각이다. 하지만, 인간의 현실은 덕의 완벽한 실천이 가능하지 않은 비참함을 보여준다. 순수한 덕의 완벽한 구현은 불가능하다. 덕이란 항상 그 상대개념인 악덕을 필요로 한다는 점을 고려하면, 현자가 된다는 것은 이미 악덕을 체험했다는 뜻이 되고 만다.

철학자들의 덕이 진정한 것일 수 없음을 지적하는 과정에서, 아우구

---

553) *De civ. Dei.* XIX.4.1-4.5.

554) Brian Harding, *Augustine and Roman Virtue*, 114.

스티누스는 진리에 대한 사랑을 두 가지로 구분한다. 하나는 그 자체로 영광을 추구하기 위하여 진리에 대한 사랑을 말하는 경우이고, 다른 하나는 영원하신 삼위일체 하나님을 바라보기 위하여 진리에 대한 사랑을 말하는 경우이다.[555]

철학자들이 진리에 대한 사랑을 말하고 있지만, 그들이 추구한 것은 본질적으로 자신들의 주장이 옳다는 것을 인정받으려는 영광의 추구에 지나지 않는다.[556] 스토아 철학의 사해동포주의(cosmopolitanism)는 외견상 자기영광에 탐닉하는 것이 아닌 듯 보이지만, 본질적으로 다르지 않다. 예를 들어, 세네카가 말하는 관용이란 결국 군주의 입장에서 말하는 자기위주의 긍휼(self-serving mercy)에 지나지 않는다.[557]

스토아의 철학만 문제가 된 것은 아니다. 철학자들의 행복론은 너무 분분하고 진리에 대한 사랑 역시 자신들의 주장이 옳다는 것을 인정받으려는 영광에 대한 탐욕으로 치닫고 있다. 아우구스티누스가 보기에 이교도 철학자들의 덕은 진정한 덕일 수 없다. 외견상 덕의 '형식'을 띠고 있으며 '화려한' 주장들로 보일 수 있지만, 내용상 참된 행복에 이르게 하지 못한다. '거짓 덕'에 지나지 않는다. 허트의 책 제목처럼, 이교도의 덕은 '겉치레 덕'(putting on virtue) 혹은 덕의 옷을 입은 것에 불과하다.[558]

하딩의 관점에서 말한다면, 로마의 덕과 이교도 철학자들의 덕이 진정한 덕일 수 없는 본질적인 이유는 그릇된 동기에서 비롯된 것이기 때문이다. 아우구스티누스가 보기에, 로마의 덕과 철학자들의 덕은 영광을

---

555) 같은 책, 106.

556) 같은 책, 107.

557) 같은 책, 49.

558) 허트가 사용한 'Putting on Virtue'라는 표현을 '겉치레 덕'으로 옮겨 보았다. Jennifer A. Herdt, *Putting on Virtue: The Legacy of the Splendid Vices,* 52.

추구하는 것이며, 그 동기는 지배욕 혹은 지배(dominium)에 있었다.[559] 그리스인들이 이론적인 분야 즉 예술과 학문 및 철학에서 영광을 추구했다면, 로마는 현실적인 분야 즉 전쟁을 통해 지배욕을 구현하고자 했다는 점이 다를 뿐이다.[560]

'화려한 악덕'이라는 단어를 사용한 아우구스티누스의 진의를 분명하게 인식해야 한다. 아우구스티누스는 덕에 대한 설명에서 동기(motivation)에 주목했으며, 로마와 고전철학자들의 덕이 잘못된 동기에서 비롯된 것임을 지적한 셈이다.

• 3단계, '기독교의 덕이 진정한 덕이다'

'화려한 악덕'의 개념에는 로마와 고전철학의 덕에 대한 소극적 평가를 넘어 적극적 대안의 제시가 담겨 있다. 아우구스티누스는 철학자들의 행복론적 전제의 공허함과 로마의 시민적 덕의 내적 긴장을 폭로함으로써 기독교를 대안으로 제시한다.[561] 교만과 지배욕을 대신하여 그리스도의 '겸손'의 덕을 통한 기독교의 덕이 진정한 덕이 되는 셈이다.

아우구스티누스가 제안하는 것은 참된 종교와 윤리의 추구이다. 재난을 당한 로마인들이 문제 삼아야 하는 것은 자신들이 희생양으로 삼고 싶어 하는 기독교가 아니라 자신들의 종교가 참된 것이지 못하다는 점이며, 정작 문제가 되는 것은 로마의 도덕이 무너졌다는 사실을 깨달아야 한다는 것이다. 그들에게 필요한 것이 무엇인지는 더욱 분명해졌다. 참

---

559) 『신국론』V.12를 대표적인 예로 들 수 있겠다. 아우구스티누스의 지배욕이라는 단어는 살루투스에게서 온 것이지만, 로마의 덕에 대한 해석 전반에 적용하고 있으며, 명예욕과 연계시켜 해석하기도 한다.

560) *De civ. Dei*. III.14.2.

561) Brian Harding, *Augustine and Roman Virtue*, 150.

된 종교와 윤리이다.[562)]

유의할 것은, 로마인들이 참된 종교와 윤리를 추구함에 있어서 인위적으로 무엇인가를 제정하려는 노력으로는 도달할 수 없다는 점을 깨닫는 것이다. 참된 종교는 사람의 것이 아니라, 참 신이신 하나님을 향한 신앙에 있기 때문이다.

참된 종교는 지상도성에 의해 제정되는 것이 아니며,[563)] 도시국가들이 제정해둔 신들을 숭배해서는 영원한 행복에 도달하지 못한다.[564)] 행복을 추구한다면, 잊지 말아야 할 것이 있다. 영원한 생명, 곧 끝없이 행복한 생명은 참 행복을 베푸시는 분만이 베풀 수 있다.[565)]

아우구스티누스는 기독교를 참된 종교로 제시하면서 로마인들의 어리석음을 질책하고 참된 종교와 참된 윤리의 선택을 권한다. 사실, 진정한 행복에 이르게 하는 하나님을 다시 선택한다는 한다는 말에서 '종교'라는 말이 유래했다.[566)] 아우구스티누스는 참된 종교를 향한 관심을 촉구하면서 로마인들의 터무니없는 기독교 혐오에 대응하고 그들을 기독교의 하나님을 향한 사랑에 초대한다.

정작 아우구스티누스가 제안하고 싶었던 '사랑'은 철학의 그것을 넘어 진정한 행복의 원천이신 하나님을 향한 의지의 온전한 지향이었다. '사랑의 덕'(愛德)이라 불리는 카리타스가 진정한 덕으로 제안되는 이유가 여기에 있다. 이 소중한 사랑에의 초대에 응하지 않는 것은 각자의 몫이다. 그에 따른 불행과 어리석음 또한 각자의 몫이다.

아우구스티누스는 로마인들에게 정령숭배에 집착하고 자신들의 도

---

562) *De civ. Dei.* VII.35.

563) *De civ. Dei.* VI.4.1.

564) *De civ. Dei.* VII.1.

565) *De civ. Dei.* VI.12.

566) *De civ. Dei.* X.1.3.

덕적 타락에 무관심했던 것을 교훈삼아 참된 종교와 참된 윤리를 향하도록 권유한다. 그럼에도 불구하고 참된 종교를 향하지 않는다면, 그것은 불행의 연속일 뿐이다. 참된 종교를 찾지 못하면 참된 윤리 또한 찾을 수 없고 비참한 불행에 놓이게 될 것이다.

로마의 덕은 '화려한 악덕의 함정'에 빠져있다. 덕을 말하면서도 잘못된 동기에서 덕을 추구하는 것은 진정한 덕에서 빗나간 것이며, 대안이 절실하다는 것이 아우구스티누스의 요점이다. 아우구스티누스의 관심은 로마니타스를 따르는 로마시민 일반에 대한 권면에 그치지 않는다. 또 하나의 부류, 즉 로마의 시민으로 살아가는 그리스도인들을 향하여 참된 덕에 대한 확신을 권장하고 순례자로서의 정체성을 유지하는 일에 힘쓸 것을 강조한다.

아우구스티누스의 덕 윤리는 두 가지 측면에 관심을 가진다. 그 하나는 이교도를 향한 제안이다. 진정한 덕의 기준 정립을 통한 덕의 변혁이 필요하다. 이러한 뜻에서 아우구스티누스의 주장은 특정종교를 겨냥한 공격이나 우월의식의 표현이 아니라, 참된 덕의 조건을 제시한 것으로 이해되어야 한다.

다른 하나는 신앙인을 향한 권면이다. 이교도뿐 아니라, 그리스도인들이 진정한 덕을 결여하고 있는 경우들까지 포함하여 아우구스티누스를 읽어야 한다. 아우구스티누스의 관점이 기독교에 시사해주는 것은 무엇인가에 대한 성찰이 필요하다는 뜻이다.

② 'visio Dei 공동체'의 덕 윤리

'도성'(civitas)를 구분한다는 것은 덕 윤리 변혁의 중요한 단초이다. 인간의 본성 자체가 도성에 속한 공동체적 존재라는 설명만으로는 부족하다. '어느' 도성에 속한 존재인가를 물어야 한다. 여기에는 진정한 행복과 진정한 덕이 구현될 도성과 그렇지 못한 도성이 공존한다는 인식이 전제되어 있다. 기독교적 덕 윤리의 관건은 도성의 구분에 있다.

아우구스티누스가 권하는 하나님의 도성으로서의 교회는 일종의 비전 공동체이다. 특히 'visio Dei의 공동체'이다. 아우구스티누스가 카리타스를 진정한 덕이라고 힘주어 말한 것은 카리타스의 공동체가 이룰 윤리적 비전에 대한 확신이 있었기 때문이다. 특히 아우구스티누스에게 복음서의 팔복선언은 깊은 통찰을 주었다. '마음이 청결한 자는 복이 있나니 그들이 하나님을 볼 것임이요'(마5:8)라는 성구에 연계된 '하나님을 뵈옵는 것'을 아우구스티누스는 'visio Dei'라는 용어에 담아 내었다. 이는 중세 기독교의 이상으로 자리 잡았고 토마스 아퀴나스에게서 지복직관(至福直觀, visio beatifica)의 표현으로 완성되었다.

아우구스티누스에게서 'visio Dei'는 행복을 추구하는 존재로서의 인간이 목표 삼아야 할 진정한 행복이다. 동시에, 하나님을 향한 진정한 덕으로서의 카리타스를 지닌 자와 그 공동체 즉 교회의 윤리적 비전이다. 아우구스티누스가 『신국론』에서 말하는 행복은 종말의 때 부활한 자들이 누리게 될 행복으로서, 그 어떤 방해나 장애물도 없는 하나님에 대한 직관(vision of God)이야말로 기독교적 덕 윤리의 텔로스에 해당한다.[567]

사실, 'visio'의 문제는 고대철학의 중요한 주제였다.[568] '봄'(seeing, visio)에는 세 차원이 있다. 감각지각으로 보는 것, 대상의 이미지에 대한 인지작용, 그리고 진리인식의 경우처럼 비물체적인 것들에 관한 지성적

---

567) Mark Ellingsen, *The richness of Augustine : His contextual & pastoral theology* (Louisville:Westminster John Knox Press, 2005), 128-129

568) 이에 관한 개괄은 Edward Craig ed., *Routledge Encyclopedia of Philosophy* (New York: Routledge, 1998), Paul Edwards ed., *The Encyclopedia of Philosophy* (London: Macmillan Pub. Co., 1967) 등을 참고할 수 있겠다.

인 '봄'이 그것이다.[569] 이는 철학이란 '진리를 관조하는 삶'(vita contemplativa veritatis)이라고 보았던 고대철학의 유산이기도 하다. 'visio Dei'를 'acies mentis'(gaze of the mind)의 용법으로 읽는 경우, 하나님을 향한 영혼의 상승 운동과 연관될 수 있겠다.[570]

'봄' 혹은 직관의 궁극적 대상은 완전한 행복으로서의 하나님이시다. 아우구스티누스는 사도 요한의 권위를 인용하여 그 직관의 내용이 다름 아닌, 하나님을 뵙는 것이라고 말한다.[571] 특히 행복과 덕을 연관 지어 'visio Dei'를 읽는다면, 행복 자체이신 하나님의 영광과 진리에 대한 최종적 직관이다.

아우구스티누스는 이 주제와 관련하여 고린도전서 13장을 인용한다. 현세에서의 인식이 불완전하고 단편적인 것임을 강조하면서, 이것을 '어린아이의 일'이라고 비유한다. 영원한 행복의 직관에 관해서는 '얼굴과 얼굴을 대하여 보는 것'이라고 말한다.[572]

이는 지상의 도성에서의 인식이 유한하고 불완전한 것임을 말하는 동시에 진정한 진리의 직관은 하나님의 도성에서라야 가능하다는 암시이다. 하나님의 도성에서의 직관이야말로 궁극의 직관이요, 그것은 곧 완전한 의미에서의 행복이신 하나님을 뵙는 것임을 말해준다.

이러한 행복의 완성은 그 반대의 측면, 즉 행복의 저해요소인 죄로

---

569) Vernon J. Bourke, *Augustine's love of wisdom : an introspective philosophy*, 10.

570) Allan D. Fitzgerald ed., *Augustine through the ages: An Encyclopedia*, 6.

571) 요일 3:2 '사랑하는 자들아 우리가 지금은 하나님의 자녀라 장래에 어떻게 될지는 아직 나타나지 아니하였으나 그가 나타나시면 우리가 그와 같을 줄을 아는 것은 그의 참모습 그대로 볼 것이기 때문이니'

572) 고전13:9-12 '우리는 부분적으로 알고 부분적으로 예언하니 온전한 것이 올 때에는 부분적으로 하던 것이 폐하리라. 내가 어렸을 때에는 말하는 것이 어린 아이와 같고 깨닫는 것이 어린 아이와 같고 생각하는 것이 어린 아이와 같다가 장성한 사람이 되어서는 어린 아이의 일을 버렸노라. 우리가 지금은 거울로 보는 것 같이 희미하나 그 때에는 얼굴과 얼굴을 대하여 볼 것이요 지금은 내가 부분적으로 아나 그 때에는 주께서 나를 아신 것 같이 내가 온전히 알리라.'

부터의 자유가 필요하다는 점을 말해준다. 아우구스티누스에 따르면, 지상의 도성에 사는 동안 인간의 자유의지는 죄짓는 데 능하고, 그로 인해 행복에 이를 수 없지만, 하나님의 도성에서는 의지가 죄짓는 즐거움으로부터 자유로워지고 죄짓지 않는 즐거움을 얻게 될 것이다. 여기에 나타난 하나님의 도성에서의 자유의지는 모든 악으로부터 해방된 의지이자 선으로 충만한 의지이다.[573]

놓치지 말아야 할 요점은, 하나님의 도성에서 누릴 행복의 영원성이다. 아우구스티누스에게서 행복이란 안정 없이 늘 요동하는 실존적 인간이 영원불변의 존재에게서 안정(quies)을 얻으려는 갈망의 표현이다. 아우구스티누스에 따르면, 하나님의 도성에서 누리게 될 안식이야말로 '저녁이 없는 최상의 안식'(maximum sabbatum non habens vesperam)이다.

이는 지상의 도성에서 누릴 수 없는 지극한 행복의 완성이다. 그것은 유한한 지상의 도성에서 누리는 불완전하고 단편적인 행복을 넘어선다. 하나님의 도성에서 누리는 이러한 행복은 지상의 도성에서 염려하는 것처럼 상실의 염려를 넘어서는 영원한 행복이다.

하지만, 'visio Dei'는 일회적인 황홀경이 아니다. 모든 인간에게 무차별적으로 주어지는 것도 아니다. 진정한 행복은 성도들에게, 하나님의 도성에서 종말론적으로 완성된다. 일회성 환희가 아니라 끝없는 끝, 즉 영원한 안식이다.

토마스 아퀴나스에게서 'visio beatifica'의 형태로 정리되는 'visio Dei'의 근거는 다름 아닌 성경에 있다. 구약에는 하나님의 얼굴 뵈옵는 것에 대해 숭고한 경외가 드러난다. 구약의 강복선언으로 알려진 민수기에서는 하나님의 얼굴을 뵈옵는 것을 지극한 복의 상태로 선언한다.[574] 반대

---

573) *De civ. Dei.*, XXII .30.4.

574) 민6:25~26 '여호와는 그의 얼굴을 네게 비추사 은혜 베푸시기를 원하며 여호와는 그 얼굴을 네

로, 여호와께서 얼굴을 숨기시는 것 즉 여호와를 뵈옵지 못하는 것은 행복의 반대상태일 것이다. 심판으로부터의 회복의 길 역시 하나님의 얼굴을 구하는 데 있다.

하나님을 뵈옵는 진정한 행복에 관한 소망은 신약에서 두려움을 넘어 행복의 가치로 회복된다. 예수께서 팔복선언을 통해 마음이 청결한 자가 하나님을 뵈올 것임을 선언하신 것은 물론이고, 바울의 사랑장이라 불리는 고린도전서 13장에서는 종말의 때에 얼굴과 얼굴을 대하여 보는 것처럼 하나님을 뵈올 것임을 보여준다.

'visio Dei'는 인간의 완전한 행복에 관한 성경의 이상들을 개념화한 것이라 할 수 있다. 'visio Dei'는 행복을 추구하는 존재로서의 인간이 마땅히 추구해야 할 가장 완전한 상태이자 지상의 도성에서 이룰 수 없는 완전한 행복의 성취를 향한 기대를 대변한다. 다만, 'visio Dei'는 현세에서 완성되지 않는다. 마치 거울로 보듯 희미할 뿐이다. 여기에서, 'visio Dei'로 상징화되는 행복의 조건을 되새겨 볼 필요가 있다.

> 분명히, 지성적 본성을 지닌 존재가 그 합당한 목표로서 갈망하는 행복을 위해서는 두 가지 조건이 구비되어야 함을 어렵지 않게 알 수 있다. 그 하나는 불변의 선이신 하나님을 지속적으로 향유해야 한다는 것이다. 다른 하나는 자신이 그 선에 영원히 머물 수 있으리라는 확신으로서, 어떤 의심이 들더라도 흔들리지 않는 것이어야 하며 그 어떤 오판에 의해서도 기만당하지 않는 것이어야 한다.[575]

게로 향하여 드사 평강 주시기를 원하노라 할지니라 하라.'

575) *De civ. Dei.*, XI.13. Quocrica cuiuis iam non difficulter occurrit utroque coniunto effici beatitudinem, quam recto proposito intellectualis natura desiderat, hoc est, ut et bono incommutabili, quod Deus est, sine ulla molestia perfruatur et in eo se in aeternum esse mansurum nec ulla dubitatione cunctetur nec ullo errore fallatur.

아우구스티누스에 따르면, 이러한 조건들을 충족하는 행복의 참된 원천은 오직 하나님뿐이다. 하나님을 뵈옵는 'visio Dei'는 행복의 행복, 혹은 행복의 지극한 완성이다. 아우구스티누스는 최고선, 즉 선의 완성은 영원한 생명에서 얻을 수 있는 것이며, 영원한 평화를 누리는 행복이야 말로 진정한 완성이라고 한다.[576]

그렇다면, 이처럼 영원불변한 하나님을 뵈옵는 행복, 혹은 하나님에 대한 직관을 위해 필요한 것은 무엇인가? 'visio Dei'의 행복을 누릴 수 있는 사람은 영원불변의 하나님만이 진정한 행복임을 깨달은 자이어야 하며 하나님을 뵈옵기를 소망하는 사람이어야 한다. 말하자면, 'visio Dei'는 신앙을 전제로 한다.

'visio Dei'가 신앙의 상급이라는 점에서,[577] 행복은 참된 종교(vera religione), 참된 철학의 문제와 연관된다. 예를 들어, 키케로는 철학을 '선하게 사는 학문'(philosophia bene vivendi disciplina)라고 정의했다. 아우구스티누스는 이것을 적극적으로 변형하여 진정한 철학이란 '선하고 행복한 삶의 길'(vitae bonae ac beatae via)을 추구하는 것이라고 말한다. 그리고 행복에 이르는 진정한 길이 다름 아닌 참된 종교라고 말한다.[578]

이것은 아우구스티누스가 『신국론』을 통해 로마의 종교 및 도덕을 상대하고 있다는 사실과 연관 지어 보아야 할 대목이다. 로마의 종교와 도덕을 넘어, 그들이 그토록 비난하는 기독교야말로 참된 종교이자 참된 도덕임을 변증하고 있는 셈이다.

하나님의 도성을 향한 순례자 공동체로서의 교회는 지상의 도성과 확연히 다른 비전을 지닌다. 참된 행복이신 하나님을 만나는 비전이 그

---

576) *De civ. Dei.* XIX.11.

577) *De civ. Dei.* XXII .29.1. Praemium itaque fidei nobis uisio ista seruatur,

578) *De ver. rel.* I.1.

것이다. 비록 지상의 도성에 혼재되어 있는 동안에는 고통스러운 날들이지만, 마침내 영원한 행복에 이르게 될 것이라는 비전이다. 교회는 윤리적 비전이 다른 사람들의 공동체로서, 지상의 도성과는 '다른 윤리를 가진 사람들'로 살아가야 한다는 권면인 셈이다.

『신국론』은 아우구스티누스의 덕 윤리를 이해함에 있어서 필수불가결의 요소를 보여준다. 덕 윤리의 현대적 재론이 '자유주의−공동체주의 논쟁'을 첨예한 대립의 양상으로 다루고 있지만, 아우구스티누스의 공동체적 관심은 교회를 위한 자기변증의 차원을 넘어 신학적 방향성을 제시해준다.

아우구스티누스는 '로마'로 대변되는 지상의 도성을 넘어 하나님의 도성을 향한 관심을 촉구한다. 이것은 인간의 진정한 행복은 지상에서 완성되는 것이 아니라 하나님의 도성에서라야 완성될 것임을 보여준다.

덕의 함양이 인간의 노력을 통해 구현되는 것이 아니라, 은혜에 기초한 것이어야 한다는 점만으로도 기독교적 특성은 충분히 드러난다. 나아가, 그리스도인이 하나님의 도성을 향하여 지상의 도성을 살아가는 동안 어떻게 덕을 함양하고 참된 덕을 구현할 것인가의 문제에서, 교회는 중요한 요소이다.

III

아우구스티누스와
덕 윤리의 기독교적 과제

1. 하우어워스의 아우구스티누스 해석

1) 하우어워스와 'After Christendom'의 통찰

'After Christendom'이라는 표현은 하우어워스의 단행본 제목이지만, 아우구스티누스 해석을 담고 있다는 점에서 덕 윤리의 기독교적 과제를 대변하는 아이콘일 수 있다. 특히, '화려한 악덕'의 유혹에서 그리스도인 역시 자유로울 수 없다는 문제를 극복할 해법을 제시해 준다. 로마가 잘못된 동기와 빗나간 행복론으로 '화려한 악덕'에 갇혀 있다면, 그리스도들은 율법주의와 자기의(self-righteousness)에 사로잡혀 진정한 덕을 구현하지 못하게 될 위험에 직면할 수 있다. 혹은 덕의 실천에서 공로주의에 빠질 수 있다는 점 또한 경계의 대상이다. 하우어워스의 관점은 이러한 문들, 즉 덕 윤리의 기독교적 실천에서 나타날 수 있는 문제들을 극복할 통찰을 줄 것으로 기대된다.

일반적으로, 하우어워스는 맥킨타이어의 철학적 문제의식에 가장 가까운 신학적 논변을 펼친 인물로 평가되곤 한다. 하우어워스는 덕 윤리의 현대적 문제의식을 맥킨타이어와 깊이 공유했을 뿐 아니라, 기독교공동체주의(Christian communitarianism)를 표방하면서,[579] 맥킨타이어와 궤

---

579) David Fergusson, *Community. Liberalism, and Christian Ethics*, 1.

를 같이 한다. 하우어워스가 자신에게 영향을 준 두 거장으로 맥킨타이어와 요더(John H. Yoder)를 언급했을 정도로 그들 사이의 교분은 무척이나 깊다.[580] 하우어워스는 맥킨타이어의 문제의식에서 출발하여 요더에게서 그 문제를 해소하는 경향을 보인다.

하우어워스 자신이 요약한 것처럼, 이러한 배경들을 반영한 그의 윤리적 강조점은 ① 그리스도인의 삶에 있어서 덕의 중요성과 그 회복의 강조, ② 예수 내러티브를 통한 윤리의 설명 및 강조, ③ 복음에 충실한 덕스러운 성품의 육성하는 교회공동체에 대한 강조, ④ 현실정치참여보다 교회다운 교회가 되어 시민사회의 본이 되어야 한다는 관점, 그리고 ⑤ 십자가 정신에 대한 강조 및 비폭력 평화의 중요성에 대한 강조 등으로 요약된다.[581]

하우어워스의 관점은 아우구스티누스의 현대적 해석에 중요한 통찰을 줄 것으로 기대된다. 특히, '교회윤리'(ecclesial ethics)라는 별칭이 붙어있는 하우어워스의 윤리는 교회의 콘스탄틴 결탁 혹은 동화에 강한 경계심을 보인다. 이는 맥킨타이어의 문제의식과 요더의 관점을 교회 공동체에 근간하여 재해석한 것으로서, 현대사회에서 '구현되어야 할 교회'의 모습을 제안했다고 볼 수 있다.

하우어워스에 따르면, 이제까지 세속정치에 참여하려던 그리스도인의 열정은 교회의 정체성 혹은 책무를 망각해 왔으며,[582] 기독교의 이름으로 사회정책을 제시하고 사회를 선하게 만들고자 노력하는 와중에 교회의 교회됨을 소홀히 했다. 교회의 으뜸가는 책무는 교회 그 자체가 되

---

580) Stanley Hauerwas, *Hannah's Child : A Theological Memoir*, 160. 하우어워스가 맥킨타이어와 요더를 'really two big brains'라고 표현하면서 그들의 영향이 지대했음을 말하기도 한다.

581) Stanley Hauerwas, *A Cross Shattered Church : Reclaiming the Theological Heart of Preaching* (Grand Rapids; Brazos Press, 2009), 145.

582) 같은 책, 150.

는 것(the first task of the church is to be itself)이라고 했던 하우어워스의 슬로건은 이러한 문제의식의 반어법이다.[583]

　　이는 사회윤리에 대한 전면적인 거부 혹은 사회윤리 무용론을 말하려는 것이 아니다. 니버(Reinhold Niebuhr)가 주목했던 사회정책 혹은 개인윤리와 사회윤리의 구분에 대한 주목보다는 교회 공동체가 지닌 예수 내러티브에 집중해야 하며, '교회'를 윤리의 중심주제로 삼아야 한다는 뜻이다. 따라서, 하우어워스에게서 모든 윤리적 응답은 교회에서 시작되며,[584] 기독교윤리는 교회의존적(church-dependent)이다.[585]

　　하우어워스에게서, 교회란 기독교적 덕의 터전(locus)이며,[586] 예수 내러티브를 근간으로 복음적 성품을 함양하는 덕의 훈련장 혹은 덕의 공동체(community of virtues)이자 덕의 학교(school of virtues)이다.[587] 교회는 세상 속에서 하나님의 이야기, 예수 내러티브를 증거 하기에 충분한 덕을 지닌 사람들의 공동체가 되어야 한다는 뜻이다. 이러한 맥락에서 하우어워스는 그리스도인이 '덕스러운' 사람이 되어야 한다고 언급한다.

　　　'덕스러운' 사람들이 되어야 한다. 그러나 단지 덕스러운 사람이 되는
　　　것이 아니라 십자가에 못 박히신 구세주의 이야기를 기억하고 말하는 것
　　　이 필수요소가 되는 덕의 사람이 되어야 한다.'[588]

---

583) Stanley Hauerwas, The Peaceable Kingdom: *A Primer in Christian Ethics* (University of Notre Dame Press, 2006), 100.

584) Stanley Hauerwas & William H. Willimon, 김기철 역,『하나님의 나그네 된 백성』(복 있는 사람, 2008), 123.

585) 같은 책, 106.

586) Robin Gill, *Churchgoing and Christian Ethics* (Cambridge University. Press, 1999), 15.

587) Stanley Hauerwas,『교회됨』, 168.

588) Stanley Hauerwas, *The Peaceable Kingdom : A Primer in Christian Ethics*, 103.

이처럼 기독교적 덕의 중요성을 강조하는 과정에서, 하우어워스가 아우구스티누스에 주목했다는 것은 흥미로운 일이다. 하우어워스에 따르면, 아우구스티누스는 이 세상에서 교회가 완전한 승리를 거두는 것이 아닌 상황에서, 교회는 어떻게 살아남아야 하는지를 보여주었다.[589] 퍼거슨(David Fergusson)이 부연 설명한 것처럼, 콘스탄틴 시대 이후 나타난 아우구스티누스의 『신국론』이 그리스도인과 교회로 하여금 낯선 시민권으로 돌아가도록 제안한 것은 특히 주목할 대목이다.[590]

> 콘스탄틴적 관점에서는 교회가 그 안에서 교회를 안전하게 해주는 세상을 주름잡아야 한다고 생각한다. 하지만 나는 이러한 생각을 받아들일 수 없다. 교회란 언제나, 신실한 교회라고 한다면, 낯선 혹은 다른 (foreign or alien) 근거들 위에 존재하는 것이기 때문이다.[591]

교회가 잠정적으로 지상의 도성에 속하지만, 동시에 또한 궁극적으로는 더 위대한 정치 즉 하나님의 도성에 속한다는 역설을 반영하고 있는 셈이다. 실제로, 하우어워스의 관점에서 교회는 세상일 수 없으며 세상이 원하는 교회가 바람직한 교회됨의 본질과 동치가 되는 것은 아니다. 바로 이 대목 즉 아우구스티누스가 교회의 순례자적 덕을 강조했던 점과 하우어워스의 덕 윤리가 교회에 주목하는 부분에서, 중요한 접점이 마련될 수 있을 듯싶다.

---

589) Stanley Hauerwas, *After Christendom?* (Nashville, TN: Abingdon Press, 1999), 39.

590) David Fergusson, *Community. Liberalism, and Christian Ethics*, 19.

591) 같은 책, 18.

2) 아우구스티누스, 덕 윤리의 기독교적 典型

하우어워스는 아우구스티누스 해석가가 아니다. 그럼에도 불구하고, 하우어워스가 기독교 덕 윤리를 다룰 때 아우구스티누스를 중요한 계기로 평가하고 그 의의를 적극적으로 성찰하는 데에는 이유가 있다. 특히, 아우구스티누스의 덕 윤리를 기독교적 실천의 관점에서 읽어낸 하우어워스의 해석은 『신국론』과 덕 윤리의 과제를 찾아내는 데 크게 유익하다.

하우어워스의 아우구스티누스에 대한 관심은 결코 작지 않다. 누구나 참고하는 신학적 고전으로서가 아니라, 현대기독교를 위한 윤리적 준거로 사용되고 있다. 기독교윤리의 역사에 대한 고찰에서, 하우어워스는 아우구스티누스를 기독교윤리 형성에서 가장 중요한 사람이라고 평가한다.[592] 예를 들어, 아우구스티누스의 펠라기우스와의 논쟁은 은혜와 자유의지의 문제를 다룬 풍요로운 원천이 되었으며, 아우구스티누스는 그리스도인의 삶에 관한 기독교적 사고방식을 형성시켰을 뿐 아니라, 회개의 전통을 세워 주었다고 평가한다.[593]

물론, 하우어워스의 전체 저작에 비해 볼 때 상대적으로 인용횟수나 분량만으로는 아우구스티누스가 그리 주목받는 인물은 아니다. 하지만, 교회의 윤리에 관한 한, 아우구스티누스에 대한 관심은 실로 지대하다. 무엇보다도, 그는 덕의 공동체로서의 교회와 기독교적 덕 윤리에 중요한 통찰을 준 선구자로 인식되고 있다.

예를 들어, 『기독교윤리 길잡이』(*The Blackwell Companion to Christian Ethics*)를

---

592) Stanley Hauerwas, "How Christian Ethics Came to Be" in John Berkman and Michael Cartwright, ed. *The Hauerwas Reader* (Durham : Duke University Press, 2001), 38.

593) 같은 책, 39.

통해 '예배를 통한 기독교윤리'를 탐구하면서, 하우어워스는 아우구스티누스의 『신국론』에 주목한다. 하우어워스에 따르면, 윤리라는 분과구분이 없었던 초대교회에서는 무엇보다도 '예수는 누구이신가?'에 주목했고 '제자도'에 주목했을 것이다. 이 시기에는 예수의 증인됨이 중요했고, 박해가 다가왔을 때 '순교'는 증인됨의 표현이었다.[594] 하우어워스가 보기에, 아우구스티누스의 중요성은 이 시기 이후의 기독교윤리에서 결코 빼놓을 수 없다.

교부시대에 들어서면서, 아우구스티누스는 그리스도인이란 어떻게 살아야 하는지를 보여주었다. 하우어워스는 아우구스티누스의 『신국론』이 여섯 가지 강조점을 지녔다고 요약한다.[595] ① 그리스도인은 덕의 사람이 되어야 한다는 것, ② 모든 덕은 사랑에 의해 형성되어야 한다는 것 즉 카리타스(caritas)이어야 한다는 것, ③ 사랑이란 하나님께서 우리를 친구삼아주신 것이라는 점, ④ 사랑의 질서가 필요하며 사회의 질서 역시 여기에서 연유한다는 것, ⑤ 하나님의 백성으로서의 교회는 결코 권력에 종속되어서는 안 된다는 것, 그리고 ⑥ 많은 결함과 실수에도 불구하고 교회만이 진정한 정치공동체임을 보여주었다는 것이다.

하우어워스가 보기에, 교회는 하나님을 역사의 주인으로 확신하며 순례 길에 오른 사람들의 모임이다.[596] 이 부분은 하우어워스 자신의 교회윤리와 절묘하게 맞아 떨어지는 것으로서, 하우어워스가 아우구스티누스의 저술에 대한 단순한 각주를 넘어 기독교윤리의 흐름과 그 본질에 대한 성찰에서 아우구스티누스에게 주목하고 있었음을 보여준다.

---

594) Stanley Hauerwas and Samuel Wells, ed., *The Blackwell Companion to Christian Ethics* (Oxford: Blackwell Publishing Ltd., 2004), 41.

595) 같은 책, 44.

596) Stanley Hauerwas, 『교회됨』, 30.

특히, 하우어워스는 아우구스티누스를 자신의 공동체주의적 윤리를 뒷받침 해 줄 수 있는 기독교적 근거로 상정한다. 이는 교회를 진정한 덕의 공동체로 인식하는 하우어워스의 관점이 철학자들의 덕 윤리의 현대적 재론에서 파생된 것이 아닌, 기독교 고유의 맥락에 기초한 것임을 보여주는 중요한 단초이다.

아우구스티누스에 대한 하우어워스의 관심은 목회윤리에 대한 성찰에서도 찾아 볼 수 있다. 교부시대에 교회의 문제세력으로 떠오른 도나투스주의(Donatism)에 대한 아우구스티누스의 관점을 응용한 대목이 그것이다. 하우어워스가 보기에, 목회사역의 정당성이 오로지 그 직무를 수행하는 개인의 거룩성에 의존하는 것처럼 생각하는 것은 일종의 현대판 도나투스주의에 흐르기 쉽다.[597] 이는 목회자 개인의 윤리적 성숙을 도외시하려는 것이 아니라, 목회윤리를 공동체적 본성에 맞게 재해석해야 한다는 취지를 담고 있다.[598]

더 분명한 예는 하우어워스는 자신이 호주에 초청을 받아 강연했던 내용들을 출판한 『기독교제국의 상실?』(*After Christendom?*)에서 볼 수 있다. 하우어워스 자신은 이 책이 훗날 자신의 『나그네 된 거류민』(*Resident Aliens*)의 신학적 배경을 심화시키는 좋은 기회가 되었다고 술회한다.[599]

이 책에서, 하우어워스는 아우구스티누스에 대한 바른 해석의 필요

---

597) Stanley Hauerwas, *Christian Existence Today* (Grand Rapids: Brazo Press, 2001), 133.

598) 하우어워스에 따르면, 성직자와 평신도 사이에는 도덕성에 특별한 차이가 있으리라 생각하지 않는 것이 낫다. 현실적으로, 목회자도 결혼생활에 실패할 수 있고 남들보다 성격이 더 나쁠 수 있다. 하지만, 이것 때문에 목회사역을 감당할 자격이 없다고 단정 지어서는 안 된다는 것이 하우어워스의 관점이다. 그러나 이것을 목회자의 도덕적 일탈에 면죄부를 주려는 취지로 곡해해서는 안 된다. 하우어워스가 말하고자 하는 것은 '관점변혁' 혹은 '지평의 확대'라는 점을 유의해야 한다. 이에 관해서는 문시영, "공동체적 맥락에서 본 목회윤리와 덕의 문제"「장신논단」41집 (장로회신학대학교, 2011)을 참고하라.

599) Stanley Hauerwas, *Hannah's Child : A Theological Memoir*, 225.

성을 촉구한다. 일반적으로, 아우구스티누스가 콘스탄틴적 기독교 발전의 신학적 근거를 제공했다고 오해하고 있지만, 하우어워스가 보기에는 오히려 콘스탄틴적 교회관의 대항자이며 대안을 제시한 거장이다. 특히 콘스탄틴 결탁으로부터 교회를 해방시키고 덕의 공동체로 회복시킨 인물이라고 평가한다.

책 제목에 '물음표'(?)를 붙인 것은 답을 찾기 어려운 우리시대 정황의 반영이라는 부연설명을 덧붙인 이 책에서, 하우어워스는 아우구스티누스에게 관심을 집중한다. 특히, 교회의 정체성에 대해 물음표를 붙여야만 하는 난처한 시대를 어떻게 살아야 하는지에 관하여 아우구스티누스야말로 중요한 가이드가 되어주리라는 기대를 담고 있다.[600]

하우어워스에 따르면, 어떤 이들에게는 아우구스티누스가 중세에 나타난 교회의 지배를 말해준 선구자로, 다른 이들에게는 이러한 중세적 교회에 대한 프로테스탄트적 거부의 시조로 해석되기도 한다. 하우어워스는 자신이 후자 계열에 속한다는 점을 암시라도 하듯이, 라인홀드 니버(Reinhold Niebuhr)의 현실주의적 해석에 문제를 제기한다.

하우어워스가 보기에, 니버는 아우구스티누스가 교회야말로 유일한 진정한 정치공동체라고 주장했던 사실을 놓치고 말았다. 진정한 덕을 위해 사랑의 질서를 요구한 아우구스티누스의 관점 즉 욕구들의 질서를 바로 잡는 길은 사회변혁이 아닌 교회의 교회됨을 통해서만 가능하다는 점을 간과했다는 것이다.

하우어워스가 보기에, 아우구스티누스는 콘스탄틴적 교회의 비전이 좌절되는 경우 즉 교회가 이 세상에서 완전한 승리를 거둘 것이라는 생각이 좌절되는 경우, 과연 교회는 어떻게 살아남아야 하는지를 제대로

---

600) Stanley Hauerwas, *After Christendom?*, 39.

말해주었다.[601] 여기에는 하우어워스의 문제의식 즉 사회의 변혁을 위한 윤리보다는 교회의 교회됨을 위한 윤리가 절실하다는 인식이 깊게 투영되어 있다.

이는 정치적 자유주의에 대한 맥킨타이어의 비판과 내용상으로 일맥상통한다. 맥킨타이어의 영향을 받은 하우어워스가 계몽주의와 정치적 자유주의에 대해 어떤 입장을 취하고 있는지를 가장 잘 보여주는 개념들이 있다. 예를 들어, '기독교제국'(Christendom) 및 교회의 콘스탄틴적 '정착'(settlement) 혹은 교회의 '순응'(accommodation) 혹은 '동화' 내지는 '결탁'이라는 개념들은 하우어워스의 문제의식을 잘 보여준다.

특히, '콘스탄틴적 결탁'이라는 표현은 교회가 세상에서 보호받거나 세상을 주름잡아야 한다는 고정관념에 대한 하우어워스의 저항을 상징한다. 교회는 사회와 결탁하거나 세력화되거나 혹은 분배정의와 사회발전의 정책과 전략을 제공하는 데 그 본래의 목적이 있는 것이 아니라, 교회다움을 회복하는 것이 우선이라는 생각 때문이다. 오늘의 교회가 세상에 대한 '순응전략' 때문에 죽어가고 있으며 기독교적 확신에 기초한 신실함을 상실하고 있다는 문제의식의 반영인 셈이다.[602]

하우어워스가 보기에, 초대교회 그리스도인들은 순교를 통해 로마에 저항했지만, 콘스탄틴의 기독교공인 이후에는 기독교가 로마제국의 기획을 떠안아 세상권력을 통해 왕국을 이어가고자하는 유혹을 받았다. 이러한 정황에서, 아우구스티누스의 역할은 매우 중요했다. 예를 들어, 하우어워스는 『신국론』을 통해 아우구스티누스가 무척이나 담대하게도 로마를 공화국이라고 부를 수 없다고 단언했던 점에 주목한다.

아우구스티누스를 응용하자면, 각자의 몫을 각자에게 돌려주는 것

601) 같은 책, 39.
602) 같은 책, 10.

이어야 하건만, 로마는 진정한 신이신 하나님께 마땅히 돌려야 할 몫 즉 참된 예배를 드리지 못했다. 또한 교회란 하나님을 예배하기 위해 부르심을 받은 자들의 모임이요, 그렇지 않으면 신실해질 수 없으리라고 보았다. 이것을 두고 하우어워스는 아우구스티누스가 그리스도인으로 하여금 로마의 거대기획에 가담하기보다 교회 그 자체가 되어야 한다고 주장했던 것이라고 해석한다.

신실한 교회이고자 한다면, 낯선 혹은 다른 (foreign or alien) 근거들 위에 존재해야 한다는 하우어워스의 주장도 아우구스티누스의 영향일 듯싶다.[603] 이는 세상으로부터의 퇴거에 대한 요구라기보다, 현대의 교회와 신학이 전제하는 콘스탄틴적 관심을 극복해야 한다는 요구라 할 수 있다.

물론, 하우어워스가 아우구스티누스를 일방적으로 수용한 것은 아니다. 밀뱅크에 대한 논의에서, 하우어워스는 아우구스티누스가 놓치고 있던 몇 가지를 간접적으로 비판하기도 한다.[604] 하지만, 하우어워스가 아우구스티누스의 교회에 대한 인식과 기독교적 덕 윤리에 대한 문제의식을 높이 평가하고 있다는 점은 분명해 보인다.

---

603) 같은 책, 18.
604) 같은 책, 171.

2. 아우구스티누스와
덕 윤리의 기독교적 과제

1) '화려한 악덕'의 함정을 넘어서

(1) 그리스도인과 '화려한 악덕'의 함정

아우구스티누스의 덕 윤리에 대한 해석에서, 하우어워스가 지닌 중요성은 그가 아우구스티누스의 관점을 의미 있게 평가했다는 사실에 그치지 않는다. 아우구스티누스와 덕 윤리의 기독교적 변혁 혹은 수용을 살펴보는 과정에서, 하우어워스는 덕 윤리가 기독교적인 것이 되기 위한 과제를 해소할 결정적 방향을 제시했다.

문제는 '화려한 악덕'에 대한 경계심이다. 우선, 하우어워스의 해법을 다루기 전에 화려한 악덕의 문제가 어떤 특성을 지닌 것인지를 살펴보자. 흥미롭게도, 아우구스티누스의 덕 윤리에 대해 종교개혁 및 17세기 이후에 새로운 반향이 생겨났다. 근세 이후 시들해진 덕의 전통은 전혀 다른 방향에서 다시 주목받기 시작했다. '화려한 악덕'이라는 개념이 재론되면서, 아우구스티누스의 덕 윤리에 대한 새로운 해석의 필요성이

제기되었다.

이른바 '과격 아우구스티누스주의'(hyper-Augustinians)의 등장은 화려한 악덕에 대한 새로운 논쟁의 불씨가 되었다. 종교개혁 이후 얀센주의(Jansenism)를 비롯한 아우구스티누스 해석가들은 '화려한 악덕'의 문제를 재론하기 시작했다. 그들은 아우구스티누스가 화려한 악덕의 개념을 사용하여 이교도가 제안한 행복론 그 자체를 극복하려 했다고 해석한다. 특히, 기독교의 덕 이외에 진정한 덕은 없다는 것이 아우구스티누스의 핵심이라고 주장한다.[605]

흥미롭게도, 이들의 주장은 은혜를 극히 제한적인 것으로 설명했던 펠라기우스와 정반대 현상이다. 펠라기우스의 제자 율리아누스가 이교도의 덕에 나름대로의 가치가 있다고 주장했던 것과도 정반대이다. 과격 아우구스티누스주의는 펠라기우스와는 반대로 은혜만이 윤리의 모든 것이요, 덕을 향한 인간의 노력은 도무지 의미가 없는 것이라고 주장하고 있기 때문이다.

그러나 이러한 관점은 과격 아우구스티누스주의자들의 전유물이 아니다. 종교개혁자들에게서도 그 흔적을 볼 수 있다. 예를 들어, 루터는 아리스토텔레스를 좋아하지 않았다. 덕의 추구가 의도적으로 훈련된 의로움(consciously cultivated righteousness)에 흐를 위험이 있다는 것이다.[606]

현대 기독교윤리학자들 역시 다르지 않다. 예를 들어, 램지(P. Ramsey)는 기독교윤리의 저변에 흐르는 바리새주의(Pharisaism)의 위험성을 문제삼았다. 램지가 보기에, 덕에 대한 논의는 적절하지 못하다. 덕에 대한 논의에는 선행에 대한 자기주장의 위험성이 도사리고 있다는 것이 그 이유이다.

---

605) Jennifer A. Herdt, *Putting on Virtue: The Legacy of the Splendid Vices*, 3.

606) Paul Ramsey, *Basic Christian Ethics* (The University of Chicago Press; 1980), 191.

루터와 램지가 과격 아우구스티누스주의에 속하는 것인지에 대해서는 좀 더 살펴보아야 할 문제이다. 어쨌든, 이들의 주장에서 아우구스티누스에 대한 해석 특히 덕 윤리에 대한 이해가 그리 간단한 문제가 아님을 알 수 있다. 덕에 대한 이러한 반감이 지나치면, 자칫 아우구스티누스의 덕 윤리까지도 공로주의에 물들었다고 몰아세우는 것은 아닐까 싶은 우려가 들 정도이다.

과연, 과격 아우구스티누스주의자들의 주장처럼, 덕 윤리 그 자체가 문제인 것일까? 과격 아우구스티누스주의가 은혜의 중요성을 강조했다는 점은 틀리지 않아 보인다. 기독교윤리의 근간이 은혜인 것은 분명하다. 과격 아우구스티누스주의라는 용어를 사용한 허트 역시 이 부분에는 동의한다. 허트에 따르면, 아우구스티누스는 인간이 하나님의 은혜가 있어야만 이룰 수 있는 것이 무엇인지를 보여줌으로써 인간이 자신의 능력만으로는 이룰 수 없는 것들이 무엇인지를 부각시켜주었다.[607] 이는 고전적 덕 윤리와 아우구스티누스의 덕 윤리 사이의 결정적인 차이를 보여준다.

한 걸음 더 나아가, 허트는 덕의 획득이 습관을 통해 성품화시키는 것만으로 완결되는 것이 아니라는 점에 주목한다. 기독교적 덕 윤리의 핵심은 아리스토텔레스 이래로 강조되어온 '습관을 통한 성품화'의 문제가 아니라, '은혜를 통한 거듭남'에 있기 때문이다. 기독교적 덕 윤리가 말하는 행복의 요체는 인간의 공로를 포기하고 은혜를 통해 윤리적 변화와 성숙이 가능한 존재임을 수용해야만 덕을 향한 바른 길을 얻을 수 있다.[608]

이점에서, 과격 아우구스티누스주의는 극단적인 형태이기는 하지만, 중요한 기여를 하고 있다. 덕 윤리의 기독교적 수용 혹은 기독교적 변혁에서 놓치지 말아야 할 긴장감을 일깨워 주었다. 덕을 추구하는 과

---

607) Bonnie Kent, "Augustine's ethics", 225.

608) Jennifer A. Herdt, *Putting on Virtue: The Legacy of the Splendid Vices*, 66.

Ⅲ _ 아우구스티누스와 덕 윤리의 기독교적 과제   291

정에 공로주의적 위험이 상존해 있다는 점을 지적함으로써 기독교적 덕 윤리가 유념해야 할 경계심을 일깨워준 셈이다. 적극적으로 해석하자면, 공로주의에 흐르지 않으면서도 은혜중심의 덕성함양을 이룰 수 있는 길을 모색하도록 자극한 것이라 하겠다.

하지만, 이들의 해석에는 큰 문제가 있다. 과격 아우구스티누스주의를 그대로 따르게 되면, 도덕적 논의에서 행위자(moral agency)로서의 인간에 대한 관심 그 자체는 폐기되어야 할지 모른다. 이렇게 되면, 결과적으로 덕에 관한 기독교적 논의 자체가 중단되고 만다. 이는 기독교적 덕 윤리를 자기사랑의 폐단으로 몰아가는 것에 다름 아니다.[609]

과연 아우구스티누스는 이교도의 덕 모두를 무의미한 것으로 폐기시켰을까? 아우구스티누스는 이교도의 덕을 화려한 악덕이라고 평가함으로써 덕의 함양을 위한 모든 노력을 무력화시키고, 심지어 덕 윤리의 기독교적 변혁 자체를 정죄했던 것일까?

아우구스티누스가 화려한 악덕을 중심으로 정작 문제 삼은 것은 덕에 관한 이교도의 태도 그 자체였다. 아우구스티누스가 이교도의 덕에 대해 말하고 싶었던 것은 참된 행복, 즉 궁극적 선이란 인간의 노력을 통해 성취되는 것이 아니라는 점이다. 참된 행복은 오직 하나님께서 주시는 은혜의 선물이라는 점을 깨닫지 못한 것이 문제임을 일깨워 준 셈이다.[610]

다시 말해, '왜 덕스럽게 행위 하는가?'의 질문에 대해 행복을 추구하되 행복을 이 세상에서 획득할 수 있는 것으로 생각하고 스스로의 힘으로 획득하고자 했다는 점에서 문제가 있었다.[611] 이러한 뜻에서, 아우구스티누스가 문제 삼은 것이 덕 그 자체가 아니라, '자기 의', '교만', 그

---

609) Jennifer A. Herdt, *Putting on Virtue : The legacy of the Splendid Vices*, 3.

610) 같은 책, 47.

611) Brian Harding, *Augustine and Roman Virtue*, 107.

리고 '지배욕'이었다.

　이러한 뜻에서, 과격 아우구스티누스주의자들의 경계심은 아우구스티누스의 본질에서 한참 빗나갔다. 말 그대로, 과도한 혹은 과격한 해석이자 결정적 왜곡이다. 흥미롭게도, 과격 아우구스티누스주의의 잔재가 현대 기독교윤리학자들 사이에서 여전히 나타나고 있다. 덕 윤리에 대한 현대 기독교윤리학자들의 반론에는 '나르시시즘'의 위험이라는 표현이 등장한다.[612] 덕 윤리는 자기중심적이고 나르시스적이어서 기독교가 말하는 하나님의 은혜에 대한 관점과 양립할 수 없다는 관점이다.[613]

　구체적으로, 기독교가 자기희생을 말하는 것과 덕 윤리가 자아실현을 말하는 것 자체가 서로 양립할 수 없음을 말하는 경우도 있다.[614] 기독교와 덕 윤리는 상반된 입장에 속하며, 굳이 덕 윤리를 채용하지 않고서도 기독교의 윤리를 말할 길은 얼마든지 있다는 주장을 펴면서, 덕 윤리에 대한 반감을 드러내기도 한다.

　과연 덕 윤리는 기독교와 어울릴 수 없는 것일까? 덕 윤리는 본질적으로 공로주의 혹은 나르시시즘의 위험에 노출되어 있어서 기독교와 도무지 어울릴 수 없다는 것인가? 만일 그렇다면, 아우구스티누스의 덕 윤리는 어떻게 평가되어야 하는 것일까? 문제의 핵심은 은혜에 의한 덕성 함양을 어떻게 담보할 것인가 하는 점이다.

　이에 대한 답을 얻기 위해서 두 가지를 동시에 생각해 보아야 한다. 분명, 구원이란 도덕적 노력이나 인간의 공로에 의하지 않고 하나님의 절대주권에 의한 선택의 영역에 있는 것이며 오직 믿음, 오직 은혜에 의

---

612) Joseph J. Kotva, Jr., *The Christian Case for Virtue Ethics*, 특히 6장을 참고하기 바란다.

613) Gilbert C. Meilaender, *The Theory and Practice of Virtue* (Notre Dame: University of Notre Dame Press, 1984), 100-126.

614) 이에 관해서는 Richard Taylor, *Ethics, Faith, and Reason* (Englewood Cliffs: Prentice-Hall, 1985)를 참고할 수 있겠다.

한 것이다. 구원의 문제에서 공로주의는 결코 용납될 수 없다.

동시에, 그리스도인에게 '성화'(sanctification)의 과제가 남아있다. 기독교적 덕 윤리가 관심을 갖는 것은 덕을 통한 공로 쌓기를 통해 행복을 성취하려는 것이 아니다. 그리스도인다운 성품의 형성을 통한 성화의 문제와 연결된다. 이 과정에서도 교만을 피하고 바른 사랑에 이르기 위해서는 공로주의에 대한 경계가 필요한 것이 사실이다.

따라서 정작 우리가 질문해야 하는 것은 과격 혹은 과도한 해석을 따라 기독교적 덕 윤리 자체를 금지하는 것이 아니다. 혹은 덕 윤리에 대한 현대 기독교윤리학자들의 반감을 무비판적으로 수용하는 것이 능사는 아니다. 오히려, 과격 아우구스티누스주의가 지적한 문제를 극복하고 바리새적 경향성이 나타나지 않는 참된 덕을 함양시킬 방안은 무엇인지 물어야 한다.

앞서 제I부에서 살펴본 것처럼, 아우구스티누스의 덕 윤리가 로마의 시민사회와 로마인들이 화려한 악덕의 함정에 빠져 있다고 지적했던 점에 유의할 필요가 있다. 지배욕으로 대변되는 자기중심주의와 공로주의적 태도, 그리고 덕 윤리에 대한 현대적 반론에서 우려하는 나르시시즘에 빠진다면, 그것은 참된 덕일 수 없다. 유의할 것은 '참된'이라는 표현이다. 아우구스티누스가 추구한 것은 '거짓' 덕을 극복하고 '참된' 덕을 찾는 것이지, 덕 그 자체를 혐오하거나 거부한 것은 아니었다.

문제는, 아우구스티누스가 참된 덕이라고 말한 기독교의 덕에 거짓에 물들 위험이 상존하고 있다는 점이다. 화려한 악덕의 함정은 로마인들에게만 해당하는 것이 아니라, 오늘의 그리스도인들에게도 집요한 유혹일 수 있다. '자기 의'와 '공로주의'가 주는 유혹이 그것이다. 로마인들이 지배욕에 사로잡혀 있었던 것과 동일한 수준은 아니겠지만, 바리새적 '자기 의'에 사로잡혀 비난과 정죄와 심판을 일삼는 그리스도인이 되기 쉽다는 점은 크나 큰 위험이자 함정이다.

아우구스티누스는 이 점을 잘 알고 있었다. 아우구스티누스는 『삼위일체론』에서 그리스도인을 향하여 결정적인 권면을 준다. 그에 따르면, 우리는 하나님께서 우리가 실망하지 않도록 큰 사랑을 주셨고 우리가 교만하지 않도록 우리의 무력함을 깨닫게 해주신다는 것을 알아야 한다.[615] 이는 공로주의와 자기 의에 대한 경계이자 참된 행복을 위한 조건을 겸손과 은혜에서 찾아야 함을 강조한 것이라 하겠다.

사실, 아우구스티누스가 이룩한 덕 윤리의 기독교적 변혁에는 분별되어야 할 대목이 여럿 있다. 특히, 덕의 함양이 아리스토텔레스 및 스토아의 그것과 다른 것이어야 한다는 점, 또한 로마의 그것과도 달라야 한다는 점을 놓쳐서는 안 된다. 은혜의 주입을 통한 카리타스를 실천해야 한다는 것이다.

만일, 카리타스의 실천 혹은 덕의 함양이 행복을 위한 최소한의 조건인 것처럼 인식하고 있다면, 그것 역시 화려한 악덕의 기독교 버전일 수 있다. 아우구스티누스를 응용하자면, 덕스러워서 은혜를 입는 것이 아니라, 죄인을 구원하는 내러티브 안에서 은혜적 정체성을 발견해야 한다. 은혜적 정체성이 개인의 절제와 도덕적 자기공로에 의해 구현되는 것이 아니라, 하나님의 도성을 향하여 순례의 길을 가고 있는 교회를 통해 함양된다는 점에 유의해야 하는 이유가 여기에 있다.

(2) 공동체에 해소된 그리스도인의 '화려한 악덕'

과격 아우구스티누스주의가 제기한 해석상의 문제와 덕 윤리의 기

---

615) *De Trin.* IV.1.2.

독교적 수용에 관한 논란을 해소하기 위해, 아우구스티누스의 덕 윤리가 지닌 또 다른 지평에 유의할 필요가 있다. 덕 윤리의 현대적 재론에 동반되는 '공동체' 문제에 대한 성찰이 그것이다.

이 문제와 관련하여, 허트의 관점은 의의가 있어 보인다. 허트는 과격 아우구스티누스주의의 문제점과 그 해법으로서의 공동체적 요소에 주목한다. 과격 아우구스티누스주의자들이 제기한 공로주의적 유혹에 대한 경계심이 교회를 통해 해소될 수 있다는 관점이다. 이점에서, 허트는 특히 하우어워스에 주목한다. 허트가 제대로 말한 것처럼, 하우어워스의 중요성은 특히 기독교 공동체 즉 교회를 강조한 데 있다.[616]

하우어워스의 교회윤리에 대해 자폐적 교회관 혹은 소종파적 위험을 지적하는 경우가 있지만, 하우어워스가 기독교적 덕의 함양이 개인의 공로를 세우는 것이 아닌 교회를 통한 '공동체적 함양'이라는 점을 일깨워 준 것은 높이 평가되어야 마땅하다. 교회를 덕의 공동체 혹은 '성품 공동체'(community of character)로 규정하고 덕의 학교(school of virtue)가 되어야 함을 강조한 것은 이러한 특징을 잘 보여준다.

하우어워스는 덕 윤리의 기독교적 실천을 위한 공동체의 중요성을 강조한다. 고려해야 할 부분이 없지는 않다. 코트바(Joseph J. Kotva, Jr.)가 지적했듯이, 현대기독교윤리에서 덕에 대한 관심은 증대되고 있지만 근본적인 문제 즉 덕 윤리와 기독교의 양립가능성 혹은 상호연관성에 대한 질문은 거의 제기되지 않았다.[617] 하우어워스는 이러한 분위기 속에서 덕 윤리에 대한 관심을 촉발 시켰다.

사실, 현대 기독교윤리학자들 대부분은 덕 윤리와 기독교의 양립불가능을 말하는 경향을 보이고 있다. 예를 들어, 퀸(Philip Quinn)은 기독교의

---

616) Jennifer A. Herdt, *Putting on Virtue: The Legacy of the Splendid Vices*, 345.

617) Joseph J. Kotva, Jr., *The Christian Case for Virtue Ethics*, 2.

전통이 아리스토텔레스의 덕론보다 칸트의 의무론과 더 친숙하며, 덕 윤리는 하나님의 은혜를 강조하는 특성을 수용할 수 있는 구조일지 의심스럽다고 한다.[618]

그런가하면, 테일러(Richard Taylor)는 기독교와 덕 윤리를 안티테제의 관계라고 말하기도 한다. 기독교는 하나님의 명령에 순종하는 윤리를 지녀야 하며, 이러한 의무론적 특성을 버리고 덕 윤리를 취하려 하는 것을 옳지 못하다는 뜻이다.[619]

하우어워스는 이러한 정황 속에서, 기독교적 덕 윤리의 가능성과 특징을 가장 분명하게 보여준 대표적인 경우에 해당한다. 하우어워스는 덕 윤리와 기독교의 상호연관성을 당연한 것처럼 간주하고 있으며, 양립가능성 문제에 큰 염려를 하지 않는다. 물론, 하우어워스도 덕 윤리가 기독교적 관심을 표현해주는 최선의 틀인지 여부에 의구심을 품는 자들이 많다는 것은 잘 알고 있다.

대표적으로, 프랑케나(William Frankena)에 대한 하우어워스의 평가에서 그 단면을 엿볼 수 있다. 프랑케나는 종교가 의무론보다 덕론에 관심 가져야 할 필요는 없으며, 유대-기독교 전통에서 윤리를 하나님의 율법이라고 생각하는 관점이 덕 윤리보다 훨씬 더 보편적이라고 주장한다.[620] 하우어워스가 보기에, 이러한 경향이야말로 덕의 중요성을 제대로 인식하지 못하는 현대윤리학의 맹점이다.

하우어워스는 현대윤리를 '덕을 경시하는 윤리'라고 평가하고 극복해야 할 대상으로 생각하면서[621], 덕 윤리를 성화(sanctification) 개념과 연계

---

618) Philip L. Quinn, "Is Athens Revived Jerusalem Denied?" *Asbury Theological Journal* 45(1), 49-57.

619) Richard Taylor, *Ethics, Faith, and Reason* (Englewood Cliffs: Prentice-Hall, 1985), 22-25, 77-87.

620) William Frankena, *Ethics* (Englewood Cliffs: Prentice-Hall, 1973), 66.

621) Stanley Hauerwas, 문시영 역, 『교회됨』(북코리아, 2010), 227.

시킨다. 실제로, 『성품과 그리스도인의 삶』(*Character and the Christian Life*)에서 덕 윤리가 '성화'의 교리를 설명해주는 측면이 있다고 해석한다.[622]

하우어워스는 칼뱅과 웨슬리, 그리고 조나단 에드워즈의 성화개념을 성찰하고 이들 신학자들이 덕 윤리와 밀접한 관계에 있거나 혹은 덕 윤리를 차용하고 있다고 주장한다. 이처럼 덕 윤리와 성화의 관계를 적극적으로 해석하는 데에는 덕 윤리가 도덕의 초점을 '행위'(doing)에서 '존재'(being)로, '의무'에서 '성품'으로 전환시키려는 관심이 전제되어 있다.

이것은 정치적 자유주의에 대한 비판과도 연관이 있다. 자유주의적 윤리에서는 원칙들을 제대로 적용하면 윤리적 딜레마를 해소할 수 있으리라 생각하는 경향이 있지만, 하우어워스가 보기에 도덕원칙들이라는 것 자체는 도덕적 행위자의 문제 즉 과연 어떠한 존재가 되어야 하는지를 깨닫게 하는 맥락에서만 의미를 얻을 수 있다.[623]

하우어워스가 보기에, 현대윤리학이 덕을 경시하고 행위 자체에 집중하는 것은 도덕의 필수요소를 놓친 것과 다름없다. 현대윤리학은 덕스러운 사람의 육성 자체에 관심이 없고, 도덕적 합리성을 명분으로 행위의 문제에만 집착하고 있다는 취지의 비판인 셈이다.

'행위'에 대한 관심 자체를 배격하라는 것이 아니다. 도덕에 대한 바른 이해가 필요하다는 뜻이다. 행위에 대한 성찰을 통해 자기기만과 '자기 의'(self-righteousness)에 기울어지지 않도록 스스로 점검해야 하며,[624] 교회는 이러한 성찰의 장이자 공동체가 되어야 한다는 것이 하우어워스의 관점인 셈이다.

여기에서, 덕성함양의 방식에 대해 생각해 보자. 습관을 통해 '제2

---

622) Joseph J. Kotva, Jr., *The Christian Case for Virtue Ethics*, 71.

623) David Fergusson, *Community. Liberalism, and Christian Ethics*, 49.

624) Stanley Hauerwas, 『교회됨』, 232.

의 천성'을 얻는다고 보았던 아리스토텔레스와 토마스 아퀴나스의 관점
에는 타당성과 함께 치명적인 결함이 있다. 도덕성숙을 위해 어려서부터
일정한 습관을 가져야 한다는 아리스토텔레스의 주장은 습관의 중요성
을 강조한다는 점에서는 의미가 있다. 하지만 어떤 종류의 습관이 신실
한 성품계발을 독려하는 것인가 하는 점을 놓치고 있다.[625]

아리스토텔레스가 생각하는 것처럼 습관을 긍정적으로만 볼 수는
없다. 습관의 소극적 측면에 주목했던 아우구스티누스의 경우를 생각하
면 쉽게 이해될 수 있는 부분이다. 죄가 습관화되면 결국 노예의지에 이
르게 된다는 점에서, 습관을 항상 긍정적으로만 볼 수는 없다.

기독교의 관점에서, 성품과 덕이 스스로의 노력과 습관을 통해 함양
될 수 있는 것이라는 생각은 자칫 교만에 빠지도록 하기 쉽다. 기독교는
하나님의 은혜에 대한 겸손 혹은 복종을 진정한 덕으로 간주하고 있으
며, 심지어 겸손의 덕 마저도 인간이 성취하는 것이 아니라 선물로 주어
지는 것으로 인식하고 있다.

문제는, 기독교적 덕을 어떻게 함양할 것인가 하는 점이다. 하우어
워스가 교회를 통해 예수 내러티브에 의해 제자도의 훈련을 받아야 한다
고 주장한 것은 이 문제의 결정적 해법일 수 있다. 덕의 함양에는 훈련이
필요하지만, 그것은 자기절제를 통해 자기 의를 드러내려는 공로주의적
발상에서 나온 것이 아니라, 공동체를 통해 덕을 함양하는 방식으로 이
해되어야 한다는 뜻이다.

도덕성숙을 이루고자 한다면 그에 합당한 훈육을 받아야 한다. 그리스
도인이 다양한 훈육을 통해 하나님께서 이스라엘과 예수 안에서 그리스도
인을 다루시는 이야기를 깨닫고 그 이야기에 합당하게 살아가기를 배우게

---

625) 같은 책, 271.

되는 훈육을 가리켜 전통이라고 할 수 있겠다. 우리는 그리스도인다운 습관을 계발시켜야 한다.[626]

하우어워스가 제안하는 덕의 훈련방식은 특히 '제자도' 혹은 '도제관계'에 비유되는 성품의 훈련, 특히 예수 내러티브의 성품화에 집중된다. 제자가 된다는 것은 예수께서 십자가를 순종하여 이루어내신 새로운 공동체의 구성원이 되는 것을 말하며, 그리스도의 이야기를 공유함으로써 하나님의 통치에 속하는 것을 뜻한다.

하우어워스의 기독교공동체주의는 이러한 흐름과 잘 들어맞는다. 하우어워스가 생각하는 교회는 성경 내러티브에 의해 삶을 형성하는 공동체이다. 교회를 강조하는 것은 예수께서 기독교 공동체를 위해 보여주신 모범들에 대한 내러티브를 지니고 있는 덕의 훈련장이라고 생각하기 때문이다.[627]

도덕공동체로서의 교회에 대한 인식에서 무엇보다도 주목해야 할 것이 있다. 네오-아리스토텔레스주의에 의한 기독교적 덕의 오염에 대한 우려를 불식시키고 기독교의 독특한 덕 윤리를 교회와 연관 지어 설명할 단초가 된다는 점이다. 바로 이것이 하우어워스의 윤리가 지닌 장점이다.

특히, 하우어워스가 교회가 지향해야 할 윤리적 비전과 과제를 덕 윤리를 통해 제시하고 있다는 점이 중요하다. 이점에서, 하우어워스의 덕 윤리는 덕에 대한 관심이 교만과 자기사랑을 심화시킬 것이라는 과격 아우구스티누스주의 혹은 공로주의를 우려하는 종교개혁자들의 반론에 대한 강력한 대안이 될 수 있다.

하우어워스는 그리스도인의 덕이 내러티브, 제도, 실천관행 등을 통

---

626) 같은 책, 289.
627) 같은 책, 56.

해 점진적으로 형성된다고 보았다.[628] 이것은 덕이 '개인'의 탁월성 혹은 습관을 통해 형성되고 함양된다는 점에 한정하지 않고 '교회'라는 공동체와 그 실천적 전통이라는 맥락 안에서 공동체적으로 함양된다는 점을 강조해 준 것이라 하겠다.

하우어워스에 따르면, 내러티브와 공동체적 배경 안에서 삶의 성화에 대한 기독교적 확신을 이해할 수 있다.[629] 하우어워스가 내러티브에 초점을 맞추는 것은 덕스러운 삶의 형성에서 기독교 고유의 내러티브 즉 성경 내러티브가 덕의 기준이자 핵심이라는 점을 보여준다. 아우구스티누스의 덕 윤리에 대한 현대적 해석에서, 하우어워스에 주목하는 이유들 중 하나가 이와 관련되어 있다.

하우어워스가 강조하는 평화가 기독교의 덕 윤리 전체를 대표할 수 있는 것일까를 두고 상이한 관점들이 제시될 여지는 충분하다. 솔직히, 평화를 교회윤리의 최고의 자리에 있는 덕목이라고 말하는 것은 깊은 성찰이 필요한 대목일 듯싶다. 물론, 하우어워스가 평화에 주목한 데에는 나름의 의의가 있다. 하우어워스의 주장이 현대사회의 윤리적 정황 즉 갈등과 전쟁의 위기상황에 대한 인식을 바탕으로 예수의 비폭력 평화의 정신을 강조하려는 취지였다는 것 자체는 과소평가될 수 없다.

중요한 것은, 평화가 기독교 덕 윤리 최고의 덕목인가 하는 점이 아니다. 덕의 기독교적 변혁 및 수용과정에서 제기된 문제가 하우어워스를 그 해결의 길잡이로 삼아 새로운 단계로 나아가고 있다는 점이 더 중요하다. 하우어워스가 선택한 덕 윤리의 공동체주의적 설명법을 따르자면, 행위자는 개인으로서 결단을 내리지만 그 결단의 배경 즉 우정, 멘토, 롤모델 등의 중요성에 유의해야 한다. 도덕이란 행위자 개인의 문제라고만

---

628) Jennifer A. Herdt, *Putting on Virtue: The Legacy of the Splendid Vices*, 350.

629) David Fergusson, *Community, Liberalism, and Christian Ethics*, 59.

Ⅲ _ 아우구스티누스와 덕 윤리의 기독교적 과제 301

할 수 없다는 뜻이다.

기독교적 덕 윤리는 공동체적 관심을 배제하고서는 제대로 이해될 수 없다. 다시 말해, 행위자 개인은 도덕적 지침, 견책, 격려 등을 포함하는 관계적 맥락 안에서 도덕적 결단을 내리는 것이기에, 공동체는 도덕적 숙고를 위한 중요한 자원을 제공한다.[630] 이것이 바로 하우어워스가 덕 윤리와 공동체주의를 통해 교회에 대한 관심을 강조하고 교회됨의 중요성을 부각시킨 배경이라 할 수 있다.

덕 윤리가 행위자로서의 인간을 공동체적 존재로 인식하고, 개인의 인격함양 및 상호관계와 협력의 중요성을 강조하는 특성은 '교회'의 중요성에 대한 강조로 나타난다. 특히, 하우어워스의 덕 윤리에서 공동체적 맥락의 중요성은 교회됨의 추구에서 정점에 이른다. 교회를 통해 그리스도인의 성품이 함양된다는 인식, 예수 내러티브의 공동체로서의 교회에 대한 인식 등은 이러한 배경에서 이해될 필요가 있다.

그렇다고 해서, 은둔하거나 밀의적인 생활을 하라는 것은 아니다. 소종파적 퇴거를 권한 것이 아니라는 뜻이다. 하우어워스의 관심사를 보충하는 차원에서 아우구스티누스를 응용하자면, 하나님의 도성에 속한 자들 즉 그리스도인들 역시 지상의 평화를 사용하기도 하며 잠정적인 것들을 이용하기도 한다. 그러나 영원한 도성에서 이루어질 평화와 삶의 완성을 바라보며, 마치 나그네처럼 이 세상을 살아간다는 점에서 근본적으로 다르다.

아우구스티누스에게서, 그리스도인은 하나님의 도성을 향한 순례자로 인식된다. 다시 말해, 교회는 순례자들의 공동체이자 하나님의 도성을 향하여 나아갈 은혜를 공급받는 공동체이다. 도덕적 공로가 탁월한

---

630) Nancy Sherman, *Fabric of Character: Aristotle's Theory of Virtue* (Oxford: Clarendon Press, 1989), 30, 54, 133.

개인들이 선발되어 하나님의 도성을 이루는 것이 아니라, 스스로 죄인임을 고백하고 용서받은 존재로 살아가는 자들이 교회를 이루도록 부르심을 받는다. 교회를 통해 그리스도인은 하나님의 도성을 향한 순례자로서의 정체성을 확인하고 그리스도인다운 덕을 공동체적으로 함양할 수 있다. 아우구스티누스의 덕 윤리를 해석함에 있어서 교회를 통한 덕의 함양이라는 하우어워스의 관점에 유의해야 할 이유가 여기에 있다.

2) '순례자 공동체'의 교회됨을 향하여

(1) 아우구스티누스와 '교회적' 덕 윤리

하우어워스의 아우구스티누스 해석은 맥킨타이어의 그것과 연관될 여지가 충분해 보인다. 특히, 맥킨타이어가 아우구스티누스의 덕 윤리에서 희랍적 공동체를 넘어서는 요소가 있다는 점을 발견한 것은 매우 적절해 보인다.[631] 아리스토텔레스의 덕론이 폴리스라고 하는 면접적 공동체를 배경으로 하여 폴리스의 자유민에게 한정되었던 것과 달리, 아우구스티누스는 '하나님의 도성'을 배경으로 한다는 점에 각별한 의미가 있다.

아우구스티누스에게서 공동체적 배경은 희랍의 그것을 넘어 크게 확장된다.[632] '하나님의 도성'은 스토아철학자들이 말하는 사해동포주의까지도 넘어서는 우주적 거대담론의 근간이다. 용서받아야 할 죄인에 대한 통찰은 아우구스티누스의 덕 윤리가 아테네의 자유민을 배경으로 하는 아리스토텔레스의 그것과는 확연히 다른 지평에 있음을 보여준다.

아우구스티누스에 의하면, 교회는 위에서 내려오는 복을 기다리는 참된 행복의 공동체이다. 아우구스티누스는 하나님의 도성을 현재적으로 보여주는 공동체로서 '교회'의 비전과 실천에 주목한다. 다시 말해, 아우구스티누스에게서 덕 윤리는 개인의 덕성함양을 위한 것이 아니라, 하나님의 도성이라는 공동체적 배경에 입각한 것이라는 점을 잊어서는 안 된다.

하나님의 도성을 향한 교회에 대한 관심은 아우구스티누스에게서

---

631) Alasdair MacIntyre, *Whose Justice, Which Rationality*, 157.

632) Alasdair MacIntyre, *After Virtue*, 169.

결정적이고 본질적이다. 초기 아우구스티누스의 교회론을 연구한 알렉산더(David C. Alexander)는 아우구스티누스의 교회적 배경 혹은 교회적 틀(ecclesial frame)에 주목하기를 권한다.[633] 아우구스티누스의 삶 자체가 교회와 밀접한 연관이 있었다. 그의 삶은 '교회 밖에 머뭇거리던 시기'와 '교회 안에 들어온 시기', 그리고 '교회를 위해 살아간 시기'로 구분된다.

교회에 대한 아우구스티누스의 관심들은 그가 참여한 대부분 논쟁에서 교회가 항상 중심에 있었던 점에서도 확인된다. 회심하기 이전, 마니교는 그에게 물질적인 것과 비물질적인 것, 즉 영적세계의 차이를 깨닫게 하는 영적 라이벌이었다. 회심하여 은혜의 중요성을 강조하는 단계에서는 펠라기우스 논쟁이 있었다. 히포의 주교가 되어 목회적 관심을 가져야 했던 때에는 도나투스논쟁이 발생하였다.

이 논쟁들을 아우구스티누스는 기독교신앙의 바른 길을 모색했고, 그 결과 교리와 윤리의 성숙을 위한 가이드가 될 중요한 이론들 정리할 수 있었다. 유의할 것은 이들 각각의 논쟁들이 아우구스티누스 자신의 신학적 박식함에서 비롯된 것이라기보다 교회 공동체를 위한 것이었다는 점이다.

예를 들어, 마니교(Manichaeanism) 논쟁은 기독교를 통해서만 참된 행복에 이를 수 있다는 점을 깨닫게 해주었다. 아우구스티누스가 마니교에 가담하여 교회 밖에 있던 시기에도, 그것은 교회 안으로 들어오기 위한 머뭇거림의 시기였을 뿐 교회와의 완전한 절연이 아니었다. 그는 항상 어머니 모니카의 간절함에 따라 교회와 연결되어 있었으며, 암브로시우스의 영향을 받아 교회에 직접적으로 소속되었다.

아우구스티누스의 초기의 교회관은 기독교신앙 성숙을 둘러싼 이

---

633) David C. Alexander, *Augustine's Early Theology of the Church* (New York: Peter Lang Publishing, 2008), 1.

슈들과 연관되어 있었다. 카시치아쿰에서 밀라노에 이르는 시기의 교회관은 암브로시우스의 영향을 받아 최소주의(minimalist) 혹은 개별주의적(individualistic)인 것이었다. 이를 기초로 이후 점차 제도로서의 교회에 대한 관심으로 확장되어 간 셈이다.[634]

펠라기우스주의(Pelagianism) 논쟁 역시 교회를 위한 것이었다. 아우구스티누스가 개별 연구자의 자격으로 펠라기우스와 신학적 논쟁을 벌인 것이 아니었으며 아우구스티누스의 관심은 철저히 교회적이었다. 펠라기우스 논쟁을 기독교의 근본에 관한 것으로 평가하는 것도 넓은 의미에서는 이러한 배경과 연계되어 있다고 하겠다.[635]

문화적으로, 펠라기우스는 스토아사상의 윤리적 교훈을 이어받았다. 아우구스티누스와 동시대를 살았던 그는 이방인들의 침공을 받은 로마의 혼미한 정정과 타락한 도덕을 바라보면서 도덕의 재건을 중요하게 생각했다. 펠라기우스의 윤리가 희랍의 스토아 사상에 기초한 것이었다면, 아우구스티누스의 윤리는 예수의 교훈에 기초하고 자신의 체험을 통해 얻은 '은혜'의 윤리였다.

아우구스티누스가 은혜를 강조했다고 해서, 당시의 시대적 정황 즉 도덕의 타락에 대해 무관심했다는 것은 아니다. 아우구스티누스는 은혜에 기초한 구원과 도덕을 강조함으로써, 펠라기우스의 자율적 존재로서의 인격과 도덕에 대한 강조에 내재한 결정적인 위험을 극복했다.

도나티스트주의(Donatism) 논쟁 역시 다르지 않다. 히포의 주교로서, 아우구스티누스는 교회의 순수성을 둘러싼 분파주의자들의 거센 논쟁과 과격한 행동에 대응했다. 로마의 박해 당시 배교했던 성직자가 행하는 성례전 집례의 효력을 거부했던 도나투스주의자들을 향해 아우구스티누

---

634) 같은 책, 58.

635) Benjamin B. Warfield, *Studies in Tertullian and Augustine*, 291.

스는 분명한 입장을 견지한다. 세례를 집례하는 성직자 개인을 넘어, 세례의 과정 속에 성령의 역사를 통해 임하시는 그리스도의 은혜에 주목해야 한다는 것이다.

이처럼, 아우구스티누스에게서 교회는 그의 신학과 불가분의 관계에 있다. 아우구스티누스의 덕 윤리에서 공동체적 관심 즉 교회에 대한 이해와 관심을 가볍게 생각해서는 안 된다. 아우구스티누스가 행복과 덕에 관해 성찰할 때, 그것은 개인으로서 행복을 추구한 것이 아니라, 그리스도인의 공동체로서의 교회는 어떤 행복을 추구야 하며 왜 교회를 행복의 공동체라고 부를 수 있는지를 보여주고자 했다.

다만, 아우구스티누스가 교회를 카리타스의 공동체로 설명했던 대목들을 어떤 관점에서 읽어낼 것인가 하는 점은 중요한 차이를 만들어낸다. 예를 들어, 아렌트(Hannah Arendt)의 경우처럼, 지상의 도성을 카리타스의 공동체로 만들어가는 것으로 해석할 여지가 없는 것은 아니다. 아렌트에 따르면, 아우구스티누스의 윤리에서 은혜는 겸손한 자(humiliatus)만이 얻을 수 있고 받아들일 수 있다.

이러한 뜻에서, 아렌트는 사회적 카리타스(social caritas)를 통해 이웃을 만나야 한다고 주장한다. 아렌트의 아우구스티누스 해석에는 이웃 개념에 대한 중요한 통찰도 담겨있다. '누가 이웃인가?' 이 질문에 대한 아우구스티누스의 대답에 인간은 누구를 선택하거나 판단할 권리를 가지고 있지 않으며, 모두가 형제일 뿐이라는 생각이 반영되어 있다는 것이다.[636]

아렌트의 아우구스티누스 해석은 카리타스를 지상에 적용하고 확산하는 것을 겨냥하고 있다는 점이다. 아렌트는 평등의 의미가 아우구스티

---

636) Hannah Arendt, *Love and Saint Augustine*, ed. by Joanna Vecchiarellli Scott and Judith Chelius Stark, (Chicago: University of Chicago Press, 1996), 43.

누스를 통해 새로워졌다고 해석한다.[637] 이웃을 사랑하되 모두가 죄인이라는 점에서 사랑하는 것이 아니라, 모두가 함께 받은 은혜의 관점에서 이웃을 사랑해야 한다는 아렌트의 주장은 아우구스티누스의 관점을 은혜 안에서의 평등으로 해석한 결과일 듯싶다.

하지만, 아렌트가 결정적으로 간과한 것이 있다. 아우구스티누스는 지상의 도성에 카리타스를 확산시키려 했다기보다 지상의 도성을 살아가는 순례자 공동체로서의 하나님의 도성을 강조했다. 이점을 놓치면, 아우구스티누스가 말하는 두 도성 사이의 변증법적 긴장을 제대로 풀어내기 어려워진다.

아렌트가 그의 스승 야스퍼스의 영향을 받아 아우구스티누스에 주목함으로써 아우구스티누스 해석에 중요한 기여를 한 것은 사실이다. 하지만, 공동체적 배경에 대한 아렌트의 해석은 아우구스티누스의 덕 윤리가 지닌 본질을 제대로 파악하지 못한 것일 듯싶다. 아우구스티누스가 정작 말하고 싶었던 것은 아렌트의 사회철학이 추구하는 것처럼, 지상에서의 하나님의 도성의 확장이 아니다. 아우구스티누스는 하나님의 도성을 향한 순례자들의 모임이라 할 교회의 정체성과 윤리적 고유성을 강조하고자 했다.

(2) '순례 공동체'(civitas pergrina)

아우구스티누스의 덕 윤리는 그리스도인의 덕이 로마의 화려한 악덕에 비유될 공로주의적 함정에 빠지지 않도록 하기 위해, 덕의 훈련과 함양은 교회 즉 기독교공동체에서 이루어져야 한다는 점을 강조한다. 특

---

637) 같은 책, 106.

히, 하나님의 도성은 지상의 도성에서 완성되는 것이 아니라, 지상의 도성을 지내는 과정에 있다.

아우구스티누스가 보기에, 교회는 하나님의 도성의 완성을 향하여 나아가는 순례 공동체이다. 교회는 지상의 도성에 있으나 지상의 도성에 속하지 않은 공동체이다. 더구나, 지상의 도성을 지나는 동안 지녀야 할 정체성이 있다. 하나님의 도성을 향하여 나그넷길을 가는 공동체 혹은 '순례 공동체'(civitas peregrina)이어야 한다는 것이다.

이 부분에서, 하우어워스가 『나그네 된 거류민』(Resident Aliens)이라는 이름의 공저를 펴낸 것을 생각해보면 흥미로운 일이다. 책 제목으로 사용된 이 표현은 아우구스티누스의 관점과 연계되고 있다. 특히 아우구스티누스와 하우어워스가 '세상에 살지만, 세상에 속하지 않은 존재'로서의 그리스도인의 정체성에 주목하고 있다는 점은 매우 큰 의의가 있다.

브라운(Peter Brown)에 따르면, 이 표현은 아우구스티누스 해석에서 중요한 의의를 지닌다. 브라운이 보기에, 아우구스티누스는 그리스도인들에게 독특한 사람들이라는 점 즉 그리스도인을 예루살렘의 시민이자 하나님의 백성이며 그리스도의 몸이요 지상에서는 고귀한 백성들로 인식하고 이곳에 속한 것이 아니라, 다른 곳에 속한다는 점을 강조했다. 이는 그리스도인들이 세상과 다른 존재(being different) 즉 낯선 거주자(resident strangers)로 살아간다는 뜻으로 옮길 수 있겠다.[638]

브라운의 해석에 따르면, '순례'(peregrinatio)라는 것은 아우구스티누스가 이 상황을 요약적으로 표현한 단어이다. 'peregrini', 즉 낯선 거주자(resident aliens)라는 단어는 고대사회에 익숙한 표현이었다. 예를 들어, 밀라노에 있을 때 아우구스티누스에게 폭풍을 만난 것 같았던 도시생활 자체가 하나의 'peregrinatio'였다. 이 과정에서 체험한 'peregrinus'의 감정은

---

638) Peter Brown, *Augustine of Hippo*, 323.

향수병과도 같으며 유대인의 바벨론 유수기에 나타난 현상, 즉 풀려나기를 애타게 바라는 '포로 된' 자의 상태와도 같다.[639]

아우구스티누스가 여행을 혐오했다는 점, 그리고 『신국론』집필 당시 그의 나이가 이미 순례길이 마칠 때에 가까웠다는 점을 고려한다면, 아우구스티누스의 지상의 도성에서의 영적 불편함과 하나님의 도성을 향한 절절한 연모의 정을 느낄 수 있다. 하나님의 도성을 향한 아우구스티누스의 열망은 이러한 순례자의 심정에서 비롯되었다.

브라운에 따르면, 아우구스티누스는 하늘의 도성의 시민으로서의 정체성을 확보하기 위해, 세상과는 다른 존재(being different)로서의 '나그네 된 거류민'이라는 단어를 사용했다.[640] 이점에서, 하우어워스의 공저 제목이 아우구스티누스가 사용한 표현과 각별한 친화성을 가지는 것이 과연 우연의 일치인지 혹은 역사적 연대감을 바탕으로 사용된 것인지 알 수는 없으나, 인상적이고 흥미로운 대목임에 틀림없다.

같은 맥락에서, 아우구스티누스는 교회를 하나님의 도성을 향한 순례의 공동체로 규정한다. 『신국론』에서 로마인들의 집요하고도 터무니없는 기독교비난에 대해 아우구스티누스가 그리스도인들을 향하여 독려한다. 교회란 세상에서 나그넷길을 가고 있으며, 그리스도와 사도들의 시대뿐 아니라, 아벨의 시대로부터 마지막까지 교회는 세상의 박해와 하나님의 위로 사이에서 나그넷길을 갈 것이라고 말이다.[641]

이를 통해 아우구스티누스는 그리스도인의 삶이 본질적으로 나그네이자 순례의 길을 가는 과정에 있는 것임을 일깨워 주었다. 한 가지, 교회를 순례공동체라고 부르는 이유 중에는 교회가 완성된 하나님의 도성

---

639) 같은 책, 324.
640) 같은 책, 323.
641) *De civ. Dei.*, XV.26.2.

이 아니라는 인식도 있다. 교회는 완성된 카리타스의 덕성 공동체가 아니라, 완성을 향하여 나아가고 있는 과정에 있다는 뜻이다.

아우구스티누스가 말하는 순례공동체로서의 교회는 지상의 도성에 모든 것을 걸고 살아가는 사람들과는 삶의 방식 자체가 다른 공동체이다. 예를 들어, 평화에 대한 언급을 통해 아우구스티누가 말하는 순례공동체의 특징 혹은 나그네 가치관의 단면을 엿볼 수 있다. 하나님의 도성을 향한 순례공동체로서의 교회는 지상의 평화가 완전한 것이 아니라는 사실을 잘 알고 있다. 하지만, 교회가 지상의 도성에 있는 동안에는 그것을 무시하기보다 분별 있게 활용해야 한다.

여기에서, 아우구스티누스가 사용한 '나그네처럼'이라는 표현에 주목할 필요가 있다. 이는 지상의 도성에 속하지 않음의 표식인 동시에 하나님을 도성을 향한 과정에 있음을 보여주는 상징이다. 말하자면, 아우구스티누스가 사용한 '나그네' 혹은 '순례'라는 표현은 지상의 도성을 상징하는 로마의 덕을 넘어설 덕의 대안이다.

어떤 의미에서 대안일 수 있는가? 아우구스티누스에게서, 순례 공동체로서의 교회는 공동의 사랑과 공동의 비전을 가진다. 공동의 사랑이란 하나님을 향한 바른 사랑 즉 카리타스를 뜻한다. 덕의 공동체로서의 교회는 종말의 때에 완성될 하나님의 도성을 향한 비전을 공유하고 있으며, 지상의 도성을 지내는 과정들을 카리타스의 덕에 따라 살아간다.

교회를 카리타스의 공동체라고 부르는 것은 두 도성의 구분만으로도 상징적으로 충분히 설명될 수 있다. 두 사랑의 계보를 따라 하나님의 도성과 지상의 도성이 구분된다는 것은 단순한 구분이나 분리가 아니라, 근본적인 차이를 보여준다. 두 도성은 정치체제나 경제시스템의 차이가 아니라, 지향하는 도덕적 가치와 윤리적 목적에서 구별된다.

아우구스티누스는 성경의 표현을 인용하여 하나님의 도성은 영을 따라 사는 사람들이요, 지상의 도성은 육을 따라 사는 사람들이라고 부른다.[642] 질서 있는 사랑 즉 카리타스를 소유한 자들의 공동체인 교회는 진정한 행복을 바라보는 자들의 모임이자 카리타스를 구현하는 공동체이어야 한다.

순례공동체로서의 교회가 지상의 도성에서 지내는 기간은 결코 편안하지 못하다. 지상의 도성을 지내는 동안, 교회와 그리스도인의 삶은 그 자체로 하나의 시련이다. 교회 안과 밖에서, 성도들의 삶의 여러 정황에서, 시련은 항상 이어진다. 하늘에서 완성될 하나님의 도성에 이르기 전까지, 시련과 역경은 그치지 않는다. 아우구스티누스 당시에 로마인들이 교회를 향하여 보여준 적반하장의 배신과 혐오 역시 그 과정의 하나일 것이다.

교회는 진정한 행복을 위한 진정한 사랑 즉 카리타스를 윤리적 실천 과제로 부여받은 공동체이다. 아우구스티누스는 성경을 인용하여 교회가 실천해야 할 사랑의 계명과 그 중요성을 재삼 강조한다.

> 으뜸가는 두 계명, 곧 하나님 사랑과 이웃 사랑을 하나님께서 스승이 되어 가르치신다. 그 계명에서 인간이 사랑할 대상은 셋으로 구분된다. 하나님과 자신과 이웃이다.[643]

아우구스티누스의 다른 저작에 나타난 사랑의 실천을 강조하는 대목들을 참고하면, 그가 말하는 카리타스의 공동체는 결코 단숨에 완성되는 것이 아님을 알 수 있다. 교구의 목회자였던 아우구스티누스에게 카

---

642) *De civ. Dei.* XIV. 1.

643) *De civ. Dei.* XIX..14. Iam uero quia duo praecipua praecepta, hoc est dilectionem Dei et dilectionem proximi, docet magister Deus, on quibus tria inuenit homo quae diligat, Deum, se ipsum et proximum,

리타스의 실천은 최우선의 윤리원칙이었다. 『요한서신 강해』에 나타난 유명한 구절을 기억할 필요가 있다.

> 사랑하라. 그리고 원하는 대로 하라. 침묵하려거든 사랑으로 침묵하라. 외치려거든 사랑으로 하라. 바로잡아주려거든 사랑으로 하라. 용서하려거든 사랑으로 하라. 당신 안에 사랑이 뿌리내리게 하라. 그 사랑의 뿌리에서는 선한 것 말고는 다른 무엇도 나올 수 없다.[644]

교회 안에서 카리타스는 지속적으로 훈련되고 교육되며 성품화시켜야 할 대원칙이다. 하나님의 도성에 속한 자들은 그 공동체 안에서 카리타스의 성품화를 위해 끊임없이 노력하는 자가 되어야 하며, 무엇보다도 하나님의 은혜 앞에 겸손해야 한다.

교회가 카리타스의 공동체 즉 카라티스의 훈련과 성품화의 장이 되기 위해서는 하나님의 은혜가 필요하다는 사실을 놓쳐서는 안 된다. 사실, 초기의 아우구스티누스는 선한 의지를 쉽게 획득할 수 있다고 생각했다. 의지는 너무도 위대하고 선하여 한시적인 것들에 우선하여 영원한 선을 선택할 수 있으리라 기대했다.

그러나 윤리적 사유가 깊어갈수록 아우구스티누스는 더 중요한 것을 절감했다. 자유의지의 핵심인 사랑의 정화가 인간의 노력과 공로에 의해 이루어지지 않으며, 오직 은혜에 의해서만 가능하다는 사실을 깨달은 것이다. 그리스도인의 덕을 함양하기 위해서는 은혜가 반드시 있어야 하고, 그리스도인의 공동체인 교회는 본질적으로 이러한 은혜를 공급하고 공유

---

644) *In Ep. Joan.*, VII.8 Dilige, et quod vis fac: sive tacaes, dilectione tacaes; sive clames, dilectione clames; sive emendes, dilectione emendes; sive parcas, dilectione parcas: radix sit intus dilectionis, non potest de ista radice nisi bonum existere.

하게 하는 은혜공동체라는 점을 강조한 셈이다.

은혜 공동체로서의 교회는 지상의 도성과 혼재되어 있는 기간에 잠정적으로 순례의 길을 걷는 순례 공동체이다. 이 도성은 이 세상에서 단지 나그네살이 하는 도성으로, 위에 있는 본향을 찾아가는 중이다. 지상에서 순례하는 도성과 지상적 쾌락만을 유일한 것인 양 탐하고 애착하는 지상의 도성과는 다를 수밖에 없다.[645]

순례공동체로서의 교회는 지상의 도성과 대조되는 대안적 모델이다. 하나님의 도성에 주어진 내러티브를 구현하는 공동체로서 '교회'는 지상의 도성을 지나는 동안 순례의 길을 가고 있다는 점에서 세상과 같은 것일 수 없다.

하나님의 도성을 향한 순례공동체로서의 교회에 독특한 대안이 되는 윤리적 비전이 있다. 그 비전은 하나님을 뵈옵는 비전(visio Dei)이다. 이는 지상의 도성에서 겪었던 모든 시련들을 능가하는 강력하고도 완벽한 보상이자 진정한 행복의 상징이다. 그 행복은 지상에서 누릴 수 있는 순간적이고 가변적인 것을 넘어서는 영원한 행복일 것이다.

순례공동체로서의 교회는 행복의 완성에 이르기 전까지, 교회로서의 정체성 혹은 교회다움을 놓치지 말아야 한다. 교회가 진정으로 추구해야 할 것이 있다면, 그것은 '세상'과 결탁하여 힘 있는 교회가 되는 것이 아니라, 하나님의 도성에 주어진 내러티브에 충실한 교회가 되는 것이다. 아우구스티누스와 하우어워스의 해석에서 발견할 수 있는 기독교적 덕 윤리의 과제가 바로 이것이다.

---

645) *De civ. Dei.* XV.15.

(3) '존재'에서 '교회됨'으로

① 교회됨의 덕 윤리적 조망

아우구스티누스의 덕 윤리와 하우어워스의 아우구스티누스 해석에서, '교회'에 대한 인식이 새로운 과제로 등장하고 있다는 점은 매우 고무적이다. 현대의 덕 윤리가 윤리의 중심축을 '행위'(doing)에서 '존재'(being)로 전환시켰다면 아우구스티누스-하우어워스의 관점은 '존재'(beign)에서 '교회됨'(being church)으로 중심축을 전환시킨 셈이다. 혹은 덕의 공동체적 함양을 위한 교회의 진정한 교회됨에 주목한 것이라 할 수 있다.

무엇보다도, 그리스도인에게 놓인 화려한 악덕의 함정을 극복할 길은 교회다운 교회됨에 있다. 그리스도인이 저지를 수 있는 위선과 교만, 그리고 공로주의적 사고방식을 극복하게 하고 은혜에 기초한 참된 덕을 함양하기 위한 윤리적 근거로서의 교회 공동체에 주목해야 한다는 뜻이다.

맥킨타이어가 아리스토텔레스에서 토마스 아퀴나스에게로 넘어가는 과정에서 아우구스티누스를 생략하지 않고 상당한 지면을 할애하면서까지 아우구스티누스의 덕론이 지닌 특징을 탐구했던 대목에서도 이러한 단서들이 발견된다. 특히, 맥킨타이어가 아우구스티누스의 덕 윤리에서 희랍적 공동체를 넘어서는 요소가 있음을 발견한 것은 이 문제와 관련하여 매우 유용한 통찰일 듯싶다.[646]

더구나, 맥킨타이어가 아우구스티누스의 윤리를 희랍의 전통과 달리 성경적 이해를 가진 것으로 파악했다는 점을 놓치지 말아야 한다. 인간의 의지에 대한 아우구스티누스의 이해는 자신의 실존적 체험을 바탕

---

646) MacIntyre, *Whose Justice, Which Rationality*, 157.

으로 하는 것인 동시에,[647] 그 전체적인 틀은 성경을 바탕으로 삼는 것으로서, 기독교윤리의 특성을 반영하고 있다.

맥킨타이어의 지적에서처럼, 죄인으로서의 인간 본성에 대한 이해와 구원을 통한 행복에 이르는 아우구스티스의 통찰은 성경에서 왔다. 아우구스티누스에게서 의지 개념은 그 해석의 통로이자 요체였으며, 그의 윤리 전체를 떠받드는 기초개념이다. 특히 의지의 변화 즉 교만을 대신하여 겸손을 취하는 의지의 변혁이 기독교적 덕 윤리의 근간이 된다.

물론, 아우구스티누스의 인식체계는 플로티누스를 매개한 플라톤적 특성을 지닌 측면이 있기는 하다. 그러나 결정적 차이가 있다. 인간의 의지는 순수한 자유의 경지를 유지하고 있는 것이 아니라, 심각하게 왜곡되어 있으며 그 방향을 재조정해야만 하는 단계 즉 죄의 노예로 전락해 버렸다는 인식이 중요하다.

이러한 뜻에서, 의지의 방향을 바르게 이끌어 가기 위해서는 겸손의 덕이 요구된다. 지성을 바른 방향으로 이끌어 가기 위해서는 의지를 교만의 상태에서 겸손의 상태로 변혁시켜야 한다. 지성보다 의지가 더 근본적이며, 겸손한 의지에 의해 이끌려지지 않으면 인간의 사유는 길을 잃고 말 것이기 때문이다. 덕의 목록이 달라지는 것 역시 당연하다. 아우구스티누스가 겸손과 사랑의 덕을 강조한 것은 아리스토텔레스의 덕목들과는 다르며, 어떤 경우에는 정반대의 관점에 해당하는 것일 수도 있다.

이러한 덕 윤리의 변혁에 공동체적 배경이 크게 작용했다. '하나님의 도성'은 스토아철학자들이 말하는 사해동포주의까지도 넘어서는 우주적 거대담론의 근간이다. 거기에는 지상의 도성을 압도하는 윤리적 비전이 있고 참된 행복에 관한 약속이 담겨 있다. 하나님의 도성을 배경으

---

647) 이에 관해서는 문시영, 『아우구스티누스와 행복의 윤리학』(서울: 서광사, 1996)을 참고하기 바란다.

로 하는 덕 윤리에 아우구스티누스가 추구하는 참된 행복을 향한 윤리가 담겨 있는 셈이다.

유의할 것은, 밀과 가라지의 혼재가 세상 안에 있는 두 도성, 즉 하나님의 도성과 지상의 도성 사이의 혼재를 말하는 것에 그치지 않는다는 점이다.[648] 심지어 하나님의 도성에 속한 사람들과 그 공동체인 교회 안에서도 밀과 가라지의 비유는 유효하다.

> 이미 여러 부류의 사람들이 교회에 들어와 있다. 깨끗하든 깨끗하지 못하든 사람들이 교회의 단일한 조직 속에 들어와 있다. 확실한 종말이 올 때까지는 그들은 뒤섞여 있을 것이다.[649]

아우구스티누스의 문제의식에서 볼 수 있는 것처럼, 지상의 도성에 혼재되어 있는 한, 교회 안에 윤리적 성자들만 있는 것은 아니다. 아우구스티누스 당시에도 그렇고 오늘의 교회 역시 다르지 않다. 자신이 주교로 섬기던 교회의 여러 현상들을 목회적 관점에서 살펴보았던 아우구스티누스의 솔직한 진단에 따르면,

> 교회 안에도 위증자, 사기꾼, 악행을 일삼는 자, 점집을 찾는 자, 간음하는 자, 술고래, 고리대금업자, 노예상인, 그리고 이루 헤아릴 수 없는 무리들이 너무도 많다. 이들 모두는 그리스도의 교훈에 거스르고 하나님의 말씀을 대적하는 자들이다.[650]

---

648) *De civ. Dei.* XX.9.1.

649) *De civ. Dei.* XV.27.5. Iam enim gentes ita ecclesiam repleuerunt, mundique et inmundi, donec certum ueniatur ad finem, ita eius unitatis quadam compagine continentur,

650) *In Ep. Joan.*, III.9 Quotquot enim habet Ecclesia periuros, fraudatores, maleficos, sortigelgorum inquisitores, adulteros, ebriosos, foeneratoes, mangones, et omnia quae numerare non possumus;

이처럼, 교회 안에는 법률적으로 신원조회를 마친 문제없는 사람들만 있는 것은 아니며, 순수한 천사 같은 신앙인들만 있는 것은 분명 아니다. 한 마디로, 문제가 없지 않다. 그럼에도 불구하고, 아우구스티누스가 교회의 교회됨에 관한 신념과 확신을 놓치지 않았다.

이는 『신국론』의 윤리가 그 본질과 특성에 은혜중심성을 지니고 있음을 보여준다. 아우구스티누스의 윤리는 하나님의 도성을 현재적으로 보여주는 '공동체'로서 교회에 주목한다. 덕 윤리가 개인의 덕성함양을 위한 것이 아니라, 기독교적 덕은 교회라고 하는 공동체를 통해 함양된다.

아우구스티누스의 덕 윤리가 지닌 공동체적 배경과 교회의 중요성에 대한 이해를 위해, 하우어워스의 설명을 참고해 보자. 하우어워스의 문제의식은 자신의 문장 속에 축약되어 있다. '교회의 으뜸가는 책무는 교회 자체가 되는 것'이다.[651] 교회로 교회되게 하는 윤리 혹은 교회됨의 윤리라고 표현할 수 있을 이 문장은 하우어워스의 문제의식을 대변해준다. 교회가 교회답지 못하거나 교회의 본래적 정체성에 충실하지 못하다는 안타까움이 하우어워스의 윤리에 반영되어 있는 셈이다.

하우어워스의 이러한 관점에는 오늘의 교회가 교회답지 못하다는 인식이 작용하고 있다. 그는 교회가 '자유주의' 정치에 동화되어 정체성을 상실했다고 판단하여, 자유주의의 대안이 되는 덕 윤리와 '공동체주의'를 적극 수용한다. 하우어워스가 기독교와 자유주의 정치체계를 연계시키려는 시도들에 도전장을 던진 것도 이러한 배경에서 이해되어야 한다.[652] 교회는 그 자체로 존재이유를 가지고 있으며, 교회는 사회정책과 전략의 공작소이기를 멈추고 그 본래적 정체성에 충실해져야 한다는 생

---

contraria sunt doctrinae Chrisit, contraria sunt verbo Dei:

651) Stanley Hauerwas, 『교회됨』, 30. 'the first task of the church is to be itself'

652) Stanley Hauerwas, 『교회됨』, 20.

각이다.

이 부분은 공공신학(public theology)의 관점과는 반대되는 것처럼 보일 수 있다. 하나님 나라에 속하는 일반은총의 영역인 글로벌 시민사회에 적극적으로 참여함으로써 기독교의 진리를 구현하라고 주장한 스택하우스(Max L. Stackhouse)의 관점은 나름대로 타당성과 의의를 지니고 있다.[653] 그럼에도 불구하고, 하우어워스가 교회됨의 윤리를 강조한 데에는 나름의 이유가 있다. 공공신학의 문제의식을 평가절하시키려는 의도가 아니라, 교회의 본래적 정체성에 대한 성찰이 급선무라고 보았기 때문일 것이다.[654]

하우어워스가 공공신학과는 달리 '덕 윤리'에 주목한 것은 덕 윤리의 공동체주의적 통찰이 교회의 교회됨에 결정적인 영향을 줄 수 있으리라 기대했기 때문이다. 특히, 네오-아리스토텔레스주의를 이끄는 맥킨타이어의 덕 윤리와 공동체주의는 하우어워스로 하여금 기독교윤리의 공동체적 배경이 되는 '교회'에 주목하게 했다. 이른바 '기독교공동체주의'를 추구하고 있는 셈이다.

이는 교회가 정치적 자유주의와 결탁하여 사회정책과 전략을 제공하는 일에 함몰되어 본래적 정체성을 망각하는 길에서 돌이켜야 함을 촉구한 것으로 볼 수 있다. 교회로 하여금 본래적 정체성을 회복하고 교회에 주어진 예수 내러티브에 충실해짐을 통해 교회됨을 구현하는 것이야말로 진정한 의미의 교회개혁을 추구하는 길이 되리라는 것이 하우어워스의 생각일 듯싶다.

---

653) 공공신학에 대한 스택하우스의 관점에 대해서는 영어강연문 번역본과 함께 국내학자들이 공저로 펴낸 다음의 책들을 참고하기 바란다. 새세대 교회윤리연구소 편,『공공신학이란 무엇인가?』(북코리아, 2007),『공공신학, 어떻게 실천할 것인가?』(북코리아, 2008)

654) 요더와 하우어워스가 사용하는 'accommodation'이라는 단어에는 '결탁'에 대한 비판의 뜻이 강하게 반영되어 있는 듯싶다.

사실, 하우어워스의 윤리는 칸트에게서 연원하는 자유주의 윤리학의 전제 즉 보편타당의 독립적 존재로서의 합리적 행위자 개념과는 대척점에 있다. 하우어워스의 기독교공동체주의는 칸트적 자유주의 윤리학에 대한 반동으로서, 도덕에 대한 공동체적 관점은 하우어워스로 하여금 내러티브의 공동체적 분별, 그리고 윤리적 텔로스에 대한 공동체적 이해를 추구하도록 이끌어주었다.

교회를 덕의 학교 내지는 성품의 공동체로 인식하는 바탕에서, 하우어워스는 교회란 그리스도인으로서 어떻게 살고 어떻게 죽어야 하는지를 말해주는 곳이라고 말한다.[655] 교회를 인식함에 있어서, 그리스도인다움의 참 뜻을 일깨워 주는 동시에 기독교적 덕을 함양하는 공동체임을 강조하고 있는 셈이다.

흥미로운 것은, 하우어워스가 기독교적 덕의 함양을 위한 통로로 예전(liturgy)에 주목한다는 점이다.[656] 일반적으로 기독교윤리학자들이 관심을 갖지 않거나 별개의 영역으로 간주되는 분야이지만, 예전과 윤리의 연관성을 말하는 데에는 나름의 이유가 있다. 하우어워스에 따르면, 그리스도인의 덕은 교회를 통해 함양되며, 예전은 그리스도인의 정체성을 일깨우는 중요한 실천적 전통이다.

실제로, 하우어워스는 기독교윤리를 하나의 분과학문으로 이해하는 것이 칸트적 계몽주의에 물든 탓이라고 생각한다. 오늘날처럼, 기독교윤리라고 하는 독립학문이 생겨나기 이전에는 별도의 윤리과목이 없었다는 생각이다. 예를 들어, 초대교회에서는 별도의 윤리과목이 있지 않았고, 예배를 통해 말씀을 듣고 그리스도인의 성품을 함양하며 성만찬을

---

655) David Fergusson, *Community. Liberalism, and Christian Ethics*, 6.

656) 이 부분에 문시영, '하우어워스의 윤리에 비추어 본 예배 공동체로서의 교회', 「기독교신학논총」79집(한국기독교학회, 2012)의 일부 수정한 내용이 포함되어 있음을 밝혀둔다.

통해 그리스도인의 정체성을 확인하는 과정이 윤리를 대신했다.

예배를 통해 그리스도인은 자신이 하나님 이야기에 뿌리박고 접맥된 존재임을 발견한다. 하우어워스에 따르면, 우리의 주일예배는 가장 명백하고도 교회적인 방식으로 우리들 능력의 원천을 기억하게 하며 세상을 고통스럽게 하는 것들에 대한 우리들의 해법이 지닌 독창적인 본성을 기억하게 하는 통로이다.[657]

또한 하우어워스는 성만찬을 십자가에 못 박히시고 부활하신 그리스도에 대한 교회의 의존 및 그리스도의 주되심을 통한 교회의 연합, 그리고 세상 앞에서 그리스도의 동일한 몸이 되라는 근본적 부르심의 표식이라고 보았다. 성만찬 그 자체를 그리스도인다움 혹은 그리스도인의 덕을 함양하는 중요한 과정으로 인식하고 있는 셈이다.

하우어워스의 이러한 관심은 예전 그 자체에 대한 것이라기보다 예전의 공동체적 시행에 대한 것이라 할 수 있다. 하우어워스가 교회의 '펀더멘탈'이라 할 수 있는 예배와 예전의 중요성에 주목한 것은 그리스도인의 덕성 혹은 그리스도인다움이 개인의 절제와 공로를 통해 함양되는 것이 아니라, 예배공동체로서의 교회를 통해 함양되는 것임을 보여준다.

하우어워스가 세례, 성만찬, 예언자적 설교의 중요성을 강조하면서, 이벤트화 된 현대의 예배가 예배자를 '관객'으로 전락시켜 복음적 예배에 대한 공동체적 '참여자'가 되지 못하게 한다는 안타까움을 말한 이유도 이러한 배경에서 이해될 필요가 있다. 하우어워스에 따르면, 죄인이라는 사실을 인정하는 것 역시 예배를 통해서이다. 무엇보다도, 기독교 덕 윤리에서 성취해야 할 덕이 있다면 죄를 고백하고 용서받는 것이

---

657) Stanley Hauerwas & William W. Willimon, *Residnet Aliens: A provocative Christian assessment of culture and ministry for people who know that something is wrong* (Nashville, TN; Abingdon Press, 1989), 171.

요,[658] 이것이야말로 예배를 비롯한 예전을 통해 추구해야 할 가장 중요한 가치이다.

포레스터(Duncan Forrester)는 하우어워스에 대한 해석에서, 예배를 통해 그리스도인은 새로운 신분이 되며, 새로운 신분이 된 사람들과 함께하는 예배에서 새로운 윤리가 형성된다는 점을 강조한다. 하나님과의 만남을 통해 제자가 되는 방법을 배우게 된다는 것이다.[659] 예배는 하나님의 백성들의 중심적인 행위이며 하나님의 백성의 정체성을 규정해주는 행위이며, 그리스도인다운 삶의 틀이자 기독교윤리의 본질이라는 관점이다.[660]

하우어워스가 보기에, 이러한 교회의 예배공동체성은 아우구스티누스에게서 확립되었으며 이후 기독교의 중요한 전통이 되었다. 종교개혁자들이 윤리를 교회와 분리될 수 있는 학문으로 간주한 것처럼 과도한 해석자들이 나타나기도 했지만, 하우어워스가 보기에는 그것은 해석상의 왜곡이었다.

오히려 루터나 칼빈은 결코 교회와 윤리를 분리시키지 않았다. 비록 그들이 믿음에 의한 구원을 강조하면서, 그리스도인들이 은혜에 의해 그리스도의 제자가 되어야 한다는 것을 놓치지 않았다. 종교개혁자들이 교회를 개혁하는 과정에서 윤리가 본래적인 것(inherent)이라고 생각했다는 것이다.

하우어워스는 예배에 이해에서 크게 두 가지에 주목할 필요가 있다고 말한다.[661] 하나는 예배가 그리스도인됨을 보여주는 정체성의 근간이

---

658) Stanley Hauerwas, *After Christendom?*, 108.

659) Duncan B. Forrester, 김동선 역,『참된 교회와 윤리』(한국장로교출판사, 1999), 90.

660) 같은 책, 75.

661) Stanley Hauerwas and Samuel Wells, ed., *The Blackwell Companion to Christian Ethics*, 43.

라는 점, 다른 하나는 참된 예배의 공동체만이 진정한 공동체라고 할 수 있다는 점이다. 이는 하우어워스가 성만찬을 비롯한 예배와 예전에 주목하는 이유이다. 말하자면, 공동체적 예전과 예식에 참여함을 통해 예수 내러티브를 실천할 능력을 얻게 된다는 것이다.

하우어워스의 아우구스티누스 해석에는 전반적으로 큰 의의가 있다. 특히 그의 예배공동체에 대한 인식이 아우구스티누스에 연원한 것일 가능성이 크다는 점에서, 그 중요성이 더욱 커진다. 아우구스티누스를 통하여 오늘의 교회됨을 위한 통찰을 얻었다는 점에서, 이러한 관점을 교회됨에 관한 아우구스티누스와 하우어워스의 조망이라 부를 수 있을 듯싶다.

물론, 하우어워스의 관점 자체에 대한 비판이 없지 않다. 가장 전형적인 비판은 거스타프슨이 말한 '소종파적 유혹'의 가능성일 것이다. 하우어워스가 말하는 교회관은 지나치게 자폐적인 것이어서, 세상과의 소통을 차단하는 것일 수 있다는 취지이다.

한편으로, 소종파 논란이 공정하지 못한 것이라고 보는 견해도 있다. 소종파를 말하는 부류의 교회관이 세상을 긍정하고 현재의 문제들과 씨름하는 자들의 교회관이라면, 하우어워스의 교회관은 이와는 다르다는 요지인 듯싶다. 퍼거슨에 따르면, 하우어워스의 신학이 교회의 독특성을 지나치게 결정적인 것으로 간주하는 것은 옳지 않다.[662] 퍼거슨은 휘터(Reinhold Hutter)의 논의에 공감을 표현하면서 교회윤리는 '은둔주의적 내향성'과 '유토피아적 행동주의'라는 두 가지 위험을 피하기 위해 좀 더 강한 성령론을 가질 필요가 있다고 주장한다.

정작 하우어워스 자신은 소종파 논란에 큰 관심을 기울이지 않는다. 그는 자신의 관점이 교회를 향하여 소종파적으로 퇴거할 것을 요구하는

---

662) 같은 책, 67.

것이 아니라는 점을 항변한다. 이러한 뜻에서, 하우어워스를 예단하여 비판하기 전에 충분히 고려해야 할 것이 있다. 그가 진정으로 교회를 향하여 던지고 싶었던 제안이 무엇이었는지를 바르게 이해하려는 노력이 선행되어야 한다.

하우어워스는 소종파적 퇴거의 비판에 대한 우려보다는 교회됨보다 더 중요한 것이 있는가를 반문하면서 교회됨을 위한 문제의식을 더욱 당당하게 강조한다. 하우어워스 자신이 소종파 논란 자체에 무관심하거나 혹은 자신의 관점을 굽히지 않고 있다는 점에서, 이 문제는 신학적 찬반 논변의 주제라기보다 호불호(好不好)의 문제가 될 공산이 크다.

오히려 문제 삼아야 할 부분은 한국적 맥락에서 공동체 경험이 긍정적인 것만은 아니라는 점일 듯싶다. '교회를 사랑할 수 없게 하는 이야기들'과 개인의 공동체경험에서의 상처들은 물론이고, 시민사회의 지탄을 받을 정도로 한국의 교회는 안타까운 이야기들로 몸살을 앓고 있다. 이러한 현실에서, 오늘의 교회는 과연 예수 내러티브에 충실한 은혜공동체이자 성품의 공동체 즉 덕의 학교가 되고 있는지 진솔하게 되돌아보아야 할 시점이다.

이러한 의미에서, 하우어워스의 아우구스티누스 해석은 큰 의의가 있다. 아우구스티누스 전문가를 자처하는 사람들이 고전에 대한 연구에 함몰되어, 오늘의 언어로 아우구스티누스를 풀어내지 못하는 측면이 있는 것이 사실이다. 이점에서, 하우어워스는 아우구스티누스 연구를 진전시켜줄 수 있는 의외의 중요하고도 핵심적인 통찰을 제공해준다. 적극적으로 말하면, 아우구스티누스가 생각하는 진정한 덕에 대한 통찰을 하우어워스에게서 현대적 유형으로 재론되고 있는 셈이다.

예를 들어, 예배에 관한 하우어워스의 관심이 아우구스티누스에게서도 중요한 관심사고 되고 있다는 점은 매우 고무적이다. 아우구스티누스에 따르면, 진정한 경건 없이는 즉 참된 하나님께 대한 참된 예배가 없이는 참된 덕성을 갖출 수 없으며, 비록 인간적 영광에 기여하는 덕성이라 해도 진정한 덕이라 할 수 없다.[663] 참된 경건과 예배의 중요성에 대한 강조점이 아우구스티누스와 하우어워스에게 공유되어 있는 셈이다.

특히, 아우구스티누스에게서 교회는 지상의 도성에 지내는 동안 하나님의 도성을 향한 비전을 가진 자들에게 참된 덕성을 훈련시키는 덕의 학교이자 덕의 공동체이다. 참된 덕성의 훈련을 위해 교회가 해야 할 책무 중에서 참된 예배를 강조했다는 점은 하우어워스의 아우구스티누스 해석이 지닌 특징이자 장점이다.

아우구스티누스에 따르면, 참된 하나님을 섬기는 참된 종교로서의 기독교가 참된 예배를 통해 참된 행복을 향한 참된 덕성을 함양해야 한다.[664] 이는 로마의 제신숭배 및 정령숭배사상과는 차이가 나고 대조되는 대목인 동시에, 교회란 무엇인지를 보여주는 상징성을 지닌다. 교회는 참된 하나님을 향한 참된 예배의 공동체이며 참된 행복을 위한 참된 덕성의 공동체라고 할 수 있다.

아우구스티누스는 로마인들의 덕성에 대한 평가를 내리면서, 행복에 이르기 위한 진정한 덕에 관하여 하나님을 향한 예배를 그 핵심요소로 제시한다. 하나님께 대한 참된 예배가 없다면 참된 덕도 가질 수 없다.[665] 인간의 참된 행복을 허락하시는 참된 하나님을 향한 예배만이 로마의 제신숭배나 정령숭배로서는 도달할 수 없는 참된 예배라는 뜻이 된다.

말하자면, 아우구스티누스에게서 교회는 하나님의 도성(civitas Dei)을 향한 순례의 공동체이며 예배와 덕성함양의 공동체이다. 교회란 한시적

---

663) *De civ. Dei*. V.19.

664) *De civ. Dei*. I.36.

665) *De civ. Dei*. V.19.

인 이 땅에서 영원한 불가시적 하나님 나라로 성도들이 들어갈 수 있도록 가르치고 훈육하는 곳이다.[666] 순례자들은 교회 안에서 지혜의 정신을 밝혀주고 경건의 마음을 강화시켜주는 은혜를 힘입어 평화라는 궁극적 선을 향하여 순례자의 삶을 살아간다.[667]

그 외에 여러 특성들을 말할 수 있겠지만, 사랑과 비전의 공동체라는 특성을 중심으로 참된 예배의 공동체, 참된 덕의 공동체로서의 교회에 대한 논의 등이 이어질 수 있을 것이다. 이 모든 특성들은 로마의 종교 즉 거짓 종교와 화려한 악덕에 불과한 유사 덕성의 극복을 위한 대안으로서, 참된 종교와 참된 윤리의 표식들이다. 그리고 이 모든 이야기의 그 근간은 '순례의 공동체'라는 점에 있다.

교회는 지상의 도성에 지내는 동안, 하나님을 도성을 향한 윤리적 비전을 품고 지상의 도성과는 다르면서도 지상의 도성에 대안을 줄 수 있는 윤리적 탁월성을 보여주어야 할 필요가 있다. 이러한 뜻에서, 교회는 하나님의 도성을 향한 비전을 가진 자들에게 참된 덕성을 훈련시키는 덕의 학교이자 덕의 공동체이어야 한다.

특히, 하우어워스가 재조명한 아우구스티누스의 덕 윤리는 개인의 덕성함양을 위한 관심을 촉구하는 수준에 머물지 않고, 덕의 공동체로서의 교회에 주목하게 해준다. 덕의 공동체로 규정된 교회의 본질에 대한 이해를 촉구했다는 것 자체가 교회됨이 절실한 오늘의 정황에 의미 있는 통찰로 다가서고 있다.

---

666) *De civ. Dei.* X.14.
667) *De civ. Dei.* XIV.28.

② 교회됨의 한국적 맥락과 과제

아우구스티누스의 덕 윤리를 한국적 관점에서 읽어낼 차례이다. 여기에는 하우어워스의 아우구스티누스 해석과 함께 한국교회 고유의 맥락이 작용한다. 특히 한국교회가 지녀온 덕의 전통과 관련된 공동체적 관점에 유의할 필요가 있다.

예를 들어, '덕을 세운다는 것'(建德)은 무엇인가? 교회에 발생하는 악행들과 불의까지도 눈감아주고 대충 넘어가자는 적당주의를 말하는 것인가? 또는 교회 안의 권위주의적 질서를 옹호하고 위계질서에 순응하라는 것인가? '덕을 세우다'는 어떤 의미일까?[668] '덕'이란 '도덕성' '덕성'을 의미하기도 하며 일종의 '능력'을 뜻하기도 한다.

덕에 관한 언급은 성경번역에도 나타난다. 주로 '덕을 세우다'는 용법으로 표현된 한글성서에서 그 흔적들을 찾을 수 있다. 고린도서신에는 덕에 관한 권면이 두드러진다. 고린도교회의 개척자인 바울에게 들려온 문제상황들은 복잡하고 심각했다. 여러 문제들에 관한 바울의 해법은 그의 목회적 관심과 어우러져 덕에 관한 공동체적 윤리로 나타난다.[669]

---

668) 이 부분은 문시영, 『교회됨의 윤리: 하우어워스의 교회윤리 연구』(북코리아, 2013)의 일부 내용을 참고하여 수정 및 보완한 것임을 밝혀둔다.

669) 몇 가지 대표적인 구절들을 생각해 볼 수 있겠다. 고전8:1 우상의 제물에 대하여는 우리가 다 지식이 있는 줄을 아나 지식은 교만하게 하며 사랑은 덕을 세우나니(οἰκοδομεῖ)/ 고전10:23 모든 것이 가하나 모든 것이 유익한 것이 아니요 모든 것이 가하나 모든 것이 덕을 세우는 것(οἰκοδομεῖ)이 아니니 / 고전14:3-5 그러나 예언하는 자는 사람에게 말하여 덕을 세우며(οἰκοδομὴν) 권면하며 안위하는 것이요 방언을 말하는 자는 자기의 덕을 세우고(οἰκοδομεῖ)예언하는 자는 교회의 덕을 세우나니(οἰκοδομεῖ) 나는 너희가 다 방언 말하기를 원하나 특별히 예언하기를 원하노라 방언을 말하는 자가 만일 교회의 덕을 세우기(οἰκοδομὴν)위하여 통역하지 아니하면 예언하는 자만 못하니라./ 고전14:12 그러면 너희도 신령한 것을 사모하는 자인즉 교회의 덕 세우기를 위하여(πρὸς τὴν οἰκοδομὴν) 풍성하기를 구하라./ 고전14:26 그런즉 형제들아 어찌할꼬 너희가 모일 때에 각각 찬송시도 있으며 가르치는 말씀도 있으며 계시도 있으며 방언도 있으며 통역함도 있나니 모든 것을 덕을 세우기 위하여(πρὸς οἰκοδομὴν) 하라.

바울의 표현에는 '세우다'(edify, build up 또는 benefit, strengthen이 되는 경우도 있음)라는 용어가 사용된다. '덕을 세우다'는 말은 '건축하다' 혹은 '일으켜 세우다'의 뜻이지만, 우리말 성서에서는 '집을 짓다'라는 문자적인 뜻보다 '덕을 세우다'의 뜻으로 의역된다. 개인의 성품에의 관심을 넘어 공동체적 윤리의 통로로 사용되고 있는 셈이다.

퍼니쉬(Victor P. Furnish)는 이 부분을 바울의 공동체적 관심이라 해석한다.[670] 퍼니쉬에 따르면, 바울의 윤리에는 도덕적 행위자 개인의 악행을 강조하는 헬레니즘 세계의 일반적 지침들과는 달리 공동체 생활을 위한 지침들이 들어 있다.

바울은 교회를 성령이 거하시는 하나님의 집(고전3:9)이라고 이해하였고 신앙인을 가정의 식구(갈6:10)로 간주했으며 공동체를 위한 윤리로 덕을 세우라고 권한다.[671] 특히 공동체에 속한 구성원들의 행위가 전체 공동체에 어떤 영향을 줄 것인가에 대해 바울의 관심이 지대했다.

예를 들어, 우상의 제물로 바쳐진 고기를 먹을 것인가 말 것인가 하는 것은 그 행위가 형제들에게 어떤 영향을 줄 것인지 생각하여 결정해야 한다는 것이다. 신앙인의 삶과 행위는 개인의 결단에 의한 것이 아니라 항상 그리스도 안에 함께하는 형제들 속에서, 형제들과 더불어, 형제들을 위하여 이루어지는 것이기 때문이다. 신앙인의 윤리는 선과 악에 관한 개념적 선택이 아니라 공동체 전체의 덕을 이루기 위해 선이 되는 것을 선택하고 행하는 것이라고 보았던 것이다.

이러한 공동체적 관심은 그의 윤리가 지니는 신학적, 종말론적, 기

---

670) Victor P. Furnish, *Theology and Ethics in Paul*, 김용옥 역,『바울의 신학과 윤리』(대한기독교출판사, 1994), 85.
671) 같은 책, 257.

독론적 특징과 밀접히 연관된다.[672] 기독교윤리에 있어서 이상적인 인간상은 예수 그리스도에게 있으며, 신앙인은 그리스도의 장성한 분량에 이르기까지 성장해야 하는 과제를 안고 있다.(엡4:15)

이러한 그리스도 중심의 윤리는 바울에게 있어서 진공상태에 적용되는 이념적 원리가 아니라 구체적인 실천의 현장을 배경으로 한다. 교회가 그것이다. 바울에게 있어서 구원의 공동체인 그리스도의 교회는 새로운 존재의 공동체이다. 은혜공동체로서의 교회에 덕을 세우는 것은 우리 자신에 대한 관심을 포기하고 다른 사람을 위해 살아갈 때 이루어진다.[673]

이렇게 본다면, 한글성경에서 바울서신의 '세우다'를 '덕'과 연관 짓는 것은 지극히 자연스러운 것인지 모른다. 문제는 '덕을 세우다'의 표현이 부정적으로 평가되는 경우들이 많아졌다는 점이다. '덕스럽게 하자' 또는 그와 유사한 의미로 사용되는 '은혜롭게 하자'는 말은 적당한 타협과 권위주의적 체제를 온존하자는 사람들의 시대착오적인 소리로 치부되기 쉽다.

덕을 말하는 것 자체가 잘못이라는 뜻일까? 혹은 '덕을 세우다'는 새로운 성서번역을 통해 해소되어야 하는 문제일까? 그것은 번역의 수정으로 해결될 일이 아니라 덕의 참 뜻을 회복하고 성숙한 교회윤리를 구현하는 데에서 해법을 찾아야 한다.

아마도 한글 성경과 한국교회가 덕의 중요성을 강조하는 것은 유가사상의 영향을 받았을 가능성이 크다. 바울서선의 번역에 '덕을 세우다'는 형태로 적용되었을 가능성이 있다. 문제는 '어떤 덕인가?'에 있다. 바울서신의 번역어로 사용된 덕은 분명 유가철학의 그것일 수 없다. 그것

---

672) 같은 책, 247.

673) Victor P. Furnish, 『바울의 신학과 윤리』, 257.

은 근본적으로 인간의 자기계발을 통해 얻을 수 있는 것이 아니며, 공로주의적 색채를 배제한다. 덕 윤리의 기독교적 특성은 복음을 기초로 하는 것인 동시에 은혜를 중심에 둔 것이기 때문이다. 아우구스티누스의 덕 윤리에서 가장 두드러지게 나타난 특성이 바로 이것이다.

물론, 종교개혁 전통에서 덕에 관한 논의는 자칫 공로주의적 의혹을 받기 쉽다. 루터는 아리스토텔레스를 좋아하지 않았고 덕에 관한 생각도 부정적이었다. 루터에 따르면, 아리스토텔레스의 윤리는 의도적으로 훈련된 의로움으로 명백하게 반대해야 할 대상이었다. 덕에 관한 이야기가 공로주의적 관점으로 등식화되는 원인이 여기에 있다.

그러나 이것은 개혁전통에 관한 편협한 이해에 이르게 하는 것이기 쉽다. 개혁자들이 반대한 것은 바리새적 공로주의이지 덕 윤리 그 자체는 아닐 것이기 때문이다. 정작 질문해야 하는 것은 덕 윤리에 대한 바리새적 경향성의 문제이다.

종교개혁자들의 입장은 덕에 대한 근본적인 반대나 매도가 아닌 듯싶다. 오히려 종교개혁의 대상이 되었던 덕에 대한 공로주의적인 채색을 문제 삼은 것이라 하겠다. 오히려, 덕에 대한 관심은 기독교윤리학의 중요한 전통의 하나로 해석할 여지가 있어 보인다.[674] 특히 현대 기독교윤리학에서 새롭게 재론되는 덕 윤리에 관한 논변과 연관 지을 수 있는 가능성 또한 높아진다.

'덕을 세우다'로 번역된 바울의 관점은 공동참여와 공동책임이라는 틀에서 설명할 수 있겠다. 바울의 공동체는 고대 그리스의 폴리스 혹은 친교모임과는 달랐다. 그리스도를 중심으로 하는 공동체였으며, 구성원 모두에게 공동체의 성장과 유지를 위한 공동참여와 공동책임이라는 윤

---

674) 문시영, "기독교와 덕, 공로주의인가? 윤리적 전통인가?"「기독교사회윤리」(한국기독교사회윤리학회, 2000, 논문집 제3집), 197-220.

리적 과제가 부여되어 있었다.[675]

이러한 의미에서, 한글성서에 '덕을 세우다'로 번역된 바울의 윤리는 권위주의를 비롯한 봉건적 잔재를 정당화시키는 것이라 할 수 없다. 오히려, 공동체를 위한 관심과 배려, 그리고 책임의 구현으로 재해석되어야 한다. 하우어워스가 제안한 '기독교공동체주의' 역시 이러한 맥락에서 한국적으로 읽혀져야 할 듯싶다.

한국교회에 공동체적 분위기는 충분하다. 남은 문제는 덕의 공동체로서의 교회에 대한 인식과 그 바람직한 실천의 장애요소들을 찾아내고 극복하려는 노력이다. 그러나 '덕스럽게', '덕을 세우기 위한' 노력들이 '은혜만능주의'로 전락했던 어리석음을 되풀이해서는 안 된다. 교회를 진정한 덕의 공동체가 되게 하는 첩경은 은혜만능의 사고방식이 아니라, '은혜중심주의'라는 사실에 주목해야 한다.

은혜중심주의와 은혜만능주의는 분명히 다르다. 윤리적 문제가 발생한 경우에, '덕스럽게 하자' 혹은 '은혜롭게 하자'는 말이 공동체를 시끄럽게 만들지 말고 '대충대충' 덮어주고 '없었던 일'로 하자는 취지로 은혜와 덕을 말한다면, 그것은 은혜만능주의이다. 이는 결코 성경적이지도 못하고, 공동체의 윤리적 성숙을 가로막을 뿐이다. 이제까지의 한국교회가 사용한 '덕'의 용법이 이러한 경향을 지닌 것은 아닐지 우려스러운 대목이다.

은혜중심주의란, 윤리의 근간을 은혜에 두는 것이다. 이는 바리새적 율법주의와 확연하게 구분된다. 비난과 정죄를 일삼는 율법적 관심을 넘어선다는 뜻이다. 혹은 공로주의적 위험요소를 제거하고 은혜적 정체성을 바탕으로 윤리를 말하는 관점을 뜻한다. 그리스도인을 은혜적 정체성

675) Robert J. Banks, *Paul's Idea of Community: The Early House Churches in Their Cultural Setting*, 장동수 역, 『바울의 그리스도인 공동체 사상』(도서출판 여수룬, 1995), 205-222.

의 존재로 인식하고 교회를 은혜공동체로 인식하는 관점이 은혜중심주의이다.

은혜중심주의를 말하는 것은 기독교윤리가 지닌 고유한 맥락에 충실하자는 뜻이다. 예를 들어, 덕 윤리의 기독교적 변혁과 그 현대적 과제를 살펴보면서도 은혜만능주의에 빠져있다면, 이는 과격-아우구스티누스주의에서 촉발한 문제 즉 공로주의의 또 다른 모습에 지나지 않을 것이다. 한국교회의 고질적인 권위주의와 연고주의는 은혜만능주의의 다른 표현에 다름 아니다.

또한, '세상이 교회 안에 들어와 버린' 정황은 강력히 경계해야 할 과제임에 틀림 없다. 예를 들어, 교회가 세속 권력과 결탁하려 하는 것은 지독한 위험일 수 있다. 이는 결과적으로 아우구스티누스와 하우어워스의 조망에서 강력하게 경고된 '콘스탄틴 결탁'의 재현이 되고 말 것이다. 교회성장에 집착한 나머지 복음보다 프로그램이 중심이 되거나 예배 출석인원을 부풀려 말하는 것 역시 다르지 않다. 교회가 자본주의에 휩쓸리거나 번영신학으로 치닫는 것 또한 중대한 위험일 수 있다.

한 마디로, 은혜중심주의를 말하는 것은 아우구스티누스의 덕 윤리를 한국적으로 바르게 읽고 해석하자는 뜻이다. 이를 위해 최우선의 과제로 생각해야 할 것은 교회로 교회되게 하는 것이다. 하우어워스의 아우구스티누스 해석에서 읽을 수 있는 것처럼, 은혜중심적이고 복음의 공동체에 기초한 '교회됨'이야말로 급선무이다.

특히, 교회의 윤리적 문제들에 대한 비판에만 함몰될 것이 아니라, 교회의 교회됨을 고민해야 할 때이다. 언제까지나 교회의 윤리적 자정능력이 바닥났다고 절망만 하고 있을 수는 없다. 교회가 그리스도인다움을 함양하고 기독교적 정체성을 가진 덕을 함양하는 공동체가 될 수 있도록, 윤리적 교회개혁의 고민이 깊어져야 할 것이다.

IV

윤리의 위기, 아우구스티누스를!

이제까지 아우구스티누스 덕 윤리의 재구성을 통해 그 현대적 적용을 위한 논의를 진행해 왔다. 제I부에서 맥킨타이어를 아우구스티누스의 덕 윤리 해석의 파트너로 삼되 크게 세 가지 '변혁'에 유의해야 함을 확인할 수 있었다. '내러티브'의 변혁, '행복론'의 변혁, 그리고 '공동체'의 변혁이 그것이다. 이들 각각은 별개의 것이라기보다 유기적으로 상호연관된 통합적 지평에서 이해되어야 하며, 아우구스티누스의 덕 윤리에 내재한 독창적 요소들로 해석되어야 한다.

'내러티브'의 변혁에서, 『고백록』을 덕 윤리와 연관 지어 재해석할 수 있겠다. 맥킨타이어가 'mala voluntas'의 문제가 아우구스티누스 해석에서 중요하다고 지적했던 점은 매우 중요한 통찰이었다. 하지만, 맥킨타이어의 해석은 보완될 필요가 있다. 'mala voluntas'에 대한 아우구스티누스의 관심은 단순한 개념상의 전환을 넘어선다. 아우구스티누스의 덕 윤리는 '의지'라는 개념의 전환이 아니라, '내러티브'의 변혁으로 이해되어야 한다.

인간에 대한 이해는 『고백록』의 정점이다. 인간이란 은혜를 필요로 하는 '죄인'이라는 점에서, 의지의 문제는 중요한 통로이다. 인간이 의지의 남용으로 죄를 지은 '노예의지'의 상태에 놓여있다는 점을 통렬하게 고발하고, 그 해법을 은혜에서 찾아야 한다는 기독교 고유의 내러티브를 담아내고 있다.

'행복론'의 변혁은 주로 'caritas'의 해석과 연관되는 부분이다. 니그렌이 아우구스티누스를 몰아세워 아가페 모티브를 왜곡시킨 장본인으로 몰아세운 것은 지나치다. 『삼위일체론』에 관한 덕 윤리적 분석은 분명한 반증이다. 아우구스티누스가 사용한 'caritas'는 개념의 혼합이라기보다 성경을 기초로 한 것임을 『삼위일체론』은 분명하게 보여준다.

'caritas'는 기독교의 근간에 대한 오염이라기보다 덕 윤리의 기독교적 변혁을 보여준다. 아우구스티누스는 구원받은 자의 윤리로 'caritas'를 강조하고 덕 윤리의 기독교적 텔로스가 성경이 증언하는 삼위일체라는 사실을 확인해주었다. 특히, 카리타스를 통한 삼위일체 하나님께 나아가는 것이야 말로 진정한 행복임을 보여주었다. 말하자면, 덕과 덕목들의 기독교적 변혁에서 희랍적 개념의 변혁보다 더 근본적인 변혁 즉 성경적 통찰에 기초한 덕 윤리를 제안해준 셈이다.

'공동체'의 변혁에서, 『신국론』을 다시 읽어야 할 필요성을 확인할 수 있었다. 맥킨타이어가 아우구스티누스의 관점을 폴리스적 제한을 넘어선 공동체적 지평의 확장으로 이해한 것은 상당한 설득력이 있다. 그러나 좀 더 분명하게 이해하려면, 공동체의 변혁이라는 관점에서 접근해야 한다는 사실을 알 수 있다.

아우구스티누스가 『신국론』을 통해 지상의 도성과 하나님의 도성을 구분한 것은 중요한 차이와 대안을 보여준 것이라 할 수 있다. '로마'의 지배욕과 화려한 악덕으로는 이룰 수 없는 진정한 행복과 진정한 덕의 비전을 보여주었다.

아우구스티누스의 덕 윤리는 지상의 도성과 혼재되어 있는 기간에 하나님의 도성에 속한 자들이 지녀야 할 윤리적 비전을 담아내고 있다. 특히, 『신국론』에 나타난 아우구스티누스의 덕 윤리는 카리타스의 공동체이자 순례 공동체로서의 '교회'에 주목하게 해준다.

이러한 논의를 바탕으로, 제II부는 아우구스티누스의 덕 윤리가 현대 사회에서 구현되기 위해 충족되어야 할 과제를 살펴보았다. 하우어워스의 아우구스티누스 해석은 덕 윤리의 현대적 재론과 궤를 같이 하는 것인 동시에, 덕 윤리의 기독교적 수용을 가장 탁월하게 이루어내었다는 점에서 특히 유의할만 하다.

하우어워스는 덕 윤리에 대한 거부감을 극복할 수 있는 처방을 제안해 주었다. 아우구스티누스가 '로마'의 지배욕과 화려한 악덕을 문제 삼은 것에 비견하여 본다면, 일부에서 덕 윤리 일반의 공로주의적 위험성을 경계하는 것은 상극의 관계라기보다 일맥상통하는 요소를 지닌다. 화려한 악덕에 기울어질 수 있는 공로주의를 극복해야 함을 깨우쳐 주었다는 점에서 말이다.

주목할 것은 공로주의를 공동체에 해소할 가능성이다. '교회'는 아우구스티누스와 하우어워스 양자에게, 기독교적 덕의 함양을 위한 훈련장이며 장차 완성될 하나님의 도성을 향한 비전을 담아내는 자리이다. 순례 공동체로서의 교회에 대한 기대와 교회를 통한 진정한 덕의 함양이라는 가치가 서로 긴밀하게 맞물려 있는 셈이다. 하우어워스가 말하는 '교회됨'의 핵심이 '기독교적 덕의 공동체로서의 교회'라는 점에 비추어 본다면, 덕 윤리의 현대적이고 기독교적인 재론에 담긴 아우구스티누스의 유산은 결코 적지 않다.

문제의식을 재확인하고 해소하는 차원에서, 처음 질문으로 돌아가 보자. '왜 지금, 아우구스티누스를?' 많은 사람들이 윤리의 위기를 절감하고 있으며, 덕의 회복을 주장하는 목소리 또한 높아지고 있다. 이러한 때에, 기독교윤리는 현대 윤리학의 흐름에서 덕 윤리가 재론되고 있다는 흥미로움의 차원에서 접근하기보다 기독교적 덕 윤리가 오늘의 교회와 그리스도인을 위해 기여할 수 있는 대목은 무엇인지 성찰해야 할 것이다.

아우구스티누스의 덕 윤리를 재조명한다는 것은 기독교의 바람직한 성숙에 대한 절박함을 담아내고 있다. 특히, 교회가 시민의 지탄을 받고 그리스도인들의 윤리가 문제시되고 있는 정황은 교회의 교회됨과 그리스도인의 윤리적 성숙을 요청하고 있다. 덕스러움과 교회됨의 진정한 의의를 재발견하고 그 실천을 위한 비전을 세워가야 한다는 의미에서, 아우구스티누스의 현대적이고 기독교적인 재조명의 가치는 아무리 강조해도 지나치지 않다.

덕 윤리,
개인의 덕성에서 교회적 실천으로

덕 윤리를 말하는 것은 고리타분한 것으로 취급되기 쉽다. 솔직히, 덕은 오래전에 상실되었다. 그럼에도 불구하고, 덕을 과거의 유물로 간주하기보다 오늘의 관점에서 다시 읽어내고자 했던 맥킨타이어의 문제의식은 탁월한 것이었다. 이 책에서, 아우구스티누스의 덕 윤리를 현대적 스타일로 재론할 수 있었던 것은 맥킨타이어 덕택일 듯싶다. 더구나, 덕의 재론은 영미철학만의 특이한 현상이 아니라, 동양철학에서도 기꺼운 반응들로 이어지고 있는 것 같다.

정작 덕의 재론을 반겨야 하는 것은 기독교이어야 하지 않을까 싶다. 교회의 공동체적 가치관 및 신약의 윤리에 행위보다 존재의 중요성을 강조하는 덕 윤리적 측면들이 두드러진다는 점에서 말이다. 하지만, 덕 윤리에 대한 기독교적 관심은 호의적이지 않거나 냉소적이다. 이러한 정황에서, 아우구스티누스의 윤리를 현대적 의미의 덕 윤리와 연관지어 대화를 시도한 데에는 나름의 이유가 있다. 교회의 갱신과 교회됨이 절실한 시점에서, 덕 윤리를 통한 교회됨의 중요성을 강조할 수 있으리라 기대했기 때문이다.

아우구스티누스의 윤리가 분류상 덕 윤리에 속한다는 것은 두말할 필요도 없다. 문제는 그의 관점에 현대적 적실성을 부여할 수 있는가 하는 데 있다. 이점에서, 맥킨타이어를 통해 아우구스티누스의 현대적 해석의 단초를 얻어, 하우어워스를 통해 아우구스티누스의 기독교적 해석의 길을 찾을 수 있었던 점은 다행스러운 일이다. 특별히, 덕 윤리의 공동체적 지평을 인식하고 덕 윤리를 교회적 맥락에서 재조명해야 한다는 사실을 발견한 것은 무엇보다도 큰 수확이다.

흥미로운 것은, 한국교회에 덕 윤리의 전통이 강하게 이어져 왔다는 점이다. 신약의 번역에서 '덕을 세우다'의 표현은 당연한 듯 수용되었고, 교회에서 덕을 세우는 것은 의심의 여지가 없는 이상적 도덕성으로 인식되어 왔다. 하지만, 오늘날 한국교회의 윤리적 성숙을 위한 논의에서 덕에 관한 이야기는 구시대적 착오로 간주되거나 시민적 요구를 거스르는 것으로 간주되는 것이 현실이다. 심지어 극복대상으로 내몰리기도 한다. 이렇게 된 데에는 덕에 관한 한국적 트라우마 즉 교회의 윤리적 문제상황들을 개혁하고 극복하기에는 부적절했다는 경험이 작용한 듯싶다.

여전히 남는 질문은 이것이다. 한국교회는 과연 바른 의미에서의 덕 윤리를 간직하고 있던 것일까? 덕 윤리의 왜곡을 덕 윤리의 한계로 오해하고 있는 것은 아닐까? 놓치지말아야 하는 것은, 덕 윤리가 개인의 덕성 함양에 국한된 문제가 아니라는 점이다. 무엇보다도, 아우구스티누스의 덕 윤리에 관한 현대적 해석에서, 교회를 성품의 공동체이자 덕의 학교로 인식해야 함을 강조했던 하우어워스의 관점에 유의해야 한다.

덕 윤리에 대한 질문을 바꿔야 한다. 어떤 덕인가? 그것이 문제의 핵심이다. 유교적 덕이 아니라, 예수 내러티브의 성품화를 추구해야 한다는 것을 바르게 인식하는 것이야말로 진정한 교회개혁의 초석이 될 것이다. 사실, 교회개혁의 문제는 교회비판만으로 해소되지 않는다. 교회됨을 위한 바른 길을 찾아 실천하는 것이 더 중요하다. 이 책에서 아우구스티누스의 덕 윤리를 현대적으로 재론한 이유가 바로 이것이다. 아우구스티누스의 덕 윤리에 대한 학술적 재해석을 바탕으로, 덕 윤리의 기독교적 과제와 비전을 성찰하려는 것이 이 책의 핵심과제였던 셈이다.

이 책은 한국연구재단의 지원을 받아 3년에 걸쳐 수행된 연구결과물이다. 이렇게 좋은 기회를 얻을 수 있었던 것 자체가 감사한 일이다. 연구기간 동안, 아우구스티누스를 재발견할 수 있었으며 이 책의 각주에서 볼 수 있는 두 권의 책, 『덕 윤리의 신학적 기초』, 『고백록, 윤리를 말하다』를 번역할 수 있었다. 평소에 번역하고 싶었던 책들이지만, 이 프로젝트가 아니었으면 지체되거나 시행하지 못했을 듯싶다. 아울러, 그동안이 책의 집필과정에서 여러 형태로 도움을 준 모든 분들께 지면을 빌어 고마움을 전하고 싶다. 특히, 이 책을 기꺼이 출판해주신 북코리아 이찬규 사장님께 진심어린 감사를 드린다.

2014년, 새봄을 맞이하면서

참고문헌

Alexander, David C., *Augustine's Early Theology of the Church*, NY: Peter Lang Publishing, 2008.

Arendt, Hannah, *Love and Saint Augustine*, ed. by Scott Joanna Vecchiarellli, and Stark, Judith Chelius, trans. & ed., Chicago: University of Chicago Press, 1996.

Babcock, William. S., *The Ethics of St. Augustine*, 문시영 역,『아우구스티누스의 윤리학』, 서울: 서광사, 1998.

Banks, Robert J., *Paul's Idea of Community: The Early House Churches in Their Cultural Setting*, 장동수 역.『바울의 그리스도인 공동체 사상』, 서울: 도서출판 여수룬, 1995.

Bourke, Vernon J., *Augustine's Love of Wisdom : An Introspective Philosophy*, West Lafayette: Purdue University Press, 1992.

Brown, Peter, *Augustine of Hippo*, Los Angeles: University of California Press, 1969.

Burnaby, John, *Amor Dei : A Study of the Religion of St. Augustine*, Eugine OR: Wipf and Stock Publishers, 2007.

Cochrane, Charles N., *Christianity and Classical Culture*, 이상훈, 차종순 역,『기독교와 고전문화』, 서울: 한국장로교출판사, 1996.

Cary, Phillip, *Inner Grace: Augustine in the Traditions of Plato and Paul*, Oxford: Oxford University Press, 2008.

Cunningham, Davis, *Christian Ethics: The End of the Law*, London; Routledge, 2008.

D'archy, M. C., *The Mind and Heart of Love: Lion and Unicorn; A Study in Eros and Agape*, NY: Henry Holt and Company, 1947.

Edwards Paul, ed., *The Encyclopedia of Philosophy*, London: Macmillan Pub. Co., 1967.

Ellingsen, Mark, *The richness of Augustine: His contextual & pastoral theology*, Louisville, KY: Westminster John Knox Press, 2005.

Elshtain, Jean B., 'Why Augustine? Why now?' in John D. Caputo and Michael J. Scanlon. ed., *Augustine and Postmodernism*, Bloomington, IN: Indiana University Press, 2005.

Frankena, William, *Ethics*, Englewood Cliffs, NJ: Prentice-Hall, 1973.

Fergusson, David, *Community, Liberalism and Christian Ethics*, Cambridge: Cambridge University Press, 1998.

Fitzgerald, Allan D., *Augustine through the Ages*, Grand Rapids, MI: W. B. Eerdmans Pub. Co., 1999.

Forrester, Duncan B., *The True Church and Morality: Reflections on Ecclesiology and Ethics*, 김동선 역,『참된 교회와 윤리』, 서울: 한국장로교출판사, 1999.

Furnish, Victor P., *Theology and Ethics in Paul*, 김용옥 역,『바울의 신학과 윤리』, 서울: 대한기독교출판사, 1994.

Gill, Robin, *Churchgoing and Christian Ethics*, Cambridge: Cambridge University Press, 1999.

Gilson, Étienne. *Introduction a létude de Saint Augustin*, 김태규 역,『아우구스티누스 사상의 이해』, 서울: 성균관대학교 출판부, 2010.

Haldane, John, *MacIntyre's Thomist Revival: What Next?* in Horton, John, and Mendus, Susan, ed., After MacIntyre : Critical Perspectives on the work of Alasdair MacIntyre, Oxford: Polity Press, 1994.

Harding, Brian, *Augustine and Roman Virtue*, NY: Continuum International Publishing Group, 2008.

Harrison, Simon, 'Do we have a will?: Augustine's Way in to the Will' in Matthews, Garet B., ed., *The Augustinian Tradition*, Los Angeles, CA: University of California Press, 1999.

Harvey, John F., *Moral Theology of the Confessions of Saint Augustine*, 문시영 역,『고백록, 윤리를 말하다』, 서울: 북코리아, 2011.

Haji, Ishtiyaque, "On Being Morally Responsible in a Dream" in Matthews, Gareth B., ed., *The Augustinian Tradition*, Los Angeles, CA: University of California Press, 1999.

Harrington, Daniel, & Keenan, James, *Jesus and Virtue Ethics: Building Bridge Between New Testament Studies and Moral Theology*, Lanham, Rowman & Littlefield Publishers, 2002.

_____, & Keenan, James, *Paul and Virtue Ethics: Building Bridge Between New Testament Studies and Moral Theology*, Lanham, Rowman & Littlefield Publishers, 2010.

Hauerwas, Stanley, After Christendom?, Nashville: Abingdon Press, 1991.

_____, & Pinches, Charles, *Christians among the Virtues : Theological Conversations with Ancient and Modern Ethics*, Notre Dame: University of Notre Dame Press, 1997.

_____, & Burrell, David, & Bondi, Richard, ed., *Truthfulness and Tragedy: Further Investigations into Christian Ethics*, Notre Dame: University of Notre Dame Press, 1977.

_____, "How Christian Ethics Came to Be" in Berkman, John, and Cartwright, Michael, ed. *The Hauerwas Reader*, Durham, NC: Duke University Press, 2001.

_____, *Christian Existence Today*, Grand Rapids, MI: Brazo Press, 2001.

_____, & Wells, Samuel, ed., *The Blackwell Companion to Christian Ethics*, Oxford: Blackwell Publishing Ltd., 2004.

_____, *The Peaceable Kingdom: A Primer in Christian Ethics*, Notre Dame, IN: University of Notre Dame Press, 2006.

_____, & Willimon, William W., *Residnet Aliens: A provocative Christian assessment of culture and ministry for people who know that something is wrong*, 김기철 역,『하나님의

나그네 된 백성』, 서울: 복 있는 사람, 2008.

_____, *A Cross Shattered Church : Reclaiming the Theological Heart of Preaching*, Grand Rapids; Brazos Press, 2009.

_____, *A Community of Character*, 문시영 역, 『교회됨』, 서울: 북 코리아, 2010.

_____, *Hannah's Child : A Theological Memoir*, Grand Rapids, MI: W. B. Eerdmans Pub. Co., 2010.

Herdt, Jennifer A., *Putting on Virtue: The Legacy of the Splendid Vices*, Chicago: University of Chicago Press, 2008.

Hill, Edmund, *The Mistery of the Trinity*, London: Geoffrey Chapman, 1985.

Horton, John, and Mendus, Susan, 'Alasdair MacIntyre: After Virtue and After', in Horton, John, and Mendus, Susan, ed., *After MacIntyre : Critical Perspectives on the work of Alasdair MacIntyre*, Oxford: Polity Press, 1994.

Irwin, Terence H., "Splendid Vices? Augustine For and Against Pagan Virtues" in *Medieval Philosophy and Theology* Vol.8, 1999.

Kent, Bonnie, "Augustine's ethics" in Stump, Eleonore & Kretzmann, Norman, ed., *The Cambridge Companion to Augustine*, Cambridge: Cambridge University Press, 2001.

Kirwan, Christopher, "Avoiding Sin: Augustine against Consequentialism", in Matthews, Gareth B. ed., *The Augustinian Tradition*, Los Angeles, CA: University of California Press, 1999.

Knuuttila, Simo, "The Emergence of the Logic of Will in Medieval Thought", in Matthews, Gareth B. ed., *The Augustinian Tradition*, Los Angeles, CA: University of California Press, 1999.

Kotva, Jr., Joseph J., *The Christian Case for Virtue Ethics*, 문시영 역, 『덕 윤리의 신학적 기초』, 서울: 북코리아, 2012.

Long, Jr., E. LeRoy., *A Survey of Recent Christian Ethics*, Oxford: Oxford University Press, 1982.

MacIntyre, Alasdair. *After Virtue*, Notre Dame: University of Notre Dame Press, 1984.

_____, Whose Justice, *Which Rationality?*, Notre Dame: University of Notre Dame Press, 1988.

_____, Alasdair, *Three Rival Versions of Moral Enquiry : Encyclopaedia, Genealogy, and Tradition*, Notre Dame: University of Notre Dame Press, 1990.

Markus, Robert A., "Human action: will and virtue" in Hilary A. Armstrong, ed., *The Cambridge History of Later Greek and Early Medieval Philosophy*, Cambridge: Cambridge University Press, 1970.

Matthews, Gareth B., *Augustine*, Malden, MA: Blackwell Publishing, 2005.

Meilaender, Gilbert C., *The Theory and Practice of Virtue*, Notre Dame: University of Notre Dame Press, 1984.

Milbank, John, *Theology & Social Theory*, Malden, MA.: Blackwell Publishing, 2006.

Nygren. Anders, *Agape and Eros*. 고구경 역, 『아가페와 에로스』, 서울: 크리스챤 다이제스트, 1998.

Porter, Jean, "Virtue Ethics" Gill. Robin. ed., *The Cambridge Companion to Christian Ethics*, Cambridge: Cambridge University Press, 2001.

Quinn, Philip L., "Is Athens Revived Jerusalem Denied?" *Asbury Theological Journal* 45(1)

Ramsey, Paul, *Basic Christian Ethics*, Chicago, IL: The University of Chicago Press, 1980.

Rosenstand, Nina, *The Moral of the Story*, Boston; McGraw-Hill, 2003.

Taylor, Richard, *Ethics, Faith, and Reason* ,Englewood Cliffs NJ: Prentice-Hall, 1985.

Thompson, Christopher J., *Christian Doctrine, Christian Identity*, Lanham, ML: University Press of America, 1999.

Warfield, Benjamin B., *Studies in Tertullian and Augustine*, Oxford University Press, 1930.

Watson, David, *Discipleship*, 문동학 역, 『제자도』, 서울: 두란노, 1987.

Watson. Garry, ed., *Free Will*, Oxford: Oxford University. Press. 1982.

Wetzel, James, *Augustine and the limits of virtue*, Cambridge: Cambridge University Press, 1992.

Williams. Daniel D., *The Spirit and the Forms of Love*, NY: Harper & Row. 1968.

강상진, '아우구스티누스와 고전적 덕론의 변형' 「인간 · 환경 · 미래」제5호, 인제대학교 인간환경미래연구원, 2010.

문시영, 『아우구스티누스와 행복의 윤리학』, 서울: 서광사, 1996.

_____, "기독교와 덕, 공로주의인가? 윤리적 전통인가?" 「기독교사회윤리」제3집, 한국기독교사회윤리학회, 2000.

_____, '아우구스티누스의 은혜론에 관한 윤리학적 성찰', 『21세기 한국신학의 방향』, 서울: 선학사, 2006.

_____, '자유의지론에 나타난 아우구스티누스의 자유' 「가톨릭철학」제8호, 한국가톨릭철학회, 2006.

_____, '아우구스티누스의 겸손과 교만', <목회와 신학> 2011년 4월호 부록

_____, '하우어워스의 윤리에 비추어 본 예배 공동체로서의 교회' 「기독교신학논총」79집, 한국기독교학회, 2012.

_____, 『교회됨의 윤리: 하우어워스의 교회윤리 연구』, 서울: 북코리아, 2013.

새세대 교회윤리연구소 편, 『공공신학이란 무엇인가?』, 서울: 북코리아, 2007.

장욱, '에로스와 아가페: 인간적 사랑과 카리타스「가톨릭철학」제4호, 한국가톨릭철학회, 2002.

황경식, '왜 다시 덕윤리가 문제되는가?' 「철학」제95집, 한국철학회, 2008.

_____, "덕 윤리의 현대적 의의", 「인간 · 환경 · 미래」제5호, 인제대학교 인간환경미래연구원, 2010.

찾아보기